Fritz Leist

Der sexuelle Notstand und die Kirchen

Herderbücherei

Originalausgabe
erstmals veröffentlicht als Herder-Taschenbuch

Herder Freiburg · Basel · Wien
Herder Druck Freiburg im Breisgau 1972
ISBN 3-451-01923-X

Marielene Leist

Erste Erfahrungen mit Gott

Band 409   128 Seiten   2. Auflage

Die Verfasserin, bekannt durch zahlreiche Veröffentlichungen auf religions- und sexualpädagogischem Gebiet und selbst Mutter von vier Kindern, baut hier falsche Verniedlichungen ab und öffnet dem Leser ein neues Verständnis für die religiöse Aufnahmefähigkeit des Kleinkindes. Auch für die Probleme der religiösen Erziehung in der bekenntnisverschiedenen Ehe hat sie nachvollziehbare Vorschläge. Dem Leser wird keine religionspädagogische Grundsatzvorlesung gehalten; es wird ihm vielmehr gezeigt, wie man in den ersten Worten, in den ersten Gebeten und im gemeinsamen Handeln mit dem Kind ein klares Bild von Gott und seiner Ersösungstat vermitteln kann – ein Bild, das in den harten Auseinandersetzungen des Lebens nicht unglaubwürdig wird.

Herderbücherei

Band 423

Über das Buch

Der Verfasser, der sich zu dieser Problematik schon in früheren Veröffentlichungen mehrfach mutig geäußert hat, läßt in diesem Band vor allem die Betroffenen selbst zu Wort kommen. Die ausgewählten Beispiele und der Kommentar machen in bestürzender Weise deutlich, wie sehr falsche Tabus und eine Verteufelung des Geschlechtlichen in Kindheit und Jugend das spätere Leben belasten, erschweren und das Lebensglück der Betroffenen empfindlich beeinträchtigen. Es wird deutlich, daß eine falsche Einstellung zum Geschlecht immer noch in breiten Kreisen unserer Bevölkerung unheilstiftend wirkt. Dabei kommt es dem Verfasser jedoch nicht darauf an, die Vergangenheit der Kirchen an den Pranger zu stellen, sondern den bestehenden Notstand zu mildern. Das gelingt vorzüglich, da die ausgewählten Fälle typisch sind. Leser, die unter einer ähnlichen Not leiden, können sich in diesem oder jenem Schicksal wiedererkennen und aus fremden und zugleich eigenen Konflikten lernen. Dies gilt nicht zuletzt für Eltern und Erzieher, die mit Sexualpädagogik in Theorie und Praxis zu tun haben.

Ein historischer Überblick über die Entwicklung der kirchlichen Haltung zu Ehe und Geschlecht weckt Verständnis für die Fehlentwicklungen und Mißstände, die noch die Gegenwart belasten.

Über den Autor

Fritz Leist, geboren am 31. Juli 1913, studierte Theologie, Philosophie und Tiefenpsychologie. 1938 Promotion über Thomas von Aquin. Habilitation 1947; seit 1952 Professor für Philosophie und Religionsphilosophie an der Universität München. Er schrieb mehrere philosophische und religionsphilosophische Bücher. Sie fanden ihren vorläufigen Abschluß in dem Papstbuch: „Der Gefangene des Vatikans“ – Strukturen päpstlicher Herrschaft. Von Beginn seines Schaffens an waren diese Arbeiten verbunden mit seinen Schriften zur Anthropologie der Geschlechter.

Inhalt

Zwei Vorbemerkungen 9

Teil I: Kommentar
Der Kampf gegen die geschlechtliche Lust

1. Betrachtung:
Die Angst eheloser Männer 13

2. Betrachtung:
Die Not der Verheirateten 48

Teil II: Dokumentation

1. Abschnitt:
Schweigende und strafende Eltern 63
Zur Einführung: Der Storch, der Brunnen und der Himmel . 63

2. Abschnitt:
Unheilvolle religiöse Einflüsse 85
Zur Einführung: Rein – unrein 85

3. Abschnitt:
Qualvolle, schuldbeladene Pubertät 110
Zur Einführung: Die Schmach der Menstruation 110

4. Abschnitt:
Bitterkeit und Enttäuschung der ersten Erfahrungen 122
Zur Einführung: Was fehlt? 122

5. Abschnitt:
Die Ausweglosigkeit auswechselbarer Beziehungen 150
Zur Einführung: Mit leeren Händen. Nichts bleibt 150

6. Abschnitt:
Die widersprüchliche Gestalt der Ehe 172
Zur Einführung: Wie können wir die Ehe bestehen? 172

7. Abschnitt:
Von der verschwiegenen Not unter Priestern 208
Zur Einführung: Ein Kampf voller Gewaltsamkeit gegen das Geschlecht 208

Zwei Vorbemerkungen

1. Die vorgelegten Dokumente wurden dem Verfasser innerhalb der letzten beiden Jahre zur Verfügung gestellt, und zwar ausdrücklich mit dem Einverständnis, sie zu veröffentlichen. Die Dokumente erreichten den Verfasser in der Gestalt von Briefen wie auch unter Kenn-Nummern, um die Diskretion zu wahren.

Um die Lesbarkeit zu erhöhen, wurden die Texte in sieben Abschnitte eingeteilt. Die Einteilung ergab sich aus dem Inhalt und der jeweiligen Problematik. Manche Berichte müßten allerdings in mehreren Abschnitten gleichzeitig eingereiht werden. Den Dokumenten wurden Überschriften vorangestellt, bei längeren Texten auch Teilüberschriften eingefügt. Sie sind wörtlich dem Text der Berichte entnommen und sollen das Atmosphärische des Berichtes so getreu wie möglich wiedergeben. Die Texte wurden inhaltlich und stilistisch so belassen, wie sie geschrieben wurden, nur ab und zu etwas gekürzt.

2. Der gesamten Dokumentation wurde ein Kommentar vorangestellt. Außerdem findet sich am Beginn jedes Abschnitts eine kurze Einleitung zu den folgenden Berichten. Der Kommentar ist eine geschichtliche Darstellung der Geschlechtsfeindschaft in der Christenheit. Wer nach der Lektüre dieser Darstellung fragt, was denn nun „positiv" zu diesem Thema zu sagen wäre, der sei auf die Bücher verwiesen, in denen ich seit zwei Jahrzehnten versucht habe, den Schöpfungssinn des Geschlechts und der geschlechtlichen Erfahrung aufzuzeigen. Im folgenden darf auf einige Bücher zur Ergänzung hingewiesen werden:

Mein grundlegendes Buch ist „Liebe und Geschlecht" (jetzt Herderbücherei Nr. 367). In diesem Buch finden sich die Darlegungen über das Wesen der Geschlechter, der ehelichen Begegnung und den Sinn der geschlechtlichen Lust.

Ergänzend tritt diesem Buch zur Seite: „Auf dem Weg zur Ehe“, Reinhardt-Verlag, München 1961.

Die Geschichte der abendländischen Geschlechtsfeindschaft und der Versuch zur Überwindung stellt dar: „Liebe, Geschlecht, Ehe“, REX-Verlag, München 1967.

Vor allem sei verwiesen auf eine andere Dokumentation: „Sie entschieden nach ihrem Gewissen“, 47 katholische Ehepaare berichten über ihren Gewissensentscheid zur Geburtenregelung, REX-Verlag, München 1969.

Eine Fortführung ist die Arbeit über den Zölibat: „Zölibat – Gesetz oder Freiheit“, REX-Verlag, München 1968.
Dieses Buch ist nicht als Polemik zu verstehen, sondern ebenfalls als eine Darlegung des schöpfungshaften Sinnes vom Wesen der Geschlechter und der geschlechtlichen Gemeinschaft.

Abschließend seien noch zwei Schallplatten erwähnt, die angesichts der Not der Geschlechter eine positive Hilfestellung geben möchten:
„Liebe vor der Ehe“, Calig-Verlag, München.*
„Abenteuer der Ehe“, Calig-Verlag, München.**

Fritz Leist

* „Abenteuer der Ehe“, Hörfolge von Fritz Leist, Calig-Verlag GmbH., München (Cal 30030)
** „Liebe vor der Ehe“, Eine Hörfolge für junge Menschen von Fritz Leist, Calig-Verlag GmbH., München (Cal 30032 Stereo).

Teil I
Kommentar

Der Kampf gegen die geschlechtliche Lust

1. Betrachtung

Die Angst eheloser Männer

Anklage gegen die Kirche?

Dieses Buch spricht über die geschlechtliche Not unter Christen. Dokumente sollen zu Wort kommen, die aussprechen, was durch Jahrhunderte hin verschwiegene Not war und kaum jemals ausgesprochen werden konnte oder durfte. Man kann fragen, ob der Titel des Buches eine Anklage gegen die Kirche aussprechen will. Denn immerhin innerhalb der Christenheit ist eine geschlechtliche Not entstanden, wie sie außerhalb des abendländischen Kulturkreises kaum bekannt war. Wir sehen den Unterschied, wenn wir plastische Darstellungen des Geschlechtsaktes an indischen Prozessionsstraßen und Tempelgiebeln vergleichen mit der gewandreichen Verhüllung jeglicher Nacktheit in der mittelalterlichen Kunst und an ihren Domen.

Das Buch kann nachdenklich machen und vielleicht erschüttern, wenn man die Not auf sich wirken läßt, die in der Dokumentation ausgesagt wird. Allerdings soll in diesem Kommentar auch auf die Ursachen verwiesen werden, die es zu einer solchen Not im Geschlechtlichen hat kommen lassen.

War also die Kirche daran schuld? Ein bejahendes Urteil wäre zu summarisch und zu wenig differenziert. Denn die Kirche – wer ist das? Erst seit dem letzten Konzil tritt deutlicher ins Bewußtsein: die Kirche sind wir alle als getaufte Christen. Immer mehr besinnen sich Christen auf das ursprüngliche neutestamentliche Verständnis dessen, was Gemeinde und Kirche ist. Doch dieses neutestamentliche Verständnis von ecclesia galt durch viele Jahrhunderte hin nicht für das Kirchenbewußtsein der damaligen Christenheit. Seit die Kirche unter den Nachfolgern Konstantins Reichskirche wurde, identifizierte sich immer mehr ein bevorzugter Stand mit der Kirche. Auch wenn heutige Menschen von Kirche sprechen, verstehen sie darunter zumeist ungeprüft die sogenannte Amtskirche, also die Hierarchie. An der Spitze steht der römische Bischof; ihm sind die übrigen

Bischöfe und Presbyter untergeben. Die Hierarchie stuft sich von oben nach unten. Ihr sind unterstellt die „Laien". Dieses Verständnis von Kirche reicht trotz des II. Vatikanischen Konzils immer noch in weite Kreise bis heute. Das ist um so erstaunlicher, als die Theologie immer wieder herausgearbeitet hat, wie wenig dieses Kirchenverständnis – die einseitige Identifizierung eines Standes mit Kirche – dem Neuen Testament entspricht.

Nennen wir den herausgehobenen und führenden Stand in der bisherigen Kirche, den Stand der Kleriker. Ihm steht eine Mehrzahl von Laien gegenüber, die sich oft auch heute noch nur als Geführte betrachten. Nach langen Kämpfen setzte sich in der lateinischen Kirche die Forderung durch, daß auch außerhalb der Orden Bischöfe und Presbyter ehelos bleiben müssen. Bis vor wenigen Jahrzehnten waren nahezu alle Theologen – von wenigen Ausnahmen abgesehen – ehelos. Diese ehelosen Männer haben auf Grund ihrer theologischen Schulung auch die Deutungen und Wertungen des Geschlechtlichen bestimmt und eine Geschlechtsmoral entworfen, die die „Laien" übernommen haben. Es ist nicht unerheblich für die Geschichte der Geschlechtsmoral in der katholischen Kirche, daß unter den ehelosen Theologen wieder die Mehrzahl Ordensleute waren. Nennen wir nur einige wenige Namen aus der Schar derer, die die Geschlechtsmoral geprägt haben: Ordensleute waren Thomas von Aquin, Bonaventura, Ordensleute waren die beiden Verfasser des Hexenhammers. Ordensmann war Alfons von Liguori, der ein Moralsystem entworfen hat, das bis heute nachwirkt. Ordensmann ist Jone, der ein Handbuch für Beichtväter geschrieben hat, das heute noch in Gebrauch ist. Ordensmann ist Bernhard Häring, der eine erneuerte Moral in seinem Werk „Gesetz Christi" versucht hat.

Ein Stand, der, wie der Ordensmann, der Ehe besonders fremd und fern gegenübersteht, hat sich derartige subtile Gedanken über jede Regung und Verhaltensweise im Geschlechtlichen gemacht, wie sie einzigartig in der Geschichte dastehen.

Mögen sich viele unter den „Laien" nicht an die Moralgrundsätze gehalten haben, die ihnen überliefert wurden, so war doch die gesamte Atmosphäre, in der das Geschlechtliche erlebt wurde, von Ehelosen bestimmt. Gleich zu Beginn soll noch einmal betont werden: keineswegs soll durch diese Feststellungen der Stand der Ehelosen gekränkt werden, wie leider nicht selten der Stand der Verheirateten oft mehr indirekt als direkt durch Ehelose herabgesetzt wurde. Es geht vielmehr darum, daß wir uns der geschichtlichen Wahrheit stellen. Daher müssen wir uns fragen: Wie hat sich der ehelose Stand, der die Geschlechtsmoral bestimmte, zum Geschlecht und zur geschlechtlichen Lust verhalten?

Trotz ihrer Nähe zur Bibel haben die Reformatoren und reformatorischen Kirchen die gnostische Geschlechtsfeindschaft nicht überwunden. Wohl ermöglichten sie eine Hochschätzung der Ehe, stark aus Protest gegen die bisherige Übermacht des ehelosen Standes. Doch eine neue Anthropologie der Geschlechter wurde nicht geschaffen. Was die Geschlechtsauffassung angeht, blieben die evangelischen Kirchen ebenso unbiblisch wie die römische Kirche. Die Geschlechtsnot unter evangelischen Christen war nicht geringer als in der katholischen Christenheit. Die Christenheit hätte nicht so geschlechtsfeindlich werden müssen, wäre sie der Bibel gefolgt. Doch sie wurde es. Diese Tatsache wurde schicksalhaft für die Geschichte der Christenheit. Die Geschlechtsfeindschaft und Angst unter Christen, die Ächtung der geschlechtlichen Lust ist mit eine der wichtigsten Ursachen für den Atheismus unserer Tage. Man kann nicht einen weiten Bereich innerhalb der Schöpfung ausklammern und wie im Mittelalter dem Teufel überlassen. Der Ausfall an menschlicher sinnerfüllter geschlechtlicher Erfahrung mußte auch die religiöse und Glaubenserfahrung verkümmern und verarmen lassen.

Augustinus: der Birnendiebstahl, die entlassene Frau und die Bekehrung

Als ersten Zeugen der Geschlechtsfeindschaft im Abendland lassen wir Aurelius Augustinus sprechen. Er war keineswegs der erste, der diese Feindschaft und Angst vor dem Geschlechtlichen und seiner Lust ausgesprochen hat. (Vgl. Leist, „Liebe, Geschlecht, Ehe".)

Er berichtet in seinen „Bekenntnissen" über mehrere Seiten hin einen Birnendiebstahl. Als 16jähriger plünderte er mit einer Schar Gleichaltriger zwei Birnenbäume.

Nachdem sie ihren Hunger gestillt hatten, packte sie der Übermut, und sie vernichteten die restlichen Früchte. Gewiß – Augustinus berichtet über ein bedenkenswertes aggressives, zerstörerisches Verhalten. Bei mehrfachem Überdenken dieses Berichtes fällt auf, wie ausführlich er das Erlebnis berichtet und wie sehr er sich damit herumquält.

Für ein anderes Geschehen seines Lebens, das ihm Anfang der 30 widerfuhr, findet er nur wenige Zeilen. Das Ereignis hat ihn, wie er gesteht, tief verwundet. Seine Mutter Monika nötigte ihn, sich von seiner „Konkubine" zu trennen. Die junge Frau kehrte nach

Afrika zurück, ließ ihren Sohn bei Augustinus und Monika zurück. Monika „arrangierte" eine Verlobung mit einem Mädchen aus gutem Hause. Die Braut war noch zu jung, und Augustinus suchte sich eine neue Freundin. Der früheren Frau war er mit dem Herzen verbunden, die Verlobung war eine Standesangelegenheit. Die Verbindung mit der Bettgefährtin dürfte wohl einfach aus der anderen Seite seines Wesens gespeist worden sein. Wir ahnen eine tiefreichende Zerrissenheit in Augustinus, vor allem im Verhalten zum anderen Geschlecht. In Mailand bricht die Wende an. In einem Garten ihres Hauses in Mailand hört Aurelius Augustinus die Stimme, greift zu den Paulusbriefen und weiß, was er zu tun hat. Wir nennen dieses Geschehen eine Bekehrung. Was aber bezeichnet und versteht Augustinus als höchstes Glück dieser Lebenswende? Vergleichen wir dazu die drei Textstellen: also den Bericht über den Birnendiebstahl, die Entlassung seiner Freundin und die Bekehrung.

Läßt man den Bericht vom Birnendiebstahl auf sich wirken, so gewinnt man den Eindruck, dieser Jugendstreich muß noch den alten Augustinus bedrückt haben. Wiederholt stellt er sich Fragen wie die folgenden:

„Und ich! Was habe ich an dir geliebt, du mein Diebstahl, du meine nächtliche Schandtat im sechzehnten Jahr meines Lebens? Schön warst du nicht, denn du warst ja ein Diebstahl!" (A 4). Einen Abschnitt später stellt sich Augustinus erneut die Frage; immer mehr steigert er diese aggressive Tat seiner Jugend zu einer der schlimmsten Taten überhaupt: „Und jetzt, Herr, mein Gott, frage ich, was eigentlich an dem Diebstahl mich freute, und – vom Reiz des Schönen nicht die Spur" (s.o.).

Sieben Zeilen enthält der Bericht über die Entlassung seiner langjährigen Freundin und Mutter seines Sohnes: „Mittlerweile häuften sich meine Sünden. Man hatte mir die Genossin meines Lagers als Hindernis für die Ehe von der Seite gerissen, sie, die mir ans Herz gewachsen war, und von Schnitt und Wunde vergoß dies Herz von seinem Lebensblut. Sie war heimgekehrt nach Afrika, nicht ohne Dir gelobt zu haben, sie wolle keinem anderen Mann mehr gehören, und hatte meinen natürlichen Sohn, dessen Mutter sie war, bei mir zurückgelassen" (VI, 15).

Der Bericht ist verhalten, sagt aber doch, wie tief die erzwungene Trennung gegangen ist. Das Herz vergoß „von seinem Lebensblut". Augustinus spricht völlig passiv: Die Frau, „die mir ans Herz gewachsen war", wird ihm „von der Seite gerissen". Er nennt durchaus die Gewaltsamkeit, sagt aber nicht, von wem sie ausgegangen ist.

Mehrfach spricht er in den „Bekenntnissen" ausführlich über

Monika. Doch an dieser Stelle verschweigt er, daß Monika es war, die ihn zur Trennung gezwungen hat. Mögen Aurelius und diese Frau vor dem Gesetz auch keine Ehe geschlossen haben. Durch Jahre lebten sie als Mann und Frau zusammen, hatten einen gemeinsamen Sohn. War diese Verbindung trotz des Mangels an Legitimität nicht eine Ehe? Wohl erwähnt Augustinus den Schmerz, der ihm durch die Trennung entstanden ist. Wenn man bedenkt, welche Gabe der Reflexion Augustinus besaß, dann wundert man sich, warum er nicht darüber nachdachte und schrieb, daß er sich zwingen ließ. Warum läßt er geschehen, daß diese Frau „ihm von der Seite gerissen wird"? Zudem mußte sie ihren Sohn zurücklassen. Wenn man an frühere Stellen über die Mutter Monika denkt, so spürt man, wie stark sie war. Vermutlich war auch Monika es, die verlangt hat, daß der Sohn von seiner Mutter getrennt wird. Ist es zufällig, daß der Sohn bereits früh, als 15jähriger stirbt – fern von seiner Mutter?

Es macht einfach nachdenklich, wenn man die selbstquälerischen Überlegungen zum Birnendiebstahl vergleicht mit dem kurzen und zurückhaltenden Bericht über diese Tragödie zwischen den beiden Menschen, zwischen Augustinus und der unbekannten Frau. Vor allem – Augustinus, der bereit ist, den Neid eines Neugeborenen an der Mutterbrust bereits als Sünde zu interpretieren (I, 7), findet hier für die gewaltsame Trennung von der geliebten Frau und der Mutter von seinem Sohn nur Ausdrücke des Schmerzes. Der sonst so bereitwillig über Schuld spricht, an dieser Stelle bleibt er passiv. Er wurde gezwungen und mußte „geschehen lassen", was seine Mutter über ihn verfügt hat. Um so auffälliger ist der anschließende Bericht.

Augustinus klagt sich an, weil er sich wieder eine neue Lagergenossin gesucht hat. Wir hörten: das Mädchen, das er heiraten sollte, war zur Ehe noch zu jung. Immerhin – diese Anklage meint vielleicht mehr. Meint sie die nicht zugelassene Klage darüber, was Monika und Aurelius der verstoßenen jungen Frau und seinem eigenen Sohn, den er mit gezeugt hatte, angetan haben?

Noch nachdenklicher werden wir, wenn wir den Bericht überdenken, den er seiner Mutter nach der Erschütterung im Garten zu Mailand gibt. „Wir gehen hinein zur Mutter, sagen's ihr: sie freut sich. Wir erzählten ihr, wie alles herging: sie jubelt und frohlockt." Augustinus berichtet, was ihm widerfahren ist; er hatte eine Stimme gehört, sie auf sich bezogen, eine Stelle im Neuen Testament gelesen, die lautete: „Nicht in Schmausereien und Trinkgelagen, nicht in Schlafkammern und Unzucht, nicht in Zank und Neid, vielmehr ziehet an den Herrn Jesus Christus und pfleget nicht des Fleisches in seinen Lüsten" (Röm. 13, 13).

Wir dürfen vermuten, etwas tief in ihm Geschehendes ließ ihn gerade nach dieser Stelle greifen. Nunmehr fand seine Angst vor dem Geschlecht einen Halt. Gewiß – diese Stunde machte Augustinus zum Christen. Aber – mußte der Inhalt, seine Bekehrung denn sein, was er dann bekennt: „Denn Du hast mich gewandelt hin zu Dir, daß ich nichts nach dem Weibe frage..."

Heißt umkehren, wie die Propheten Israels und Jesus diesen Schritt verstanden, nichts mehr von einer Frau wissen wollen? Steht sie denn im Wege? Oder hat nun endlich die Mutter Monika über die Sehnsucht ihres Sohnes Augustinus gesiegt? Nunmehr wird sie mit keiner anderen Frau mehr den Anspruch auf ihren Sohn teilen müssen.

Dieser Bericht gab für $1\,^1/_2$ Jahrtausende das Richtbild christlicher Existenz für ehelose Männer. Für sie wurden Bekehrung und Nachfolge zum Verzicht auf die Begegnung mit der Frau. Ja, die Frau wurde direkt als das Hindernis für die volle Begegnung mit Gott angesehen.

Wir wollen den Schritt seiner Bekehrung nicht verkleinern, aber trotzdem: Warum mußte er in dieser Weise mit dem Geschlechtlichen verbunden werden?

Bedenken wir, wie Augustinus im Alter gelebt hat. Er hat sich die Speisen versalzen, um keine Lust am Essen und Trinken mehr genießen zu müssen. Immer stärker mußte die Abwehr gegen sein geschlechtliches Verlangen ausgebaut werden.

Dieser große und zugleich unglückselige Aurelius Augustinus hat neben anderen Lehrern bis an die Schwelle unserer Jahre die Geschlechtsauffassung bestimmt. Wollen wir ihn anklagen? Nein – wir wollen verstehen, wie es kam, daß das Geschlecht in der Christenheit keine Heimat finden konnte, wir eben erst beginnen, es heimzuholen und aus vollem Herzen zu der bisher so verfemten Lust ja zu sagen.

Was sagt Augustinus tatsächlich durch den Bericht seiner Bekehrung? Wir sollten trotz der Schönheit und Klarheit seines Bekenntnisses uns nicht hindern lassen, dennoch diese Frage zu stellen und zu beantworten. Bisher war für Augustinus die Frau und sein eigenes geschlechtliches Verlangen das entscheidende Hindernis, seine Bekehrung zu vollziehen. Die Geschlechtsgemeinschaft mit der Frau hielt ihn in den Fesseln „sündhafter Sinnlichkeit" gefangen. Jahrelang lebte er mit jener Frau, die er auf Verlangen der Mutter wegschicken mußte, wie in einer Ehe zusammen. Doch auch diese

Frau, mit der er vom Herzen her verbunden war, die frühere Lagergenossin, oder jene, die er sich nach der Trennung suchte – alle waren sie für ihn das Hindernis, die Umkehr zu wagen. Erst als die Befreiung von der Frau geschah, erst da war auch seine Bekehrung geschehen. Formulieren wir es: Für Augustinus war die Frau das Hindernis auf seinem Weg zu Gott.

Was wurde daraus in den späteren Jahrhunderten? Die Frau wird für ehelose Männer zur Versuchung, zur schwersten, zur geschlechtlichen Sünde. Aus dieser Angst der Männer vor der Frau entsteht die Verzeichnung der Frau auch im theologischen Denken. Die Frau ist ein unvollkommener Mann. Gefragt wird im Hochmittelalter, ob die Frau eine Seele habe. Von der Angst der Männer vor der Frau und ihrer Übermacht ist es kein weiter Schritt, sie zur Hexe und Zauberin zu stilisieren. Wir fragen: Ist diese Angst im Stand eheloser Männer heute überwunden? Wir fürchten nein, wenn wir die Berichte aus Priesterseminaren lesen. Sie ist auch nicht überwunden in vielen Männern, die verheiratet oder unverheiratet sind, die mit Frauen geschlechtlichen Verkehr haben. Immer mehr erweist sich die Frau als das stärkere Geschlecht, vor der der Mann um seiner Potenz willen bangen muß. Verstehen wir daher die Angst des Augustinus vor den Frauen besser, so folgenschwer sie auch für das Abendland gewesen sein mag?

In einem Buch unserer Tage lesen wir einige Sätze, die durchaus von Augustinus stammen könnten. Der Verfasser ist Professor für Philosophie: „Man kann nicht Gott dienen und zugleich den Frauen (das heißt sich selbst). In der Sexualität findet der Egoismus seine stärkste Bastion. Wer Wiedergeburt erstrebt, wer sterben will, um zu werden, muß seine Sexualität zum Opfer bringen" (Michel Deguy, in: Paul Ricœur, Sexualität, S. 249, Frankfurt a.M. 1967).

Dieses Verhalten zum Geschlecht und zur Frau gilt für den Verfasser auch heute noch als christlich, so wie für Augustinus als Forderung zur Umkehr galt, keine Frau mehr zu berühren, weil sie ihn am Weg zu Gott hindert.

Die Angst vor der Lust ist Angst vor der Frau, und die Angst vor der Frau ist die Angst, in der geschlechtlichen Lust unterzugehen. Hören wir noch einmal Augustinus: „Nichts müsse ich, habe ich beschlossen, so fliehen als das Beilager. Es gibt nichts, glaube ich, was den männlichen Geist so aus der Feste wirft wie die Kosungen des Weibes und jene Berührung der Leiber, ohne die eine Gattin sich nicht haben läßt" (Solil. I, 9).

Kinderzeugung ist sein Zweck, nicht Befriedigung der Laster (Gregor I.)

Geschlechtliche Lust ist unkeusch, sie befleckt und kann mit Frömmigkeit nicht in Einklang gebracht werden.

Gregor I. schrieb 601 an Augustinus von Canterbury einen Brief, der in der mittelalterlichen Eheauffassung eine entscheidende Rolle gespielt hat. Der Erzbischof hatte Fragen über das eheliche Leben gestellt. Darunter befand sich die Frage, ob der Mann nach der ehelichen Gemeinschaft die Kirche betreten und die heilige Eucharistie empfangen dürfe. Gregor I. antwortet darauf. Der Brief gibt zwar pastorale Anweisungen; er spricht jedoch vor allem eine Deutung der geschlechtlichen Lust aus. Grundsätzlich widersprechen Verlangen und Erfahrung geschlechtlicher Lust der Feier der Liturgie. Gregor urteilt allerdings milder als andere und fordert lediglich Waschungen nach geschlechtlicher Gemeinschaft. Er betont, die Ehe als solche sei nicht sündhaft. Er meint, die Ehe als Mittel zur Kinderzeugung sei erlaubt. Doch mit der ehelichen Gemeinschaft ist „Fleischeslust" verbunden; diese Lust ist immer schuldhaft. Der römische Bischof beruft sich auf eine Stelle aus Psalm 51, 7, die immer wieder in diesem Sinne mißverstanden wird. Er stellt den Grundsatz auf: Eheliche Gemeinschaft darf allein um der Kinderzeugung willen gesucht werden, nicht um der geschlechtlichen Lust.

Der römische Bischof Gregor stellt zwei Forderungen für Mann und Frau auf, die miteinander verkehrt haben. Auffällig ist, daß in dem Brief nur vom Manne die Rede ist. Er soll die Kirche nach einem Beischlaf erst nach einem Bad betreten. Und er soll trotz des Bades die Kirche nicht sofort oder, wie es gleich heißt, nicht vor Sonnenuntergang betreten.

Das Bad gilt als eine rituelle Reinigung. Der Brief Gregors beruft sich auf einen Text aus dem 4. Buch des Moses. Er ist der Meinung, durch Geschlechtsgemeinschaft werde der Mensch wegen der Lust unrein und damit unfähig, am Gottesdienst teilzunehmen.

„Wer mit seiner Frau geschlafen hat, soll ohne Waschung die Kirche nicht betreten, selbst so soll er es nicht gleich tun.

Das Gesetz hat dem alten Volke befohlen, daß der Mann, der sich seinem Weibe zugesellt, baden müsse und vor Sonnenuntergang die Kirche nicht betreten dürfe (Lev. 15, 16). Aber man darf dem eine geistige Deutung geben; dann nämlich gesellt sich der Mann dem Weibe zu, wenn sich der Geist durch die Lust mit der unerlaubten Begierde verbindet. Wer sich so durch seinen bösen Willen belastet sieht, soll sich nicht würdig achten, an der Gemeinde der Brüder teilzunehmen, bevor nicht das Feuer seiner Begierde wieder abgekühlt ist. Darin haben nun die einzelnen Völker verschiedene Ansichten und Gebräuche; in Rom aber ist es von altersher Sitte, daß der Mann nach dem Beischlaf im Bade Reinigung sucht und eine kurze Zeit ehrfurchtsvoll die Kirche meidet."

Der nächste Abschnitt bezieht sich auf die genannte Stelle in Psalm 51. Zuerst unterscheidet der Brief die Ehe und den „Beischlaf" in der Ehe. Die Ehe als rechtliche Institution ist nicht schuldhaft. Deshalb könne man Eheleuten nicht verwehren, die Kirche zu betreten und am Gottesdienst teilzunehmen. Auch der Beischlaf ist in der Ehe erlaubt. Nun aber folgt die Unterscheidung: Die Geschlechtsgemeinschaft ist ohne „Fleischeslust" nicht möglich. Diese ist jedoch „immer mit Schuld verbunden". Darauf folgt die Deutung des Psalms. Lernen wir zuerst den Text kennen.

„Denn damit erklären wir aber nicht die Ehe für schuldhaft, sondern deshalb darf er den heiligen Ort nicht betreten, weil auch der erlaubte Beischlaf ohne Fleischeslust nicht möglich, diese Lust aber immer mit Schuld verbunden ist. Der Psalmist war nicht aus Ehebruch oder Unzucht, sondern aus rechtmäßiger Ehe geboren, und doch hat er gesagt: ‚In Sünden bin ich empfangen, in Schuld gebar mich meine Mutter...' Nicht die Vereinigung der Gatten nennt er eine Sünde, sondern die Wollust, die damit verbunden ist. Vieles ist ja erlaubt und rechtmäßig, wird aber in seiner Verwirklichung irgendwie befleckt, so ungefähr wie der Zorn, der unseren Seelenfrieden stört, eine Schuld mit sich bringt. Was wir tun, mag gut sein, und doch kann man es nicht mehr billigen, wenn wir innerlich dadurch verwirrt werden..."

Das Verständnis dieser Psalmstelle ist ein Zeichen, wie ständig die Gefahr entsteht, das Seinige in die Bibel hineinzulesen.

> „Sieh: in Schuld bin ich geboren,
> in Sünden hat mich meine Mutter empfangen" (51, 7).

Der Psalmist spricht über die Solidarität in der Schuld: er selbst ist bereits in Schuld geboren, aber auch seine Mutter lebte in Schuld und hat als diejenige, die wie alle Menschen schuldig ist, ihr Kind empfangen.

Nirgendwo spricht der Text davon, daß die Empfängnis selbst oder die Lust als solche Sünde sei. Ungeprüft und selbstverständlich wird eine derartige Deutung in den Text hineingelesen und als biblische Begründung dafür genommen, daß geschlechtliche Lust Sünde sei.

Die folgenden Sätze des Briefes sprechen nicht nur eine ganze

Anthropologie aus, sondern sie enthalten den Grundsatz, wie Ehe und geschlechtliche Gemeinschaft nahezu bis heute betrachtet wurden. Geschlechtsgemeinschaft ist Rechtens in der Ehe. Sie dient einem einzigen Zweck – der Kinderzeugung. Eigens schließt der Brief die Gewinnung der Lust aus. Der Brief steigert die Ablehnung der Lust, indem er wiederholt: „Kinderzeugung ist sein Zweck, nicht Befriedigung der Laster." Wir folgern demnach mit Recht daraus, wenn Mann und Frau in ihrer ehelichen Gemeinschaft die Erschütterung der Lust suchen, so ist das „Befriedigung der Laster". Der Brief setzt eine Situation voraus, in der Mann und Frau nicht aus Verlangen nach „Lust", sondern nur um der Kinderzeugung willen miteinander zusammenkommen. Ob der Verfasser wohl darum wußte, wie das Verlangen zwischen Mann und Frau gebaut ist? Gesetzt, es gelingt einem Paar ohne Verlangen nach „Lust" sich zu vereinigen, was geht dann da vor sich? Welche Verkümmerung des Wesens! Auf etwas muß noch verwiesen werden: der Brief spricht wohl über die Liebe zum Kinde, aber nicht über die Liebe der Ehegatten zueinander, geschweige weiß er etwas davon, daß Geschlechtsgemeinschaft Vollzug und Besiegelung der Liebe zwischen Mann und Frau ist. Der Ausfall zeigt, Ehe, Geschlechtsgemeinschaft und Lust haben mit Liebe nichts zu tun. Wohl wissen wir, daß faktisch oft Ehen ohne Liebe geschlossen werden, daß Ehe als Institution lange Zeit nichts mit Liebe zu tun hatte. Wir wissen wohl, daß viele Menschen einander nahen, ohne sich zu lieben. Trotzdem dürfen wir uns den Blick nicht trüben lassen: Ist denn nicht daraufhin Ehe und die geschlechtliche Gemeinschaft angelegt, daß Liebe wird und sich zusagt?

„Der rechtmäßige Beischlaf muß Kinder hervorbringen, nicht Wollust; Kinderzeugung ist sein Zweck, nicht Befriedigung der Laster. Wer also nicht aus Wollust, sondern um Kinder zu erzeugen, mit seiner Frau verkehrt, der muß selbst entscheiden, ob er in die Kirche gehen oder den Leib und das Blut des Herrn empfangen kann. Wir können den Empfang dem nicht verwehren, der im Feuer war und nicht verbrannt ist. Wo aber nicht die Liebe zum Kinde, sondern die Lust geherrscht hat, da haben die beiden Grund zu Tränen."

Diese Deutung des römischen Bischofs über Ehe, Geschlechtsgemeinschaft und geschlechtliche Lust blieb unangefochten der Grundsatz in der römischen Kirche und weit darüber hinaus auch noch der getrennten Christenheit. Das kanonische Recht ist ebenso davon geprägt wie die Enzyklika „Humanae vitae".

Dieser Grundsatz wurde theologisch ungezählte Male verfochten, belastete die Verheirateten in der Beichtpraxis, vielfach noch in Volksmissionen und Erziehung von Instituten.

Dieser Grundsatz verursachte das schlechte Gewissen, von dem Nietzsche sprach. Er hat behauptet, im Abendland seien durch über tausend Jahre hin Kinder mit schlechtem Gewissen gezeugt worden. Hatte er unrecht mit dieser Behauptung?

„Fleischliche Lust, die in der Frau unersättlich ist": von Thomas von Aquin zum Hexenhammer

Oft wurde die Meinung vertreten, Thomas von Aquin habe die rigorose Geschlechtsauffassung des Augustinus und der ihm folgenden Theologen gemildert. Lassen wir Thomas selbst sprechen:

Er deutet den Geschlechtsakt als einen tierischen Akt: „Die Tiere haben keine Vernunft. Deshalb wird der Mensch in dem Sinne im Geschlechtsakt tierisch, daß er die Lust und die Glut des Begehrens nicht mäßigen kann" (S. Th. I, 98, 2 ad 3).

Die geschlechtliche Lust als Aufgipflung der geschlechtlichen Gemeinschaft übermächtigt die Vernunft (ratio), und durch diese Übermächtigung wird der Mensch „tierisch". Nicht gefragt wird von Thomas, ob die geschlechtliche Erschütterung nicht eine eigene und unableitbare Weise sinnenhafter Erfahrung ist, der eine eigene „Erkenntnis" innewohnt. So lehrt die Bibel, die die geschlechtliche Gemeinschaft als „Erkennen" (jodach) bezeichnet hat.

Es ist folgerichtig, wenn Thomas der Meinung ist, die Erschütterung der geschlechtlichen Lust ziehe den Menschen von Gott ab: „Demnach zieht der Gebrauch der fleischlichen Verbindung den Geist des Menschen in zweifacher Hinsicht davon ab, daß er sich vollkommen dem Dienste Gottes hingeben kann: einmal wegen der Heftigkeit der Lust, zum anderen wegen der Beschäftigung mit der Herrschaft über die Ehefrau und die Kinder" (II–II, 186,4c).

Die Heftigkeit der Lust (vehementia delectationis) zeigt wohl auch darauf hin, wieviel in einem Mann wie Thomas an geschlechtlichem Verlangen aufgestaut war. So wäre es durchaus denkbar, daß er keine Kraft mehr hätte für Gott, würde er seinem geschlechtlichen Verlangen nachgeben. So fühlten sich diese Männer wie Augustinus und Thomas in ihrem christlichen Leben zutiefst bedroht. Ständig spüren sie die Gefahr vom geschlechtlichen Verlangen überschwemmt zu werden. Diese Flut geschlechtlicher Lust würde ihre Übungen der Frömmigkeit hinwegschwemmen. Doch diese gefürchtete Katastrophe entstände nicht aus der Lust als solcher, sondern aus der Macht jahrzehntelangen aufgestauten Verlangens.

Daher wurde die ganze Geschlechtsmoral von dem Zweck bestimmt, wie geschlechtliche Lust vermieden oder wenigstens eingedämmt werden könne.

Diese Männer haben Gott als Gott der Philosophen mißverstanden (vgl. Leist: „Der Gott der Philosophen", 1967). Die Folge war, daß zwischen Gott und Lust ein unüberbrückbarer Abgrund klafft. Doch diese Deutung gibt erneut die eigene Bedrohung durch das Geschlechtliche wieder. Daß geschlechtliche Gemeinschaft und ihre Erschütterung dereinst eine Gotteserfahrung und außerhalb der Bibel grundlegende numinose Erfahrung war, wissen diese Männer längst nicht mehr. Überall springt ihnen die Bedrohung durch das Geschlechtliche entgegen. Ihr Leben im Glauben ist derart bedroht, auf einem schwankenden Boden erbaut, daß sie ständig Vorkehrungen treffen müssen, um nicht aus den Kräften der Tiefe, ihres Geschlechts, überwältigt zu werden. Aus dieser Not wird verständlich, warum Thomas die Frau nicht als Partnerin, sondern nur als Gestalt der Versuchung und als Gelegenheit zur Sünde zu sehen vermag. „Der Anblick der Frau weckt die Begehrlichkeit" (II–II, 167,2c). Immer fester müssen die Dämme werden, die gegen das geschlechtliche Verlangen schützen. Eine Frau zu sehen und mit ihr sprechen könnte die Dämme zum Brechen bringen.

Wer so sehr sein eigenes geschlechtliches Verlangen fürchtet und ständig auf der Hut sein muß, nicht überwältigt zu werden, kann in der Frau nur ein „minderwertiges" Wesen sehen. Er, der Mann, muß sie herabsetzen, weil sie seinem Unbewußten so übermächtig-bedrohlich erscheint.

In der Tat, durch alle Jahrhunderte zieht sich die Herabsetzung der Frau aus Angst; sie muß entmächtigt werden. Daher lehrt Thomas: „In den Frauen ist nicht genug geistige Kraft, daß sie den Begierden widerstehen könnten" (II–II, 149,4c).

In diesen angstdurchstimmten Wertungen klingt die Ahnung an, wie mächtig die Frau in ihrer geschlechtlichen Kraft sein kann. Daher muß Thomas ablehnen, daß Frauen sich schmücken. Schmuck und Kleidung steigern das geschlechtliche Verlangen, der Ehelose wird dadurch so hilflos, daß er sich nicht mehr wehren kann. So müssen die Frauen nicht nur herabgesetzt werden, sondern sie sollen so ungeschlechtlich wie möglich erscheinen. Thomas prüft in einem Artikel die Frage: „Ob der Schmuck der Frauen ohne Todsünde sein kann". Thomas spürt als Mann, Schmuck verdichtet die geschlechtliche Schönheit der Frau und macht sie anziehender. Als

Mann, der mühsam sein geschlechtliches Verlangen zurückdrängt, steigert der Schmuck die Gefahr, als die er die Frau empfindet. Seine Auskunft ist verständlich: „Der Putz der Frauen regt die Männer zur Ausschweifung an“ (II–II, 169,2c).

Genauer müßten wir übersetzen: der weibliche Schmuck „provoziert“ die Männer. Lesen wir genau, so sehen wir, daß Thomas etwas unterstellt. Zuerst einmal, die Frauen sind „schuld“, wenn in Männern überstarkes geschlechtliches Verlangen sich regt und sie ihm nachgeben. Sodann aber, inwiefern muß das Verlangen, das eine Frau im Manne weckt, zur Ausschweifung treiben? Gewiß, auch das geschieht oft genug. Die mangelnde Differenzierung zeigt, wie sehr dem ehelosen Manne der Blick verstellt ist: geschlechtliche Gemeinschaft unter Liebenden wird Ausschweifung genannt (lascivia). Wir vermuten nicht zu Unrecht, daß jeder Genuß geschlechtlicher Freuden nach Thomas „Laszivität“, Ausschweifung, ist.

Wohl macht Thomas eine Einschränkung, daß der Frau „maßvoller und bescheidener Schmuck“ gestattet sei (s.o. ad 1).

An allen Stätten, wo Menschen leben, in der Einsamkeit der Klosterzelle wie in den Städten und Dörfern, wo Männer und Frauen einander begegnen, im Wachen wie in den Träumen der Nacht lauern Gefahren. Das geschlechtliche Verlangen könnte übermächtig werden und der Mann ihm verfallen. Deshalb wird auch die Ehe aus dem Blickwinkel der Bedrohung gedeutet, wie sie der ehelose Mann ständig erleidet. Nach Thomas ist genau wie für das kanonische Recht die Ehe ein Heilmittel: „Gegen die geschlechtliche Begierde war es notwendig, ein besonderes Sakrament, die Ehe, als Heilmittel anzuwenden“ (III, 65,1 ad 5).

In der Ehe wird geschlechtliche Gemeinschaft vollzogen. Sie wird um der Kinderzeugung willen gestattet, zugleich ist sie ein Mittel, das geschlechtliche Verlangen zu mäßigen und wenn möglich eines Tages ganz zu ertöten. Wir müssen hinzunehmen, wie oft zur Zeit des Thomas für Eheleute im Jahr Geschlechtsverkehr verboten war (siehe Leist: „Liebe, Geschlecht, Ehe“). Wie sehr für Thomas Geschlechtsgemeinschaft belastet war mit Schulddruck und Ekelgefühlen, wie sehr er den Geschlechtsverkehr in der Nähe zum Analen sah, können wir aus folgender Feststellung hören: „Am meisten schämen sich Menschen der geschlechtlichen Akte, daß selbst das eheliche Beilager, das durch die Ehrbarkeit des Ehestandes ausgezeichnet ist, der Scham nicht entbehrt...“ (II–II, 151,4c).

Daß Thomas sich seines geschlechtlichen Verlangens schämte, dürfen wir, ohne ihn herabsetzen zu wollen, annehmen. Wir dürfen auch annehmen, daß er sich die eigenen Organe wie die der Frau nur unter Ekelgefühlen vorstellen oder gar ansehen konnte. Nichts mehr spüren wir bei ihm von der Schönheit des Leibes und der Nacktheit, geschweige denn von der Herrlichkeit liebender geschlechtlicher Gemeinschaft. Diese Erfahrung der Herrlichkeit war durch Jahrhunderte verschüttet und wie unmöglich gemacht. Zwar fanden sich immer wieder Protestbewegungen, wie die Bewegung des Minnesangs, der Troubadoure, unter denen immerhin etwa 20 Frauen waren. Doch im Ganzen der Christenheit herrschte bis in unsere Jahre die Herabsetzung des Geschlechtsaktes und die Feindschaft gegen die Frau, wie Thomas neben vielen anderen gelehrt hat. Doch Thomas wurde zum „Lehrer der Kirche“ erhoben. Das Studium seiner Werke durch Leo XIII. zur Pflicht gemacht. Ungezählte, die Theologie studierten, haben diese Stellen gelesen und ihre Deutung übernommen. Wenn sie sich dieser später auch kaum noch erinnerten, die Grundsätze begegneten ihnen in den Handbüchern für Beichtväter, bei Alfons von Liguori, in Beichtspiegeln und Bußbüchern, in den Systemen der Moral und in den Volksmissionen. Männer und Frauen in der Christenheit haben sich bis zu jenen, die es in unseren Dokumenten bezeugen, ihres geschlechtlichen Verlangens geschämt, geschlechtliche Gemeinschaft und ihre Lust unter Schuldgefühlen erlebt. Wie feindselig sich Geschlechtsgemeinschaft und Lust und Leben im Glauben gegenüberstanden, lehrt Thomas, wenn er über die Ehe der Propheten Israels schreibt: „Zu der Zeit, in der sie die eheliche Gemeinschaft vollzogen, war der Heilige Geist nicht anwesend“ (II–II, 172,3 praet.).

Der Geist verleiht die Gabe der Prophetie. Während des ehelichen Aktes waren diese Männer Israels geistverlassen, war der Gott der Väter ihnen fern. Thomas sagt allerdings nicht, woher er diese Kenntnis im Alten Testament gewonnen hat. So war er befangen in der Angst vor der Macht der geschlechtlichen Lust: er konnte sich den Geschlechtsakt nur als die größte Ferne zu Gott vorstellen. Die geschlechtliche Lust ist für ihn die Gottferne schlechthin.

Etwas mehr als zwei Jahrhunderte nach dem Tod des Thomas veröffentlichen zwei deutsche Dominikaner, Jakob Sprenger und Heinrich Institoris, den Hexenhammer (1489).

Er ist das krankhafte Dokument der Geschlechtsangst und der Verwirrung. Was Albertus Magnus, Bonaventura und Thomas über die geschlechtliche Lust und die Frau lehrten, das wird in dieser Schrift bis in die Exzesse dargestellt. Es ist immer wieder dieselbe Angst vor der Lust und vor der Frau. So lehrt der Hexenhammer: „Alle Hexerei kommt aus fleischlicher Lust, die in Frauen unersättlich ist.“

Wiederholt führt diese pathologische Schrift aus, wie Frauen die Zeugungskraft der Männer verhexen und schädigen. Frauen in ihrer „Maßlosigkeit" verkehren mit Teufeln, reiten zu orgiastischen Feiern und schwarzen Messen. Der Verkehr mit Teufeln wurde zu einem allgemeinen Irrglauben dieser Jahrhunderte. Was kranken Männern verboten war, das dichteten sie unglücklichen Frauen an. Die eigene aufgestaute Geschlechtslust malten sie in diesen Teufelsphantasien aus.

Der römische Bischof Innozenz VIII. kam den beiden Verfassern und Inquisitoren für die Hexenprozesse in der Bulle „Summis desiderantes" (1484) zu Hilfe. „Weiters suchen diese Hexen Männer und Frauen, Lasttiere ... heim und peinigen sie mit jämmerlichen und schrecklichen Schmerzen und schlimmen Krankheiten ...; sie hindern Männer, den Geschlechtsakt auszuüben, und Frauen zu empfangen, daher können Männer ihre Frauen nicht erkennen noch Frauen ihre Männer empfangen ..." Diese Hexen, die so mächtig sind, waren zumeist junge Frauen. Auf der Folter haben sie ihre „Untaten" bekannt.

Ehrbare, weniger ehrbare, unehrbare Teile

Unsere Dokumente berichten über Nöte, die Verlobte, junge Ehepaare, überhaupt junge Männer und Frauen miteinander erleben. Erste Erfahrungen sind oft nicht die geschlechtliche Gemeinschaft, sondern der Austausch von geschlechtlichen Zärtlichkeiten. Auch sie sind, wie die Dokumente zeigen, oft genug mit Schuld besetzt.

Wir wundern uns nicht, wenn wir beobachten, nach welchen „Moralgrundsätzen" auch heute noch die Generation der mittleren Jahre erzogen wurde. Wir zitieren einige Ausführungen aus der Moraltheologie von Jone (Paderborn 1949, 13. Auflage).

Er referiert die überkommene Einteilung; die Moraltheologie zerteilte den menschlichen Leib in ehrbare, weniger ehrbare und unehrbare „Teile". Wegen ihres verschiedenen Einflusses auf die Erregung der geschlechtlichen Lust werden die Körperteile eingeteilt in ehrbare (Gesicht, Hände, Füße), sog. weniger ehrbare (Brust, Rücken, Arme, Schenkel), sog. unehrbare (Geschlechtsteile und Partien, die ihnen sehr nahe sind)" (Nr. 234,2).

Wir haben richtig gelesen: die Geschlechts„teile" gelten als unehrbar. Unehrbar sind auch die „Partien", die ihnen sehr nahe sind. Das dürften vor allem die Oberschenkel und der Leib unterhalb des Nabels sein.

Das Maß, nach dem Ehrbarkeit und Unehrbarkeit gemessen werden, ist die Lust. Je mehr Lust durch einen „Teil“ gewonnen werden kann, desto „unehrbarer“ wird diese „Partie“.

Der Schluß ist erlaubt, daß die Lust das Unehrbare schlechthin ist.

Nur die Folgerung aus diesen „Grundsätzen“ ist die Feststellung, was an Zärtlichkeiten „schwere“ Sünde ist: „Küsse an unehrbaren und weniger ehrbaren Teilen sind Todsünde. Ebenso sind Zungenküsse gewöhnlich eine Todsünde“ (Nr. 236).

Übersetzen wir: Fellatio und Cunnilingus sind als Zeichen der Hingabe schwere Sünde; der Kuß insbesondere. Dabei wird kein Unterschied zwischen Verheirateten oder Nichtverheirateten gemacht. Immer sind diese Liebkosungen, weil sie sich auf „unehrbare“ Teile beziehen, schwer sündhaft.

Auch hier trägt der mildernde Einwand zu kurz, kaum jemand richte sich darnach, moderne Beichtväter hätten längst diese Moral hinter sich gelassen. Wie das im einzelnen steht, wissen wir nicht. Sicher ist, daß auch die ältere Generation der Presbyter nach diesen Grundsätzen erzogen wurde, aus dieser Verteufelung der geschlechtlichen Lust heraus – Priester geworden ist. Sie finden sich nicht zurecht, sind wörtlich verstanden, im Geschlechtlichen wie zugebaut durch dieses geschlossene Abwehrsystem. Als System ist es ebenso großartig wie schädigend. Wer jedoch immer wieder Gelegenheit hatte, die geschlechtlichen Nöte unter Presbytern kennenzulernen, der weiß, wie wenig diese „Moral“ überholt und aufgearbeitet ist. Das ist einfach innerhalb weniger Jahre nicht möglich.

Vor allem ist zu bedenken: die Verfasser der Enzyklika „Humanae vitae“ leben immer noch in diesem Moralsystem. In ihm bewegt sich auch der römische Bischof Paul, wenn er unnachgiebig diese verunglückte Enzyklika und den Priesterzölibat verteidigt. Für ihn sind die Grundsätze einer „Moral“, wie sie uns immer noch begegnet, auch die seine. Grundsätzlich wird er gegen diese Moral nichts einzuwenden haben, geschweige denn, daß ihm das Unchristliche der Verteufelung des Geschlechts zu Bewußtsein käme. Nicht wenige seiner Vorgänger haben ebenso gedacht und gelehrt. Erinnern wir uns noch eines Gregors I., der lehrte, geschlechtliche Lust in der Ehe sei immer schwere Sünde und werde nur durch das Gut der Kinderzeugung zu einer läßlichen Sünde.

Die inhumane Geschlechtsmoral, vor allem der römischen Kirche, begegnet uns in den Nöten der Menschen, die in diesem Buch zu uns sprechen.

Wenn man die Berichte über die ersten Erfahrungen unter Verlobten liest und auf die Schuldgefühle horcht, die sie bekennen, meint man, sie hätten die Grundsätze gelesen, die Jone formuliert. „Als eine notwendige Gelegenheit zur Sünde können Bekanntschaften betrachtet werden, die unterhalten werden in der Absicht, sich bald zu heiraten“ (Nr. 240).

Etwas anderes weiß der Kapuziner Jone über die Beziehung von Mann und Frau in der Beziehung einer Freundschaft oder Verlobung nicht zu sagen, als daß sie als „notwendige Gelegenheit zur Sünde“ betrachtet wird. Der Moraltheologe befürchtet, daß die beiden aus ihrem geschlechtlichen Verlangen heraus einander Lust bereiten, vielleicht eines Tages miteinander verkehren. Was rät das Handbuch für Beichtväter? „Sie sollen daher nie allein miteinander sein, wenigstens nie an einem Orte, an dem sie nicht jeden Augenblick leicht überrascht werden können; auch sollen sie nicht zu oft einander treffen“ (240).

„Die Gefahr zur Sünde“, das heißt zur geschlechtlichen Lust, ist so groß, daß ständig Absicherungen eingebaut werden müssen, die es ihnen verwehren, einander geschlechtlich näherzukommen. Selten sich treffen wird ebenfalls als Mittel angegeben. Und was ist für Verlobte möglich? Ausdrücklich wird festgestellt, „nicht mehr, als auch den übrigen Ledigen erlaubt ist“. Zugestanden wird, die beiden Verlobten dürfen „sich gegenseitig in ehrbarer Weise anfassen, umarmen, küssen, um so ihr gegenseitiges Wohlwollen und ihre gegenseitige Liebe zu bezeigen“. Sie sollen Zärtlichkeiten austauschen, die frei sind von geschlechtlicher Lust. So also stellt sich ein zölibatärer Mann die Beziehung von Verlobten vor (vgl. Leist, „Liebe vor der Ehe“, Schallplatte).

Weil der Geist vor den Organen der Liebe schaudert

Immer noch ist der Hintergrund nicht überwunden, der die Grundlegung für die Geschlechtsfeindschaft und Angst unter Christen möglich gemacht hat. Immer noch gilt bis in die Naturwissenschaften hinein, der Mensch ist ein zweigeteiltes Wesen; er besteht aus Seele und Leib. Wie selbstverständlich erscheint diese Anthropologie, und doch stellt sie eine folgenschwere Verzeichnung und Vergewaltigung des Menschen dar. Nach der verbreiteten Deutung, die wie ein Zwang der Gewohnheiten auf uns liegt, gilt: diese Anthropologie ist gekennzeichnet durch die Zweiteilung in Seele und Leib.

Das Geschlecht ist das „Körperliche“, letztlich das Tierische. Es kann veredelt, vermenschlicht werden, aber es bleibt, was es vom

Wesen her ist, Widerspruch gegen den unsinnenhaften „Geist". Manche werden sich weigern, diesen Zusammenhang anzuerkennen. In einer neuen Arbeit über das Geschlecht lesen wir folgendes: „Nichts hilft über die Tatsache hinweg, daß das Geschlecht in der Wahl seiner Organe nicht glücklich war: Urin und Samen benutzen denselben Weg, und Zeugung ist den Exkrementen nahe. Niemand, nichts kann bewirken, daß solche Nachbarschaft vergessen wird" (Jacques Sarano, Der Geist, das Geschlecht und das Tier, in: Paul Ricœur, Sexualität. Wunder – Abwege – Rätsel. Fischer Bücherei 811, Frankfurt 1967, S. 165).

Erneuert wird hier die Deutung von Augustinus: „inter faeces et urinam nascimur." Es wäre jedoch zu bedenken, was anthropologisch Kot und Urin bedeuten. Seit Platon werden sie zum Bild für die Beschmutzung des Menschen. Vom Analen her wird auch die Beschmutzung durch den Samen gesehen. Gewiß will dieser Text derartiges nicht behaupten. Wir sollten jedoch beachten, daß eben nur infolge jenes platonisch-plotinischen Menschenverständnisses Kot und Geschlecht in die gefährliche Nachbarschaft dieser Deutung gerieten. In anderen Kulturkreisen waren Kot und Urin etwas Magisch-Mächtiges, deshalb wurden die notwendigen Verrichtungen abgesondert. Wir wissen zudem, wie tief sie der leibhaften Existenz des Menschen entwachsen und zugleich sein Existieren austragen.

Verständlich wird das Gesagte durch einen weiteren Gedanken: „Alles Geschlechtliche verbirgt sich eben, weil der Geist vor den Organen der Liebe schaudert" (Ricœur, S. 166).

Die Anthropologie, die vorausgesetzt wird, ist unverkennbar: Der Geist ist das Unsinnenhafte und Ungeschlechtliche „im" Menschen. Das ist jener Geist, wie er von Platon über Plotin und die Gnosis im antiken und mittelalterlichen Christentum nahezu bis heute allgemein vorgestellt wurde. Aber ist in einem solchen Schema, ungeschlechtlicher Geist – geschlechtsbestimmter Körper, denn der Mensch in seiner Existenz als dieser einmalige Mann oder als diese einmalige Frau bedacht?

Natürlich ist die notwendige Folgerung aus diesem Menschenverständnis: „Der Geist schämt sich fast aller Handlungen seines Triebes" (Ricœur, S. 167). Entsprechend ist die Deutung des Geschlechtsaktes; sie ist eine Entfremdung des Geistes von sich selbst. „Der Geschlechtsakt vergrößert und vergröbert das alles: Der ganze Körper, zwei sich verbiegende Körper sind völlig in ihrem Tun befangen bis zu einem erschreckenden Maß von Geistesabwesenheit, bis zum Orgasmus, jenem epileptischen Vergessen. Zwei

Wesen sind wie besessen, sind eine Zeitlang außer sich: Hier zeigt sich der rätselhafte, aber wahre Beweggrund, weshalb wir den Geschlechtsakt in der Nacht des Alkovens verbergen“ (Ricœur, S. 167).

Wir haben richtig gelesen, der Text spricht von Geistesabwesenheit, nennt den Orgasmus ein epileptisches Vergessen. Von den beiden Menschen wird festgestellt, daß sie besessen sind, daß sie außer sich sind. Deshalb müssen sie ihren Akt der Gemeinsamkeit verbergen.

Es ist wohl nicht Ungenauigkeit, sondern entsprechend, wenn davon gesprochen wird, daß zwei Körper sich vereinigen. Ist der geschlechtliche Akt auf dem Höhepunkt der Erschütterung denn „Geistesabwesenheit“? Wenn unter Geist so etwas wie Verstand, jedenfalls nur ein bestimmtes Denken vorgestellt wird, dann allerdings – ja. Aber ist jene Erschütterung, die als Epilepsie, als Zuckungen zweier Körper, als Außersichsein aufgefaßt wird, nicht in einem umgreifenden Sinn darauf angelegt, ein Geschehen des Geistes zu sein? Dieses Ereignis des Geistes ist allerdings nicht mehr Verstand oder Wille, sondern die Ergriffenheit durch das Heilige schlechthin. Auch wenn geschlechtliche Gemeinschaft banal wird, ihrem Wesen nach ist sie die Erschütterung, die vom Heiligen durchwaltet ist. Abgründe trennen dieses Menschenverständnis von jenem, das in der geschlechtlichen Gemeinschaft so etwas wie Epilepsie und Besessenheit sieht. Möglicherweise kann man sagen, die beiden Menschen sind be-sessen, allerdings nicht vom Dämonischen, sondern vom Walten des Heiligen.

Immer wieder wurden in der abendländischen Anthropologie Orgasmus und Geist in einem feindlichen Widerspruch gesehen. Es gibt keine weitere Entfremdung des Geistes von sich selbst bis zur Grenze der Abwesenheit als in geschlechtlicher Lust. Fragen wir dagegen: Wenn Geist umfassender gedacht wird als jene Mächtigkeit, die den Menschen überkommt, über die er nicht verfügen kann, ist dann der Orgasmus nicht gerade als das Überwältigtwerden durch die Mächtigkeit schlechthin auf Erden durch und durch Geist und geistig, durch und durch „heilig“ in dem Sinne, wie die Überlieferung von kadosch, hagios, sacer sprach. Gewiß, diesem Geist-Geschehen ist auch das Schreckliche und der Tod benachbart. Es vollzieht sich dicht neben einem drohenden Abgrund.

Wir bedenken die geschlechtliche Gemeinschaft und ihre Aufgipfelung, so wie sie als Ekstasis menschlicher Existenz entworfen sind. Dagegen verkennen wir keineswegs, wie verkümmert der geschlechtliche Akt im Durchschnittlichen oft geschieht. Dieses

Abgleiten bedeutet keinen Einwand gegen den Sinn der geschlechtlichen Gemeinschaft. Gilt das nicht auch von dem, was die griechisch-mittelalterliche Anthropologie „Geist" genannt hat? Ist seine Tätigkeit bei Menschen, so wie Menschen sind, nicht ebenfalls oft verkümmert genug?

Seit Platon wird der Grundsatz überliefert: durch die geschlechtliche Lust werde der nous, das ist dasselbe, was hier Geist genannt wird, überwältigt, verdunkelt, seiner entfremdet. Sieht man jedoch in der Geistseele das Wesentliche im Menschen, dann ist jede geschlechtliche Erfahrung eine Entfremdung des Geistes von sich selbst, also eine Entfremdung des Menschen.

Sieht man jedoch das „Wesen" (nicht die essentia) des Menschen in seinem Existieren, wie er „da" ist auf dieser Erde, dann ist die Entfremdung, über die wir sprachen, keineswegs eine des Geistes durch das Geschlecht.

Vielmehr gerät der Mensch als dieser Existierende durch die geschlechtliche Erschütterung in eine Ek-stasis, die ihn über sich hinaushebt. Im Gegenteil – statt zu entfremden, wird der sinnvoll erfahrene geschlechtliche Akt zu einer Erfahrung der Eigentlichkeit menschlicher Existenz als männlicher und weiblicher Existenz.

Der Verfasser dieser Abhandlung würde uns entgegenhalten, was auf der folgenden Seite zu lesen ist: „Der Mensch will es nicht wahrhaben, daß der Liebesakt unweigerlich ein tierischer Akt sei" (Ricœur, S. 168). Nun zieht der Verfasser dieser Darlegung nicht die Folgerung, das Geschlecht müsse überwunden werden. Es muß angenommen und mit dem Geist versöhnt werden. „Es gibt nicht mehr zwei Teile, von denen der eine dem Geschlecht überlassen wird, der andere dem Geist. Der Geist wohnt im Geschlecht – das nur eine der Arten darstellt, durch die er sich verkörpert" (Ricœur, S. 176).

Wir erkennen, die Zweiteilung wird festgehalten. Tatsächlich existiert der Mensch als dieser einzelne und nicht zweigeteilt. Tatsächlich handelt es sich nicht um Sexualität als „Etwas" im Menschen, sondern um die grundlegende Weise, wie der Mensch als Mann oder als Frau existiert. Der Geit „durchwohnt" nicht das Geschlecht, sondern der Geist ist geschlechtlich, weil die Existenz des Menschen als Mann und Frau die Geschlechtlichkeit ist.

Dürfen wir den Verfasser folgendermaßen verstehen? Es gilt, das Tierische, das dem Geist widerspricht, anzunehmen. Dafür bieten sich zwei Weisen an, die der Ehe und die des Zölibats. „Ich lebe meine Sexualität oder meinen Zölibat als Berufung, über die mir keine willkürliche Entscheidung zusteht, sondern die mir anvertraut ist und deren letzter Sinn Gott allein gehört“ (Ricoeur, S. 176).

Wenn man „Sexualität“ als Betätigung körperlich-tierischer Organe versteht, die zwar in die Person integriert werden sollen, dann ist der Zölibat das Gegenteil, nämlich Verzicht auf diese Betätigung. Auch der ehelose Mensch bleibt Mann oder Frau und trägt in dieser Weise als Eheloser sein Geschlecht aus. Er kann in dieser Weise sich in seinem Geschlecht entfremden, ohne daß er je im engeren Sinne eine geschlechtliche Erfahrung gemacht hat.

Aus der Zweiteilung des Menschen, aus der Deutung, das Wesenhafte des Menschen sei der „Geist“, ist diese Deutung verständlich und sinnvoll. Dagegen ist zu fragen: Ist denn menschliches Existieren so gebaut? Ist eine solche Zerteilung und Verengung des Geschlechts auf Körperliches und Tierisches nicht eine Verzeichnung des Geschlechts? (Vgl. F. Leist, „Liebe und Geschlecht“, Freiburg.)

Der Moraltheologe Bernhard Häring: Zu häufiger ehelicher Verkehr

Auch heute noch wird die Lust als schwere Sünde verdammt. Wer jedoch geschlechtliche Lust als schwere Sünde erklärt, der droht mit der „ewigen Hölle“, auch wenn er nicht direkt darauf hinweist. Bernhard Häring lehrt in seinem Werk „Das Gesetz Christi“ jede Lustgewinnung außerhalb des Aktes in der Ehe als schwere Sünde.

„Nach heute allgemeiner Lehre der Autoren ist nicht nur die volle Befriedigung, sondern jede frei gewollte direkte Erregung der Geschlechtslust außerhalb der geordneten, ehelichen Liebe der ganzen Art nach schwere Sünde“ (7. Auflage, Freiburg, Bd. 3, S. 298).

In diesen Sätzen ist also gesagt: Onanie ist schwere Sünde und trennt von Gott. Petting unter Brautleuten wäre demnach ebenfalls schwere Sünde.

Häring beruft sich auf die Übereinstimmung „nach heute allgemeiner Lehre der Autoren“, also der Moraltheologen.

Möglicherweise finden wir einen Hinweis, warum die geschlechtliche Lust „außerhalb der geordneten ehelichen Liebe“ so verurteilt wird. Offen wird eine Befürchtung ausgesprochen. Häring spricht über die Gefahr der geschlechtlichen Lust: „Gerade auf diesem Gebiet muß jeder wissen, daß er verschlungen wird, wenn er leichtsinnig und ehrfurchtslos und in bewußter Absicht einzudringen versucht“ (s.o. S. 300).

Das Bild „vom Verschlungenwerden" läßt aufhorchen. Es ist das Bild: ein Abgrund öffnet sich, der denjenigen verschlingt, der sich der geschlechtlichen Lust überläßt. Es könnte auch das Bild mitschwingen, daß ein Untier sein riesiges Maul aufreißt und den „Sünder" verschlingt. In solchen Bildern haben Männer der Vergangenheit und Gegenwart geträumt, und zwar von der Frau, die den Mann verschlingt, sein Glied im Schoß abreißt und bei sich behält. Verschlungen werden von der Lust heißt letztlich verschlungen werden vom Schoß der Frau. Bewußt hat selbstverständlich der Theologe Häring dieses Bild nicht gewählt. Aber dennoch spricht das Unbewußte durch solche Bilder. In dem Bild vom Verschlungenwerden meldet sich dieselbe Angst, die alle vorherigen wie Augustinus und andere vor der Lust und vor dem Schoß der Frau erlebten. Insgeheim spricht ebenso wie bei ihnen die Faszination des ungelösten Mannes von der Übermacht des weiblichen Schoßes und der Frau, die in ihrem Geschlecht stärker ist als der Mann.

In diesen Sätzen spricht noch die alte Angst eheloser Männer, beginnend bei den Wüstenvätern bis zur Gegenwart, von der geschlechtlichen Lust überwältigt und „verschlungen" zu werden.

Einen weiteren Hinweis, daß Lust allein in der Ehe und zum Zweck der Kinderzeugung gestattet ist, findet sich in einer Bemerkung über Impotenz in der Ehe. Häring meint, wenn ein Mann in der Ehe impotent sei, seien wohl Zärtlichkeiten erlaubt, aber keine, die zur Pollution führen. „Ist das Unvermögen erst nach Abschluß einer gültigen Ehe hinzugekommen, so ist der auch in seiner äußeren Gestalt zur Zeugung untaugliche Verkehr unstatthaft. Gut bleiben jedoch in diesem Fall alle intimen ehelichen Zärtlichkeiten, soweit sie nicht auf intim geschlechtliche Befriedigung (Pollution) abzielen und auch keine unmittelbare und unverhältnismäßig große Gefahr einer solchen in sich tragen" (s. o. S. 348).

Offensichtlich wird nur über den Mann gesprochen. Nun stellen wir uns eine Situation vor, die relativ häufig vorkommt: Ein Mann entdeckt nach seiner Eheschließung gewisse Potenzschwierigkeiten. Zuweilen ist es so, daß er gelegentlich den Verkehr nicht ausführen kann. Manchmal dauert es eine gewisse Zeit, gelegentlich auch über eine längere Zeitspanne hin. Was sollen nun die beiden Ehegatten tun? Sie dürfen nach Häring sich wohl Zärtlichkeiten erweisen, doch sofort folgt das Stichwort von der „Gefahr". Wenn die Gefahr zur Pollution entsteht, sind diese Zärtlichkeiten verboten und werden sie aus dem Zusammenhang der übrigen Erklärungen als schwere Sünde deklariert. Wie stellt sich denn der Unverheiratete das eheliche Zueinander eigentlich vor? Kann er erklären, warum der Erweis der Zärtlichkeit verboten ist, wenn die Frau ihren Mann so liebkost, daß er zum Samenerguß und dadurch zum Orgasmus auch ohne Verkehr gelangt? Ist das nicht auch ein Erweis ihrer Liebe? Fernerhin – wie steht es mit der Frau? Darf der Mann ihr nicht die Freude des Orgasmus vermitteln, falls er ihr nicht beiwohnen kann oder im „normalen" Verkehr die Frau noch nicht genügend erschlossen ist, um empfindungsfähig zu sein?

Die Frage ist stets dieselbe: Warum sollen die beiden Eheleute sich nicht gegenseitig Lust spenden, auch wenn sie nicht in der Weise der üblichen Geschlechtsgemeinschaft gewonnen wird? Letztlich laufen alle diese Warnungen und Schranken auf dasselbe hinaus: Unüberwunden bleibt die Wertung: eigentlich ist geschlechtliche Lust böse. Tatsächlich aber ist es die Angst dieser Männer, von ihr „verschlungen" zu werden. Ein Mitglied des Ordens, aus dem Häring stammt, Alfons von Liguori, hat genau festgesetzt, welche Positionen schwer sündhaft sind. Erlaubt war schließlich nur die eine, wenn der Mann auf der Frau liegt. Die Begründung lautet, weil diese Position besonders zur Zeugung geeignet sei. Können diese Männer, die derartige Moralgesetze festlegen, sich nicht vorstellen, daß alle Erweise der Zärtlichkeit und auch des gemeinsamen Genießens geschlechtlicher Lust Freude und Glück spenden und zueinanderführen können wie nichts sonst auf Erden? Im Gegenteil: ebenfalls wie in der Überlieferung der mittelalterlichen Moraltheologie warnt auch Häring vor allzu häufigem Verkehr. Mehr als einmal in 24 Stunden sei zuviel. Was weiß ein unverheirateter Mann von den Rhythmen in der Geschichte des ehelichen Lebens! Er nimmt Geschlechtsgemeinschaft rein quantitativ und lehrt, so und so oft ist zuviel. Er weiß nicht, daß das Zueinander nach Zeiten und Malen seinem eigenen Gesetz folgt – in einem Austausch liebender Begegnung. Auch in dieser Überlegung findet sich Warnung und Hinweis auf Gefahr: „Zu häufiger ehelicher Verkehr würde die Unruhe des Triebes nicht beruhigen und eine vielleicht notwendig werdende Enthaltsamkeit schwierig machen und nicht zuletzt das in heiliger Ehrfurcht erlebte Glück dieser intimsten Liebesbezeigung abschwächen und sogar in etwa profanieren" (s.o. S. 336).

Gewiß gibt es die Zügellosigkeit zwischen Männern und Frauen, wenn sie sich gegenseitig zum Objekt machen. Doch ist zu unterscheiden. Es gibt vor allem auch die Geschichte einer langen Begegnung. Ist denn auch hier insgeheim noch an die Ehe als „Heilmittel gegen die Begierde" gedacht? Wird deshalb gefürchtet, durch zu häufigen Verkehr würde die „Unruhe des Triebes" nicht beruhigt? Als gehe es in der geschlechtlichen Gemeinschaft um Beruhigung eines Triebes. Dialog der Liebe ist die Geschlechtsgemeinschaft in der Ehe und nicht „Triebbefriedigung“, wenn auch in noch so viel Ehen Mißbrauch geschieht. Doch dort, wo Dialog der Liebe geschieht, sollte man die Ehegatten der Freiheit ihres mündigen Gewissens überlassen und nicht reglementieren wollen, wie oft sie miteinander zusammenkommen dürfen.

Überall treffen wir auch bei diesem geschätzten Moraltheologen auf Angst, Gefahr, Warnung. Wird jemals etwas über den Sinn der geschlechtlichen Lust gesagt? So wundern wir uns nicht, wenn Häring auch die alte Drohung gegen die Onanie wiederholt: „Die exzessiv geübte Ipsation hat auch schädliche Folgen für die Gesundheit, schädigt vor allem die Nerven. Aber schwerer als die gesundheitlichen Schäden, die bei nicht im Übermaß geübter Ipsation auch ausbleiben können, ist ihr schädlicher Einfluß auf die charakterliche Entwicklung des Jugendlichen anzuschlagen“ (s. o. S. 308). (Zitat aus F. Decurtius in: Hornstein-Faller, Gesundes Geschlechtsleben.)

Welcher Jugendliche kann sich in solchen Drohungen und Warnungen verstanden fühlen? Wie das aussieht, lehren die Dokumente über die Pubertät.

Onanie und Hölle

Die Berichte kommen darin überein, daß nahezu alle die Onanie unter Schuld und Gewissensqualen erlebt haben. Einmal wird berichtet, daß ein Religionslehrer den jungen Mann mit Höllenstrafen bedroht habe, wenn er nicht aufhöre zu onanieren.

Ganz allgemein galt damals noch, in der Zeit also – in der die Betreffenden junge Menschen waren –, also vor 10–30 Jahren, daß Onanie „schwere“ Sünde sei. Verbunden mit dieser Drohung war ein Strafcharakter: Wer häufig onaniert, wird schwer krank.

Noch in den letzten Jahrzehnten konnte man in Handbüchern zur Geschlechtsmoral und populären Unterweisungen für Jugendliche lesen, die Folge häufiger Onanie seien Krankheiten, u. a. wurde Rückenmarksleiden genannt. Seit langem also steht die Onanie unter schwersten Drohungen, sowohl mit Höllenstrafen wie auch mit schweren Erkrankungen. Offensichtlich fürchteten ehelose Männer vor allem bei der Onanie den Einbruch der Versuchung, vom geschlechtlichen Verlangen überwältigt zu werden. Das bestätigt die Moraltheologie von Jone. Sie hat Generationen von Beichtvätern geprägt, die ihrerseits diese Drohungen weitergaben.

Die Onanie wird abgehandelt in dem Abschnitt der geschlechtlichen Sünden, die sich „gegen die Natur" richten. Onanie wird mit dem Begriff Pollution benannt. Der Begriff wird definiert: „Pollution ist die volle geschlechtliche Befriedigung cum effusione seminis, aber ohne geschlechtlichen Verkehr" (Nr. 228). Der Autor unterscheidet drei Arten von Pollutionen: direkt gewollte (das ist also die Masturbation) – indirekt gewollte und nächtliche Pollutionen.

Über die direkt gewollte Pollution heißt es: „Bosheit der Pollution. a) Direkt gewollte Pollution ist immer schwer sündhaft."

Warum eine direkt gewollte Pollution „boshaft" sei, wird nicht begründet. Es wird aber deutlicher, was gemeint ist, wenn wir die Erklärung hinzunehmen: „Dabei ist es gleichgültig, ob die Pollution absichtlich hervorgerufen wurde oder ob man, wenn sie von selbst entstanden ist, freiwillig Wohlgefallen an ihr hatte."

Das Genießen der geschlechtlichen Lust ist die „Bosheit", weshalb die Pollution als Masturbation derartig verdammt wird. Bei der Begriffsbestimmung der Onanie fällt auf, daß eine Stelle in lateinischer Sprache formuliert wird: cum effusione seminis. Wir übersetzen „durch Ausstoßen des Samens". Warum erscheint die lateinische Sprache? Sie vollzieht die ständig sich wiederholende Tabuisierung der Geschlechtsvorgänge. Der Sprachunkundige soll den Namen nicht nennen können. Samen und Lust sind etwas so Gefährliches, daß sie nur in der „toten" Sprache des Lateins ausgedrückt werden dürfen. Zudem konnten früher nur die Sprachkundigen „mitreden", der Stand der Zölibatären. Sie stellen einen anderen Geheimbund dar, der das Geheimwissen über das Geschlechtliche besitzt und bewahrt, zugleich aber entscheidet, was im Geschlechtlichen gut und böse ist.

Wenn wir die vorgelegten Belege aus der Geschichte der Moral überprüfen, so sind wir erstaunt, wie viele Setzungen willkürlich sind, die darüber befinden, was im geschlechtlichen Verhalten böse ist. Eine biblische Begründung wird nirgends gegeben. Alle Setzungen über die „böse Begierlichkeit" entstehen aus dem einen Grundsatz, das Genießen der geschlechtlichen Lust sei schwere Sünde. Dieser Grundsatz ist die eigentlich nicht immer so deutlich ausgesprochene Begründung.

Aus diesem Grundsatz verstehen sich alle anderen Wertungen darüber, was gut und böse ist, wie etwa die folgende: „Eine direkt gewollte geschlechtliche Regung ist immer schwer sündhaft, mag sie auch noch so kurz und unbedeutend sein" (Nr. 232).

Die vorgelegten Dokumente berichten in ständiger Wiederholung, wie junge Menschen ihre Pubertät erlebt haben. Die Männer berichten über die Nöte der Onanie, vor allem über ihre Schuldgefühle und Ängste. Die Frauen gestehen die Not der ersten und der weiteren Menstruation. Man kann sich fragen: Ist es aus dem Wesen der geschlechtlichen Reifung unausbleiblich, daß junge Menschen in dieser Weise an ihrem Geschlecht leiden?

Spiegelt sich in der Not junger Menschen nicht wiederum der Reflex der Geschlechtsnot unverheirateter Männer? Sie haben doch durch Jahrhunderte die Befleckung durch die freiwillige und unfreiwillige Pollution gelehrt. Wer von den Männern der mittleren und älteren Jahre weiß nicht über die Sünde schlechthin, über die meistens nur mit belegter Stimme gesprochen wurde – über die Sünde der Onanie?

An den Berichten ist auffällig, daß die Onanie bei Mädchen weniger zur Sprache kommt gegenüber der Not, wie die Menstruation erlitten wurde.

Seit 1500 Jahren wird im kirchlichen Nachtgebet, in der Komplet, um eines besonders gebetet. Es wird gebetet, weit möchten vom Bittenden weichen „noctium phantasmata". Wenn wir diese Formulierung mit der Schlußbitte zusammennehmen, dürfen wir annehmen: vor allem geschlechtliche Träume wurden gefürchtet. Der Hymnus bittet, von ihnen möge der Schlafende verschont bleiben. Die Strophe endet mit der Bitte: Ne polluantur corpora. Es ist die Bitte, der Leib möge nicht durch unfreiwillige oder doch auch freiwillige Pollution befleckt werden. Wenn man etwas scharf pointiert, so kann man sagen: um dieses also bittet das Gebet – um die Vermeidung der Onanie. Man sieht an diesen wenigen Versen, welche Gefahr in der geschlechtlichen Lust gesehen wurde.

Unerlöste Grausamkeit

Mit ewigen Höllenstrafen wurde bedroht das Genießen der geschlechtlichen Lust in der Onanie, in der außerehelichen Geschlechtsgemeinschaft, in der Ehe dann, wenn die Kinderzeugung ausgeschlossen wurde. Mit ewiger Hölle bedroht wurden die meisten Weisen der Geschlechtsgemeinschaft, Zärtlichkeiten und Küsse, wie wir aus dem Handbuch für Beichtväter von Jone ersehen konnten.

Nunmehr wollen wir Bilder von der Hölle kennenlernen und sprechen lassen. Im Mittelalter war weit verbreitet die Höllenvision Tundals. Sie ist in Regensburg in einer Fassung überliefert, die aus den Jahren 1148–1160 stammt.

Die Hölle ist ein dunkler Talkessel, er ist mit brennenden Kohlen gefüllt. Über die Mündung des Kessels ist ein riesiger Rost gespannt. Auf ihm werden die Seelen geröstet, bis sie schmelzen. Die Flüssigkeit, die durch diese Folterung entsteht, tropft auf die glühenden Kohlen. In der Glut erneuern sich die Seelen und werden immer weiter gequält – in endloser Folge ohne Aufhören. So werden die Vater- und Brudermörder bestraft. Eine andere Folterung wird folgendermaßen geschildert: Auf einem Teich, der gefroren ist, sitzt ein feuerspeiendes Ungeheuer. Es verschlingt Seelen, es verdaut sie und läßt die Überreste aufs Eis fallen. Dort wachsen sie wieder heran und werden weiter gequält. So werden bestraft die Mitglieder von Orden, die ein unkeusches Leben geführt haben. Alle auf diesem Teich aus Eis werden mit kleinen Tieren angefüllt. Sie bohren sich Auswege aus dem Körper, kommen aber nicht heraus, weil ihre Schwänze Widerhaken tragen, die sie festhalten. An den Fingern und Zehenspitzen tragen diese Gefolterten Köpfe von Tieren. Männern und Frauen wachsen im Unterleib, an Armen, Beinen und in der Brust Schlangen hervor. Diese Schlangen fressen die Gepeinigten bis auf Knochen und Sehnen auf. Das ist die Strafe für „Fleisches“-sünden! Sogar die Geschlechtsglieder sind zu Schlangen geworden, sie zerfressen Bauch und Eingeweide derer, die im Leben „unkeusch“ waren.

Fügen wir hinzu das Bild Dantes von der inneren Hölle. Im innersten Kreis der Hölle steht eine Stadt: sie ist von Tausenden von Teufeln bewohnt. Im roten Feuerschein sieht Dante die gepeinigten Häretiker. Endlos werden in dieser Hölle Menschen gequält.

Verstehen wir diese Höllengemälde wie die Phantasien eines Traumes, nur daß diese Bilder nicht nur in der Nacht, sondern auch am Tag geträumt und ausphantasiert wurden. Wir wissen aus der Traumlehre, wie häufig hinter Traumbildern versteckte Wünsche sich regen, die bestimmte Bilder produziert haben. So dürfen wir also annehmen, daß sich derartige Bilder, die als Drohungen gegen geschlechtliche Lust gedacht waren, mit dem Wunsch verbanden, durch diese Qualen möchten jene gequält werden, die sich trotz aller Drohungen doch geschlechtliche Lust gestattet haben. Spricht in diesen unbewußten Wünschen zur Qual nicht auch Neid darüber, weil diese Lust dem Träumenden selbst versagt geblieben ist?

So haben sich Theologen und „einfache“ Christen durch Jahrhunderte die Hölle ausgemalt und vorgestellt. Wohl mögen diese Höllenvorstellungen verblaßt sein. Statt dessen haben christliche Renegaten die Hölle auf Erden errichtet. Die Todesfabriken der KZs, die Maschinerie des Quälens, Folterns, der Gasöfen und der schwarzen Wand – sie haben verwirklicht, was Jahrhunderte hindurch die Christenheit an Grausamkeit geträumt hatte.

Mit diesen ewigen Höllenstrafen wurden namentlich geschlechtliche „Sünden“ bedroht. Mit der Hölle, wenn auch oft nun ohne diese Bilder, wurden auch bis heute geschlechtliche Lust und Verhaltensweisen bedroht. Und zwar dadurch, daß sie als schwere Sünde diffamiert wurden. Thomas definiert die Todsünde: „Die Todsünde besteht in der Abwendung des Menschen von seiner letzten Bestimmung, die Gott selbst ist“ (I–II, 77, 8 c).

Stirbt der Mensch in dem Zustand der Gottferne, dann widerfährt ihm nach dem Irrglauben mittelalterlicher und lange auch neuzeitlicher Menschen, was diese Höllenbilder ausmalen.

Geschlechtliche Lust war auch in der heutigen Christenheit bis auf die Ausnahme der Kinderzeugung in der Ehe schwere Sünde. Fragen wir: Inwiefern vermag diese Lust den Menschen so furchtbar von Gott zu trennen, daß er sein ewiges Ziel verliert? Inwiefern hat dieser Gott der Erbarmung, wie Israels Propheten und Jesus ihn künden, solche Qualen für das Geschlechtliche bereitet? Qualen, die ohne Ende sein sollen? In diesen Bildern, Deutungen und Wertungen hat die unerlöste Grausamkeit gesiegt.

Wenn wir an die Grausamkeit denken, mit der Höllenstrafen ausgemalt wurden, wenn wir uns an die Höllen auf Erden erinnern, müssen wir da nicht Zweifel aussprechen an Dantes Dichtung, an jenen Worten, die nach seiner Dichtung am Eingang zum Höllenschlund stehen:

> Der Eingang bin ich zu der Stadt der Schmerzen.
> Der Eingang bin ich zu den ew'gen Qualen.
> Der Eingang bin ich zum verlorenen Volke.
> Gerechtigkeit bestimmte meinen Schöpfer.
> Geschaffen ward ich durch die Allmacht Gottes.
> Durch höchste Weisheit und durch erste Liebe!

Wiederholen wir: mit diesen „ew'gen Qualen“ wird derjenige bestraft, der geschlechtliche Lust in der Onanie und außerhalb des „geordneten“ ehelichen Aktes genießt! Ist diese Qual ohne Aufhören tatsächlich ein Werk der Weisheit oder der Liebe? Endlose Qual, endloses Foltern für einige Augenblicke der Lust, zu denen es einen hungernden und leidenden Menschen gedrängt hat?

Nach der Meinung der Moraltheologen galten bis vor kurzem nahezu alle Sünden im Geschlechtlichen als schwere Sünde. Dabei wurde als Sünde bewertet, was zumeist nichts damit zu tun hat. Wir hörten, wer im Geschlechtlichen schwer sündigt, verfällt der ewigen Höllenstrafe. Er ist nicht nur ewig von der lichten Gemeinschaft mit Gott getrennt, sondern er wird ewig gequält. In der Auferwekkung wird er zu neuer Existenz gerufen, nur um ohne Ende weitergequält zu werden. Mit dieser Strafe wird der Genuß der „ungeordneten" geschlechtlichen Lust bedroht. Denn das Genießen der geschlechtlichen Lust ist außerhalb der Ehe zum Zweck der Kinderzeugung Sünde.

Man stelle sich vor: ein junger Mensch gerät während der Pubertät in die Onanie, die ihn eine Zeitlang zwanghaft plagt. Man hat ihn belehrt: für diese „Sünde" ist er von Gott verworfen, wenn er kommuniziert, ohne gebeichtet zu haben, begeht er einen „Gottesraub". Er weiß aus dem Unterricht, für diese „Sünde", die er immer wieder tun muß, wird er ewig gequält. Denn quälen – das heißt: Strafe.

Vielleicht mag mancher sich gefragt haben: Ob dieser Gott denn ein Interesse daran habe, einen Menschen endlos dafür zu bestrafen, daß er einige Sekunden Lust genossen habe.

Manche haben das gedacht und der Kirche den Rücken zugekehrt. Viele taten es nicht, litten unter Schuldangst. Wer der heutigen Erwachsenen hat nicht allzuoft gehört, wer ohne Reue nach einer geschlechtlichen Sünde stirbt, verfällt dieser ewigen Qual. Gewiß haben die Eltern derjenigen, die in diesen Dokumenten so ausführlich erwähnt werden, diese Drohungen gehört, mag die jüngere Generation sie auch nicht mehr so kennen.

Man sollte auch nicht einwenden, selbst die meisten Christen machten sich nichts mehr aus den Drohungen. Bedenken wir vorerst dieses: mit dieser Grausamkeit wurde seit über einem Jahrtausend im Abendland das Geschlechtliche unter Druck gesetzt. Welche Grausamkeit muß es gewesen sein, die solche Strafen und Quälereien in einer ewigen Hölle ausdenken konnte. Das Entscheidende ist vielleicht nicht nur die Drohung mit diesen Qualen wie die Grausamkeit, die sie erfunden und ausgedacht oder ausgemalt hat.

Und was war alles im Geschlechtlichen im 6. Gebot denn schwere Sünde? Nahezu alles: das Anschauen und Berühren, allein oder mit anderen. Spiele unter Verlobten, bestimmte Küsse. Geschlechtsgemeinschaft vor der Ehe, Geschlechtsverkehr in der Ehe, wenn die Zeugung verhindert wurde. Alles war schwere Sünde, was allein dem

Gewinnen der Lust diente. Früher sagten es die kirchlichen Lehrer unverhohlen, heute etwas verhüllter: das Genießen dieser Lust war die schlimmste Sünde schlechthin.

Sagen wir: das ist alles heute verblaßt. Es sieht so aus. Unter der Reklame, die die Sex-Welle macht, verdecken sich die Symptome. Doch die Not ist nicht geringer geworden, auch nicht die Schuldgefühle, auch nicht die Angst, auch wo man meint, „modern“ und fortschrittlich zu sein. Die Zeichen von Schuld und Angst sehen vielleicht oft anders aus. Jedenfalls: die Eltern derjenigen, die in diesen Berichten ihre Not bekunden, sind unter diesem Druck und auch unter den geschilderten Drohungen aufgewachsen. Viele derjenigen, die berichten, haben die direkten Drohungen nicht mehr erlebt. Sie wurden jedoch bestraft und geschlagen, als Kinder diffamiert. Spätestens in der Pubertät entstanden Schuldgefühle, die jahrelang dauerten und sich erst langsam in der Ehe auflösen konnten.

Warum hat man das Schönste, das es auf Erden gibt, die Freude, die Mann und Frau aus ihrer Liebe einander spenden können, so bedroht? Denn das ist auffällig: wenige nur berichten über die Schönheit und das Glück der geschlechtlichen Erfahrungen.

„Einst blickte die Seele verächtlich auf den Leib“ (Nietzsche)

Als Grausamkeit muß man jenes Motiv deuten, aus dem heraus für jene „Sünder“, die sich gegen das 6. Gebot vergangen hatten, Torturen in der Hölle erdichtet wurden, die niemals enden sollten. Liest man diese Höllenschilderungen, so steht man zuerst wie fassungslos vor einer solchen abartigen Phantasie, die sich derartige Martern ausmalen konnte. Wie unbarmherzig ist die Gesinnung, die denjenigen, der im Geschlechtlichen „schwer“ gesündigt hat, zu solchen Folterungen verurteilt. Wir verstehen allerdings diese Grausamkeit besser, wenn wir wissen, wie sich ungezählte ehelose Männer und auch Frauen selbstquälerisch zu ihrem Leib verhalten haben. Sie haben sich selbst mit ausgesuchten Torturen gequält, um sich gegen das geschlechtliche Verlangen zu schützen.

Über den Wüstenvater Ammonius wird berichtet, in welch rigoroser Weise er gegen seinen Leib gewütet hat: „Regte sich die Fleischeslust, so gab er seinem Leibe keine Schonung und legte glühende Eisen auf seine Glieder, so daß er mit Brandwunden ganz bedeckt wurde“ (Griechische Liturgie, B.K. 340). Ammonius bestraft sich für sein geschlechtliches Verlangen und verwundet seinen Leib, indem er ihm Brandwunden beibringt. Wie feindselig der Leib empfunden wurde, zeigt ein anderer Bericht: Der Wüstenvater Dorotheus wird gefragt: „Vater, wie kommt es, daß du noch im hohen Alter deinen Leib in solcher Sonnenglut töten magst?" Die Antwort, die der Eremit gibt, spricht die Feindseligkeit aus, wie er den Leib empfindet und er sich zu seinem eigenen Leib verhält: „Er tötet mich, und ich töte ihn" (Dorotheus, s. o. 326).

Man wird einwenden, diese Haltung sei längst überwunden. Sie wurde geschichtlich wirksam: der Leib wurde identisch mit dem Geschlecht und dem geschlechtlichen Verlangen gesetzt. Daher war der Leib auch die große Gefahr gegen die „Reinheit". Mit Gewaltsamkeit und Grausamkeit wüteten durch Jahrhunderte hindurch ehelose Männer gegen ihren Leib, das aber besagt, gegen ihr eigenes Geschlecht. Ehelose Frauen haben es ihnen nachgetan und ebenfalls ihren oft noch jungen Leib gemartert.

Wer aber meint, dieses Wüten gegen den eigenen Leib und das Geschlecht sei überwunden, studiere das asketische Handbuch des Bischofs und Ordensgründers Alfons von Liguori: Die wahre Braut Jesu Christi (übersetzt von Pater G. E. Schmöger, 6. Auflage, Regensburg 1927). Bis in unsere Tage hinein gilt dieses Buch als Grundlage für asketische Übungen. Wir greifen drei Stellen heraus, die uns das Verhältnis zum Leib zeigen können.

Der Ordensmann wird angeleitet, die Sinne abzutöten, vor allem Gehör-, Geruchs- und Gefühlssinn. Es zeigt sich, daß diese Sinne vor allem die Einbruchstellen für geschlechtliche „Versuchungen" sind. „Was den Geruchssinn anbelangt, so enthalte dich des Gebrauches wohlriechender Salben, Wasser und dergleichen, denn solche Üppigkeiten schicken sich nicht einmal für Weltleute."

Im Geruch strömt über die Geschlechtlichkeit des anderen Menschen, vor allem natürlich der Frau. Wird der Geruch durch Parfums verstärkt, verstärkt sich die geschlechtliche Anziehungskraft; wird nach der Meinung und wohl bitteren Erfahrung von Alfons von Liguori die Reizbarkeit und Versuchbarkeit stärker. Was wird als Mittel gegen diese Versuchungen angeboten? „Suche dagegen den üblen Geruch zu ertragen, wie er oft in Krankenzimmern sich findet; ahme hierin die Heiligen nach, welche aus Liebe zum Nächsten und zur Abtötung sich an der üblen Ausdünstung ebenso erfreuten wie andere an wohlriechenden Blumen" (1. Teil, S. 229).

Angeraten wird die Flucht in die Abartigkeit. Das notwendige Ertragen eines üblen Geruchs bei einem Kranken ist durch einen Abgrund getrennt von einem Sichfreuen an üblen Gerüchen wie an Blumen.

Warum Wohlgerüche so geflohen werden müssen, zeigt die Fortsetzung dieser Stelle. Sie warnt vor den Gefahren des Tastsinnes: „In betreff des Gefühlssinnes suche sorgfältigst auch die geringste Verfehlung zu vermeiden; denn hierin kann der kleinste Fehler der Seele die Gefahr des ewigen Todes verbreiten, ich will nur bemerken, daß Ordensleute hierin die höchste Eingezogenheit und Vorsicht sowohl gegen andere Personen wie gegen sich selbst zu beobachten haben, um die kostbare Perle der Reinigkeit sich ungetrübt zu erhalten" (s. o.).

Es ist die Erfahrung von Liebenden, daß eine leichte Berührung in höchstes Glück und in beseeligende Erschütterung versetzen kann. Für diese Männer ist eine solche mögliche „Erregung" eine Gefahr für die Reinheit. Allerdings muß ihr aufgestautes Verlangen so stark sein, daß jede zufällige Berührung mit der Haut eines anderen Menschen zu einer großen Bedrohung werden kann. Nahezu grotesk mutet der anschließende beispielhafte Bericht an, wenn nicht die Not so auffällig wäre, die aus ihm spricht: „Als der heilige Petrus von Alcántara im Sterben lag und fühlte, daß der ihn bedienenende Bruder ihn berührte, sprach er: ‚Bleib ferne, rühre mich nicht an, noch bin ich am Leben und kann Gott beleidigen'" (S. 229f.).

Mag diese Geschichte auch „erfunden" oder stilisiert sein, sie zeigt deutlich die nie versiegende Angst. Eine Berührung durch einen anderen Mann kann ein stürmisches Verlangen wecken – nach Befriedigung mit dem eigenen Geschlecht, da nur dieses verfügbar ist. An Stelle der Angst vor dem weiblichem Geschlecht tritt also oft auch die Versuchung durch das eigene Geschlecht.

Diese Angst wird jedoch nahezu ahnungslos als die gültige christliche Askese hingestellt. Doch Askese – das war einmal die Einübung im Glauben. Was wurde daraus? Einzig und vor allem der Kampf gegen das Geschlecht, bei den Männern gegen die Frau und gegen den Leib, der als Quelle des geschlechtlichen Verlangens mißverstanden wurde.

Zwei Übungen, um den Leib „abzutöten", werden von Alfons besonders empfohlen: Bußgürtel und Geißelung.

Alfons von Liguori beschreibt diese Marterwerkzeuge und bevorzugt das folgende Instrument: „Andere sind nach Art von Kettchen aus Eisen- und Messingdraht bereitet. Diese sind, um den Arm, das Bein, die Schulter getragen, ganz unschädlich, über die Brust aber oder als Gürtel getragen, können sie auch nachteilig werden" (s. o.).

Alfons von Liguori empfiehlt diese Marterinstrumente, weil sie angeblich nicht die Gesundheit schädigen. Er erwähnt Beispiele von Bußgürteln, die viel schmerzlicher waren: „Sancio Carriglio, der bekannte Beichtsohn des P. Ávila, trug ein härenes Bußkleid vom Halse bis an die Knie, die heilige Rosa von Lima ein mit Nadeln besetztes Bußkleid und um den Leib eine eiserne Kette, der heilige Petrus von Alcántara einen Panzer aus Eisen, der seinen Leib beständig wund machte“ (S. 230).

Sie fügen sich durch Folterinstrumente Schmerzen zu, die das geschlechtliche Verlangen bannen und ertöten sollen. Sie wissen nicht, welche Schmerzlust sie aus dieser Grausamkeit gewinnen. Masochismus, Grausamkeit gegen sich, d.h. doch gegen den Leib, wird als Ideal christlicher Askese hingestellt.

Nehmen wir als letztes Beispiel dieser Abtötungsmethoden noch die Geißelung hinzu. „Geißelung ist eine vom heiligen Franziskus sehr beliebte Abtötung und in allgemeiner Übung in Manns- und Frauenklöstern“ (S. 230).

Rühmend wird auf Aloysius hingewiesen, der damit als Vorbild für die Geißelung dargestellt wird: „Vom heiligen Aloysius wird berichtet, daß er sich täglich dreimal, oft bis aufs Blut, zu geißeln pflegte; und gegen Ende seines Lebens bat er, weil er selbst nicht mehr die Kraft hatte, mit eigenen Händen sich zu geißeln, den P. Provinzial, daß er ihn durch einen anderen vom Kopf bis zum Fuß wolle geißeln lassen“ (230f.).

Wir wissen aus den Erscheinungsbildern seelischer Krankheiten, daß manche sich an Armen und Beinen blutig kratzen. Sie kommen dadurch wie in eine Raserei, nicht selten auch zum Orgasmus.

Aloysius wird als Beispiel hingestellt, wie er die „Fleischeslust“ bekämpft hat. In welche Raserei muß er durch diese Schmerzlust gekommen sein. Dieser schwer neurotische Mann Aloysius wurde zum Vorbild und Patron der „heiligen Reinheit“ gemacht. Welch eine masochistische Lust verbirgt sich in dem Verlangen, sich von einem anderen schlagen und geißeln zu lassen.

Alfons beschließt den Abschnitt mit der Mahnung, sich täglich wenigstens einmal zu geißeln: „Es wäre also nichts Großes, wenn du einmal jeden Tag dir die Disziplin geben wolltest, oder doch drei- oder viermal die Woche...“ (S. 230).

Nehmen wir an, diese „Disziplin“ würde heute nicht mehr geübt, so müssen wir trotzdem festhalten: Männer, die in dieser Weise gegen ihren Leib wüteten, haben die Geschlechtsmoral im Abendland geprägt und den Verheirateten auferlegt.

Allerdings auch heute gibt es noch genügend Klöster, in denen jeder Insasse sich täglich geißelt.

Immerhin, derjenige – der in dieser Weise gegen seinen Leib wütete und, ohne sich zu durchschauen, an Stelle der geschlechtlichen

Lust Schmerz-Lust genießen konnte, war der Kirchenlehrer Alfons von Liguori. Er hat durch seine Geschlechtsmoral bis in unsere Jahrzehnte gewirkt.

Wir könnten diese Beispiele in endloser Folge ergänzen. Stets würde sich derselbe Befund zeigen: seelisch kranke Männer griffen zu masochistisch-sadistischen Praktiken, die sie als Askese mißverstanden. Sie machten sich dadurch selbst unfähig, über das Geschlechtliche zu befinden oder gar eine gültige Moral aufzustellen.

Nochmals: Der Kampf gegen die Lust

Kampf gegen die Lust ist das Bestimmende in der Geschichte der abendländischen Christenheit. Dieser Kampf beschließt in sich den Kampf gegen die Frauen, soweit es sich um ehelose Männer handelt, die diese Moral geprägt haben. Der Kampf gegen die Lust und die Frau gehören notwendig zusammen. Die Frau ist für den angstbesetzten ehelosen Mann – und nicht nur für ihn – die große Gefahr und Versuchung, zugleich die unersetzliche Möglichkeit, Lust zu gewähren und zu spenden. Indirekt und umgekehrt können wir aus dem angestrengten Kampf gegen beide, gegen das Genießen der geschlechtlichen Lust wie gegen die Begegnung mit der Frau, ablesen, wie übermächtig das Faszinans der Lust und der Frau für Männer der Vergangenheit war und in der Gegenwart immer noch ist.

Wir zitieren zum Abschluß dieser Betrachtung einige Sätze, die einem „Geistlichen Tagebuch" entnommen sind. Sie stellen den Vorsatz dar, wie ein junger Student der Theologie den Kampf gegen die Lust zu führen gedachte. Dieser Kampf war eine unbedingte – man möchte fast sagen, eine nahezu unmenschliche – Distanzierung zu den Frauen. Wie angstvoll muß dieser junge Mann auch in seinem späteren Leben Frauen empfunden haben:

„Vor Frauen aller Art, seien es nun Verwandte oder Heilige, will ich mich besonders hüten, ihre Gesellschaft fliehen und die Unterhaltung mit ihnen meiden, besonders wenn sie jung sind ... Niemals werde ich ihnen irgend etwas anvertrauen, und wenn ich schon mit ihnen sprechen muß, werde ich mich einer kühlen, kurzen, wohlüberlegten und sachlichen Redeweise befleißigen."

Der Verfasser dieser Sätze ist Johannes XXIII. Diese Sätze hat er 1897 geschrieben. Sie zeigen, wie Generationen junger Männer, die Priester werden wollten, in Angst und Abwehr vor der geschlechtlichen Lust und der Frau erzogen wurden. Zugleich aber sagt diese Fehlerziehung aus, sowohl in Worten wie in der Art der

Askese: Geschlechtliche Lust ist böse und schwere Sünde, sie trennt von der Gemeinschaft mit Gott. In dieser Erziehung sind selbst die Besten, selbst dieser verehrungswürdige Bischof von Rom, Johannes, aufgewachsen.

Es ist ein schweres Schicksal, das seit nahezu 2 Jahrtausenden über dem Verhalten zum Geschlecht liegt. Zerrissen ist die Liebe zwischen Mann und Frau in sinnliche und geistige Liebe. Viele haben es so ausgesprochen und an dieser Zerrissenheit gelitten, wie Abaelard an Héloïse schrieb. Nahezu neunhundert Jahre sind diese Briefe alt, die die beiden damals noch jungen Menschen einander geschrieben haben. Héloïse hatte sich beklagt über die Trennung, weil sie Abaelard, mit dem sie doch in einer zwar geheimen Ehe verbunden war (1117), kaum noch sieht: „Ich fand in den Freuden der Liebe, die wir miteinander genommen, so viel Wonne, daß sie noch jetzt ihren Reiz für mich haben und daß der Gedanke an sie mich kaum verläßt“ (Abaelard und Héloïse, Hegner-Bücherei, Köln 1971).

Und was antwortet Abaelard, der sich nach seiner gewaltsamen Kastration betont von ihr fernhält? „Meine Liebe, die uns beide in Sünde verstrickte, verdient nur den Namen Begierde, nicht aber den der Liebe. Befriedigung meiner sündigen Lüste suchte ich bei dir: das war meine ganze Liebe“ (S. 132).

Das geschlechtliche Verlangen nach der geliebten Frau wird kurze Zeit später als „Begierde“ verdammt. Unheilbar war in Abaelard wie in anderen bekannten und unbekannten Männern der Riß zwischen einer „sinnlichen“ und „geistigen“ Liebe. Diese „sinnliche“ Liebe sollte überwunden werden. Einzig das weiß am Schluß seines Briefes Abaelard Héloïse zu schreiben. Er verfaßt für sie ein Gebet und bittet darin um Bestrafung: „Schlage das Fleisch, auf daß die Seelen erhalten bleiben“ (S. 136).

So haben bis nahezu heute immer wieder Männer und Frauen empfunden. Wir müssen fragen: Ist dieser unheilvolle Zwiespalt zwischen einer sogenannten sinnlichen und geistigen Liebe immer noch nicht überwunden?

2. Betrachtung

Die Not der Verheirateten

Das Geschlecht im Schatten

Der bisherige geschichtliche Überblick wollte ins Bewußtsein heben, woher die überkommene Geschlechtsmoral stammt. Sie ist keineswegs christlich, wie immer wieder gelehrt wurde. Sie ist auch nicht identisch mit dem biblischen Denken über Geschlecht und Ehe. Die Geschlechtsauffassung des Abendlandes ist aus den nichtbiblischen Quellen Platons, Plotins und der Gnosis gespeist. So sahen wir, wie es, rein geschichtlich betrachtet, die Not und die Übermacht des Standes der Unverheirateten war, die den Verheirateten die geschlechtsfeindliche Moral auferlegt haben. Wir sollten uns einer Überlegung von Karl Barth stellen: „Merkwürdig genug, sich vor Augen zu halten, daß es ja lauter Zölibatäre waren, die sich diese Sache, die sie persönlich nichts anging, im Laufe von Jahrhunderten so ausgedacht haben und sie den anderen, den persönlich Beteiligten, eingeredet haben" (Kirchliche Dogmatik III/4, Zollikon - Zürich 1951, S. 137).

Ohne dem einzelnen nahetreten zu wollen, müssen wir feststellen: Der ehelose Stand gewann durch die Reglementierung des Geschlechtslebens eine Macht bis in die intimsten Verhaltensweisen des Ehebettes hinein. Die Verheirateten haben die Geschlechtsauffassung der Ehelosen passiv hingenommen, wenn wir auch wiederholt Protestbewegungen gegen diese Auffassungen kennenlernen. Die geschlechtlichen Beziehungen von Männern und Frauen waren ständig überschattet durch die Bewertung einer höheren Vollkommenheit im ehelosen Stande. Noch einmal sei Karl Barth zitiert: „Wir werden vor allem eben das nicht vergessen, daß die Ehe (und nicht nur sie, sondern das ganze Feld der Begegnung von Mann und Frau) in der katholischen Lehre, dem der Ehe zugesprochenen sakramentalen Charakter zum Trotz, umgrenzt und irgendwie bedroht ist durch die Anschauung von der höheren Vollkommenheit eines Lebens in den prinzipiell ehelosen Ständen des Ordensmenschen und des Priesters. Und allgemein und vor allem durch ein tiefstes Mißtrauen gegen die unvermeidlich physische Seite der ganzen Beziehung, von der zwar immer wieder gesagt wird, daß sie nicht an sich sündig sei, in der man aber praktisch – weil es ohne Konkupiszenz im besten Falle nicht abgehe – doch immer wieder die Quelle und das Wesen alles dessen sieht, was man auf diesem Feld – und dann wohl überhaupt – als Sünde zu beklagen und anzuklagen findet" (s. o.).

Hätte der Stand der Verheirateten – was leider nicht geschehen ist – sich gegen die Deutungen und Wertungen des Geschlechtlichen gewehrt, die ihm auferlegt wurden, die ungemeine Einseitigkeit im Geschlechtlichen wäre wirkungslos geblieben. So aber erlitt und erleidet die Christenheit ständig einen Substanzverlust. Es sind nicht nur die Begegnungsunfähigen, die der Kirche den Rücken kehren. Ihr Geschlechtsleben ist wahrhaftig keine Ermutigung für eine neue und ursprüngliche Sicht. Es sind vor allem jene, die erkannt haben, welch ein Sinn in die Geschlechterbegegnung eingetan ist. Menschen dieser Erfahrung haben einer Christenheit den Rücken gekehrt, die so geschlechtsfeindlich war, wie es dargestellt wurde.

Allerdings müssen wir auch zugestehen, der Stand der Verheirateten konnte sich lange nicht wehren; er war theologisch zu „ungebildet". Er besaß weder die ausreichende theologische Schulung noch den notwendigen Umgang mit der Bibel. Wir sehen deutlich den Unterschied in der Situation: Heute haben „Laien", die zugleich theologisch gebildet sind und aus der Bibel zu leben versuchen, ihre eigenste Angelegenheit, das geschlechtliche Leben von Mann und Frau, selbst in die Hand genommen. Es ist noch nicht abzusehen, wie hilfreich dieses Neue in der Geschichte der Christenheit sein wird. Ein heimgeholtes Geschlecht kann wie wenig anderes nach dem lebendigen Umgang mit der Bibel zu einer Wandlung der Christenheit beitragen.

Sinnlich und unkeusch?

Mehrfach lesen wir in den Berichten über Potenzschwierigkeiten der Männer und über Empfindungslosigkeit der Frauen. Diejenigen, die daran leiden, wissen zumeist nicht, daß die Ursache dafür in den ersten Kinderjahren liegt.

Beginnen wir mit den Potenzschwierigkeiten. Junge Männer fürchten, im Geschlechtsakt zu „versagen", und tatsächlich immer wieder geschieht es, daß sie nicht „können". Wenn die Betreffenden sich aussprechen, so kommen Einfälle zur Sprache wie die folgenden:

„Ich habe Angst, mein Glied bleibt in der Scheide stecken und ich bringe es nicht mehr heraus." Ein anderer formuliert: „Ich habe Angst, wenn meine Frau an meinem Glied spielt, daß sie es abreißt." Ein dritter fürchtete – gegen seine „Vernunft" –, wenn seine Frau das Glied mit dem Mund liebkost, daß sie es plötzlich abbeißt. Einem „Gesunden" mögen diese Ängste sinnlos vorkommen. Doch sie sind Ängste, und Argumente helfen vorerst wenig dagegen.

Gehen wir in das Leben dieser Männer zurück, so endet der Weg bei der Mutter. Wir stoßen auf Fragen, die auch die Betreffenden nicht beantworten können. Wie ist die Mutter mit dem Glied ihres Sohnes umgegangen? War es für sie ein Gegenstand des Abscheus oder geheimer Lust? Hat sie es mit Freude gepflegt als die Kraft des Mannes? Wir vermuten, daß die meisten Mütter in diesem Glied zugleich das Glied des Mannes sahen, der ihnen so viel Unwürdiges antut. Sie haben wohl das Glied des kleinen Knaben gepflegt und gereinigt – wenn sie es taten, auch das Gegenteil wird berichtet. Doch ihre uneingestandene Abwehr und ihr Widerwille gegen das Glied übertrug sich. Ein 30jähriger berichtet, wie er schon im vierten oder fünften Lebensjahr beobachtete, mit welchem Gesichtsausdruck – er meinte Lüsternheit – seine Mutter sein Glied gereinigt hat. Als sie dem 12jährigen immer noch das Glied waschen wollte, wehrte er empört ab. Doch die Schädigung war lange vorher geschehen. Er träumte regelmäßig: wenn er zur Toilette geht, verbirgt sich hinter der Tür ein großer Bär, der sein Glied abbeißt.

Ähnliches erlebten Frauen, die sich ihrer Scheide, der Menstruation schämten, sich nur mit Ekelgefühlen betrachten konnten. Die Abneigung gegen den eigenen Leib kann so weit gehen, daß manche Frauen sich nicht mehr nackt im Spiegel sehen können.

Auch bei ihnen hat sich der Ekel der Mutter gegen ihre eigenen Genitalien auf die Töchter übertragen. Besonders wenn eine Mutter den Säugling waschen oder säugen „muß", überträgt sich die Abwehr dieser Frau gegen das weibliche Geschlecht. Not zeugt neue Not, nicht durch Vererbung, sondern dadurch, daß die ungelösten Konflikte der Eltern die seelischen Schäden ihrer Kinder werden.

Zugleich entdecken wir in dieser Not den unheilvollen religiösen Einfluß. Die Frauen hatten keineswegs die Handbücher für Beichtväter studiert. Aber im Unterricht haben sie durchaus, wenn das 6. Gebot unterrichtet wurde, von unehrbaren Teilen gehört. Bis in die dreißiger Jahre dieses Jahrhunderts hinein stand noch in den Beichtspiegeln zu lesen, ob jemand „gerne" Unkeusches angesehen, berührt und vorgestellt habe. Dadurch waren die geschlechtlichen Organe nicht nur als unehrbar, sondern als unkeusch diffamiert. In dieser Diffamierung waren diese Mütter aufgewachsen, so haben sie – meistens mehr durch das Verhalten als durch Worte – die Herabwertung auf ihre Kinder übertragen. Woher haben denn jene, die in diesen Dokumenten berichten, die Herabwertung des Geschlechtlichen, die Schuld- und Ekelgefühle übernommen als von Eltern, von Religionslehrern, jedenfalls von Menschen, für die Genitale und Scheide bereits als solche „unkeusch" waren?

Wie undifferenziert diese Bewertung noch ist, ersehen wir aus einem Beichtspiegel. Für ihn sind geschlechtliches Verlangen und Vorstellen einfachhin sinnlich und unkeusch: „Habe ich gesündigt durch sündhafte Sinnlichkeit (sinnliche Gedanken, Blicke und Berührungen)? Habe ich gesündigt durch Unkeuschheit (gib hier überall die Zahl an), durch unkeusche Gedanken und Begierden? Habe ich mich oder andere unkeusch angeschaut?" (Magnifikat, Katholisches Gebet- und Gesangbuch für die Erzdiözese Freiburg, Freiburg 1958).

Das Gefährliche ist die fehlende Unterscheidung. Gewiß gibt es ein begehrliches Anschauen, das den anderen kränkt und herabsetzt. Gewiß gibt es Spiele und Betasten, die eine Beleidigung sind. Doch so wie diese Fragen gestellt sind, darf man vermuten, daß für die Verfasser solcher Fragen geschlechtliches Verhalten überhaupt sündhaft, sinnlich und unkeusch ist. In diesen Wertungen sind Eltern aufgewachsen, konnten sie nicht anders, als Glied und Scheide an ihren Kindern mit recht „gemischten" Gefühlen zu betrachten.

Die Diffamierung des Geschlechtsaktes: Schweinerei

Geschlechtsverkehr heißt, wie jedermann weiß, im Jargon Schweinerei. Wenn Jugendliche onanierten, trieben sie „Schweinerei". Alles, was mit dem Geschlecht zusammenhängt, ist vom Wesen her „schweinisch", auch wenn es sich nicht um Obszönes handelt. Es scheint vielmehr so zu sein, daß der Unterschied und die Grenze zum Obszönen nicht gekannt wird. So ist wenigstens der Bewertung nach das Geschlechtliche obszön; wer über Geschlechtliches schreibt oder redet, befaßt sich mit obszönen Gegenständen. Vor zwei Jahrzehnten galt das Buch des Verfassers „Liebe und Geschlecht" in bestimmten Kreisen als ein obszönes Buch. Das Obszöne wurde darin gesehen, daß der Verfasser eine Sinndeutung auch der geschlechtlichen Lust versucht hat. Kinder, die durch ihre

Eltern keinerlei Wissen über Geschlechtliches erfuhren, hörten auf der Straße, um was es eigentlich geht, was Eltern so beharrlich verschweigen. Sie hörten in der Weise der Zote zum erstenmal über den elterlichen Geschlechtsverkehr. Das war für sie „Schweinerei". Oft empörten sich Kinder, ihre Eltern täten solche Schweinereien nicht. Andere Kinder verloren das Vertrauen darüber, weil ihre Eltern solche Schweinereien heimlich trieben.

Oft wird berichtet, vor allem von jungen Frauen, wie sie in ihrer Ehe nur unter Widerwillen Geschlechtsverkehr über sich ergehen lassen. Geht man zu den Anfängen zurück, so kommt man meistens zu frühen Erlebnissen. Diese junge Frau hat vom 10. bis zum 18. Lebensjahr den Geschlechtsverkehr ihrer Eltern miterlebt. Zwischen dem elterlichen und ihrem Schlafzimmer war eine Tür, durch die sie die Geräusche und das Stöhnen mithören mußte. Einmal kam sie am Morgen unversehens ins elterliche Schlafzimmer und sah, wie der Vater auf der Mutter lag. Die Eltern merkten es nicht. Für sie war es ein ekelerregender Anblick – eine Schweinerei. Um sich zu schützen, zog sie abends die Decke über den Kopf, um nichts mehr zu hören. Wenn sie oft abends im Wohnzimmer, das unter dem elterlichen Schlafzimmer lag, saß und las, hielt sie sich die Ohren zu. Überall verfolgte sie das rhythmische Geräusch und das Stöhnen. Allerdings müssen wir hinzufügen: diese angstvolle Abwehr wäre nicht notwendig gewesen, wenn die Eltern sie als Kind vorbereitet und mit ihr gesprochen hätten. Bisher konnte sie mit niemand darüber sprechen, litt jahrelang in ihrer eigenen Ehe daran, daß sie nun ebenfalls eine solche „Schweinerei" geschehen lassen mußte. Das sind die Bezeichnungen, die sie selbst gebraucht hat.

Wir nehmen die Beschimpfung des geschlechtlichen Aktes als Schweinerei zumeist gedankenlos hin. Es ist doch nicht selbstverständlich, daß die Gemeinschaft von Mann und Frau vom Schwein her beschimpft wird. Woher kommt diese Beschimpfung?

Allgemein meint man, das Schwein sei ein schmutziges Tier. Geschlechtliche Gemeinschaft und Lust werden deshalb Schweinerei genannt, weil sie schmutzig sind.

Doch das Bild vom Schwein stammt von sonst woher. Es stammt aus den Kulten der „Großen Mutter", deren Heimat die Mittelmeerländer und Kleinasien waren. Das Kulttier der „Großen Mutter" war das Schwein. Es wurde an ihren Festen geopfert, die Kultteilnehmer aßen vom Opferfleisch; so wurden sie Mahlgenossen der mütterlichen Göttin, die viele Angesichter und viele – Brüste trug.

Die Kultfeste der „Großen Mutter" wurden in orgiastischen

Riten gefeiert. „Schweinerei" als Schimpfwort für Geschlechtliches dürfte aus dem Protest gegen die Kulte der „Großen Mutter" entstanden sein. Die geschlechtliche Promiskuität am Kultheiligtum einer Astarte in Kanaan und die kultische Mahlzeit des Schweines galten in Israel als Schweinerei, „Hurerei", wie es oft bei den Propheten heißt.

Das Verbot in Israel, vom Fleisch dieses Tieres zu genießen, war Abwehr und Abgrenzung gegen die verführerischen, rauschhaften Kulte, denen Israel in der Antike immer wieder verfallen ist. Dieses Wort ist bis heute das beliebteste Schimpfwort für geschlechtliche Gemeinschaft. Es ist nicht zufällig: das Wesentliche an den Festen der „Großen Mutter" war die Ekstase der Lust, in der die Paare sich als Vertreter von Baal und Baalat, von Himmel und Erde, erfuhren. Die Beziehungen waren namenlos, also anonym. Das Bildwort „Schweinerei" zeigt, wie wenig es bislang gelungen ist, die wirklich wesenhafte Begegnung von Mann und Frau als Dialog zu sehen. Für das allgemeine Empfinden war auch die Ehe ein namenloses Begatten. Diese Begattung blieb im Schatten der „Großen Mutter", denn ihr diente dieser Akt. Wäre wie in der Bibel Geschlechtsgemeinschaft als Dialog der Liebe verstanden worden, so wäre es nicht möglich gewesen, geschlechtliches Zu-einander mit dem Bild „Schweinerei" aus dem Kult der „Großen Mutter" zu beschimpfen. Im Grund bleibt für Menschen, die sich dieses Bildes bedienen, Geschlechtsgemeinschaft in der Ehe so etwas wie legalisierte Unzucht. Daher soll der Geschlechtsakt möglichst selten vorkommen, was die mittelalterlichen Bußbücher dadurch zu erzwingen suchten, daß sie die geschlechtliche Gemeinschaft auf etwa ein Drittel der Tage im Jahr einschränkten (vgl. Leist: Liebe, Geschlecht, Ehe, München 1967).

Legalisierte Unzucht, die „Schweinerei" ist, das war für viele, die in diesen Dokumenten berichten, die geschlechtliche Gemeinschaft ihrer Eltern. Dieses Geschehen wirkt noch nach in jenem Bericht, der gesteht, er könne als erwachsener Sohn sich nicht vorstellen, daß seine Eltern noch miteinander verkehrten oder es je getan hätten.

Ist die Deutung des Geschlechtsaktes als „Schweinerei" denn überwunden? Studieren wir dazu ein neu erschienenes Werk: Ernst Bornemann, Sex im Volksmund. Der obszöne Wortschatz der Deutschen (Hamburg 1971). Wir greifen aus dem Thesaurus linguae dieses Werkes nur einige Bezeichnungen heraus, mit denen Geschlechtsverkehr benannt, wenn nicht beschimpft wird. Seltsam bildhaft werden Liebkosungen an den Genitalien benannt: den Stall aufmachen, die Stalltür aufschließen, den Aal beim Schwanz fassen. Die Bezeichnungen für geschlechtlichen Verkehr erstrecken sich über mehrere Seiten: abgeilen, abhampeln, abschlaffen, abschustern, bumbern, bumsen, durchziehen, fosen, fotzen, wegrotzen, wegschleimen u. a.

In dieser Weise muß man sich sämtliche Benennungen vorstellen. Fast möchte man der alten Moral recht geben – wenn sie nicht so falsch wäre. In diesen Benennungen wird das Geschlechtliche tatsächlich als „Schweinerei" verstanden. Nachdem das Geschlechtliche so tabuisiert war oder noch ist, dann soll erst recht „Schweinerei" getrieben werden. Wir begegnen in den Verhaltensweisen, die diese Benennungen geprägt haben, jenem unerlösten Geschlechtsverhalten, das als Protest gegen die herrschende Moral nun erst „Schweinerei" treiben will und aus Protest sie auch so benennt.

Eltern bestrafen ihre Kinder

Nahezu jeder Bericht über die Kindheit und Jugend berichtet von Strafen wegen geschlechtlicher „Vergehen". Verschaffen wir uns einen Überblick über die Fakten: Kinder haben miteinander gespielt, ihre Genitalien angeschaut und betastet. Wenn Eltern davon erfuhren, wurden die Kinder geschlagen und diffamiert. Die Diffamierung bestand in der Beschimpfung, wie „böse" die „Übeltäter" seien. Eine zusätzliche Strafe waren die jahrelangen Schuldgefühle, die dadurch entstanden.

Die häufigste Strafe war die Prügelstrafe, die niemals ohne Herabsetzung geschah. Andere wurden mit Essensentzug bestraft, mußten in der Ecke knien, durften nicht mehr spielen, wurden von anderen gemieden, weil sie „Verführer" waren.

Für uns ist die Frage wichtig, warum Eltern strafen „müssen". Sie sind aufgewachsen in einer – vor allem – kirchlichen Erziehung, daß das schlechthin Sünde war, was ihre Kinder taten. Strafe ist zur Wiedergutmachung gefordert. Aber war das denn Sünde? Haben die Eltern und jene „Moral"-Grundsätze das Verhalten der Kinder nicht konstelliert? Der Weg zum geschlechtlichen Wissen war versperrt. Kinder müssen die Welt entdecken, auch – das Geschlecht. Warum also haben die Eltern die notwendige Einführung dieses Wissens nicht vermittelt? Warum ließen sie sich den Kindern gegenüber nicht nackt sehen? Warum sahen die Kinder sich gegenseitig nicht nackt? Es gab Ausnahmen wohl – aber im ganzen haben auch viele heutige Eltern noch Schwierigkeiten.

Doch die Strafen: Haben die Eltern darin gar nicht ihre Kinder gemeint? Dürfen wir fragen? Schlug ein Vater dadurch nicht eigene immer wieder auftretende Wünsche tot? Und eine Mutter: Wehrte sie sich nicht leidenschaftlich gegen das Geschlechtliche, das sie als Schmach empfand? Vor allem Mütter litten unter der „Schmach" und „Last" der Frau. Weder die Kirche noch ihre Männer, noch sonst jemand half ihnen, so konnten sie weder sich noch ihren Kindern helfen.

Versetzen wir uns nochmal in die Situation, wie sie häufig in unseren Dokumenten geschildert wird: 8- bis 10jährige haben sich gegenseitig betastet, ausgezogen oder im Kreis onaniert. „Mein Vater hat mich halbtot geschlagen", heißt es in einem Bericht. Diese Maßnahme sollte abschrecken, tatsächlich zerstörte sie jedes Vertrauen zwischen Kindern und Eltern. Was aber nötigte den Vater zu dieser nahezu mörderischen Gewalttat? Denn etwas Verstecktes, ja etwas Mörderisches brach in diesem Schlagen durch. Nun – wir könnten uns vorstellen, derselbe Vater, der seinen Sohn „halbtot" schlägt, hatte selbst seit der Pubertät dieselben Wünsche, die er nunmehr an seinem Sohn erlebt. Seine geheimsten Wünsche, die er niemand einzugestehen wagt, richten sich ständig neu auf andere Frauen; sie möchte er entkleiden, mit ihnen spielen und Lust genießen. Nun hat dasselbe sein pubertierender Sohn versucht. Muß er ihn nicht also schlagen, wenn nicht in ihm, dem Vater, die Dämme reißen sollen und er dann von seinen geschlechtlichen ungestillten Wünschen überspült wird?

Und jene Mütter, die so unnachgiebig geschlechtliche „Verfehlungen" ihrer Kinder bestrafen und nicht wagen, ihre heranwachsenden Töchter über die Menstruation aufzuklären? Auch sie leben in einer ähnlichen Not. Sie sind nämlich nicht nur abwehrend gegen das Geschlechtliche. Zwar ist ihnen das Geschlechtliche das Schreckliche, das sie verabscheuen; den Geschlechtsakt lassen sie über sich ergehen. Trotzdem – tiefer noch als diese Abwehr verbirgt sich in ihnen ein Verlangen nach dem Mann und nach endloser geschlechtlicher Lust. Es brauchte lange Zeit und viele Wege, bis sie den Mut fänden, dieses verborgene Verlangen in sich zu erkennen und vor sich einzugestehen. Ihre Strafen, mit denen sie die Kinder diffamieren, sind Kampf und Abwehr gegen eigenes, uneingestandenes, nicht zugelassenes geschlechtliches Verlangen. Was sie sich am meisten verbieten, gerade das versuchen zwar noch in Spielen ihre Kinder, die sie doch so „gut" erzogen haben.

Wir können allgemein etwas vereinfacht sagen: Strafen gegen geschlechtliche „Vergehen" bei Kindern richten sich eigentlich gegen die eigenen uneingestandenen und nicht bewältigten geschlechtlichen Wünsche oder Konflikte.

Doch wir müssen noch ein Motiv beachten, das nicht zuletzt Eltern und Erzieher zu diesen grausamen Strafen veranlaßt. Auch dieses Motiv verbirgt sich im Dunkel des Unbewußten, und mancher mag sich entrüstet gegen diese Deutung wehren. Sagen wir es so: Strafen ist für Eltern lustvoll, besonders das Schlagen ihrer Kinder auf das Gesäß. Häufig mußten – so wird berichtet – Kinder ihr Gesäß entblößen, was wiederum die Lust der Strafenden gesteigert hat. Jener Vater, der seinen Sohn „halbtot schlug", wie der Bericht wörtlich formuliert, steigerte sich in eine Ekstase der Lust hinein, die ihm, zusammen mit seiner Frau, möglicherweise versagt war. So wurde die Lust an Strafen und Schlagen zum Ersatz für die fehlende oder ungenügende geschlechtliche Lust. Sie war so leicht zu gewinnen, die Lust am Strafen nämlich, und sie war so leicht durch „respektable" Grundsätze zu verdecken und zu verschleiern.

Nicht nur Väter haben gestraft, oft genug nicht weniger grausam Mütter. Auch für sie mag die Lust am Strafen Ersatz für die eigene – Frigidität gewesen sein. Auch wenn diese Deutung nicht immer zutrifft, so bleibt doch bestehen, daß die Strafen gerade gegenüber geschlechtlichen „Vergehen" ihrer Kinder einen zusätzlichen starken Lustgewinn für die Strafenden mit sich brachten. Das Paradoxe ist, daß aber auch die Bestraften nicht selten Schmerzlust erlebten. Sosehr sie die Strafen der Eltern wegen ihrer geschlechtlichen „Sünden" fürchteten, so war auch die strafende „Zuwendung" der Eltern für sie, die Bestraften, lustbetont. In diesen frühen Erlebnissen bildete sich jene Neigung zu Schmerzlust, die Hörigkeit gerade gegenüber dem späteren Geschlechtspartner vorzubereiten half.

Je strenger die Grundsätze waren, je härter und konsequenter die Strafen, desto mehr mußte der Strafende in sich an geschlechtlichen Wünschen verdrängen, und auch desto sublimer war der Lustgewinn, den er sich natürlich nicht eingestehen durfte und hinter handfesten pädagogischen Grundsätzen verbergen mußte. Allerdings, noch ein letztes Motiv soll erwähnt werden: die Bestrafung eines Kindes kann auch die Sinnlinie in sich tragen: den anderen in der Ehe, den Mann oder die Frau, mitzutreffen in dieser Bestrafung.

Väter, die gegen ihre Kinder wüteten, richteten insgeheim ihre Wut zugleich gegen die eigene Frau, die sich ihrem Manne versagt hatte. Eine Mutter, die gerade im Geschlechtlichen ihren Sohn unnachgiebig bestrafte, meinte das geschlechtliche Verlangen ihres Mannes, das sie zugleich bestrafen und ertöten wollte.

Wir sehen: sehr hintergründig ist die Grausamkeit im Menschen, sehr vielgesichtig sind die Motive für das Bestrafen geschlechtlicher Spiele und „Vergehen" der Kinder.

„Erziehung" zu masochistischem und sadistischem Verhalten

Es ist viel zuwenig bekannt, welche Nachwirkung die Prügelstrafe hat, die Eltern und Erzieher als „erzieherische" Maßnahme „verabfolgen". Früher wurde in Schulen und Internaten allgemein geprügelt. Viele Eltern prügeln ihre Kinder noch heute. Wir kennen Frauen, die nach Jahrzehnten noch nicht überwunden haben, daß sie als 18jährige vom Vater geohrfeigt wurden. Der Anlaß zur Prügelstrafe war nicht allein geschlechtliches Vergehen. Doch wurden geschlechtliche Vergehen besonders hart bestraft.

Die Folge waren masochistische Neigungen in Frauen und sadistische Tendenzen in Männern. Darunter verstehen wir: diese Frauen suchten – zumeist unbewußt – aus Leiden Lust zu gewinnen. Die Männer suchten die Lustbefriedigung in Gewalt. Diese Haltung hat sich relativ selten in masochistischen und sadistischen Praktiken ausgelebt. Sie war vielmehr wie eine Stimmung, die jegliches Verhalten durchstimmt. Für diese Männer und Frauen wurde auch die geschlechtliche Gemeinschaft durch die Kindheitserlebnisse des Schlagens vorgeprägt. Die Frau erlebte lange oder gar immer den Geschlechtsakt als eine Gewalttat, die der Mann ihr antat. Es gibt heute zwar nicht mehr so viele Frauen wie früher, aber immer noch viele, die den Geschlechtsakt über sich ergehen lassen. Die Träume der Frauen zeigen dann vollends, wie sehr Geschlechtsverkehr für sie ein sadistischer Akt ist, den sie masochistisch über sich ergehen lassen, und trotzdem insgeheim wie damals, als der Vater das kleine Mädchen schlug, noch einen Rest von Lust gewinnen. Sonst wäre es nicht verständlich, wie Frauen den betrunkenen Mann „aushalten", statt sich gegen ihn zu empören.

Bei Männern ist im Unbewußten der Geschlechtsakt, durch den er eine Frau „besitzen" will, eine Gewalttat statt Dialog der Liebe. Oft genug entstehen aus dieser Gewalt Verletzungen: die Frau fühlt sich entwürdigt, auch in einer legalen Ehe. Der Mann ist rücksichtslos und die Frau das Opfer. Am Anfang dieser Fehlentwicklung stand das Schlagen der Eltern, die Züchtigung für sogenannte geschlechtliche Vergehen.

Hinzu kommt, daß viele als Kinder bis in die Pubertät hinein von Eltern und Lehrern häufig geschlagen wurden; so mußten notwendig die Neigungen zu masochistischem Sichunterwerfen und sadistischem Vergewaltigen fixiert werden. Die letzte Folge ist die Zunahme solcher Praktiken in der Pornographie.

Jene Eltern, die ihre Kinder wegen geschlechtlicher „Vergehen" prügelten, haben sie tatsächlich begegnungsunfähig geschlagen. Diese Begegnungsunfähigkeit zwischen den Geschlechtern läßt sich nur noch in Bildern aussagen, die oft in Träumen begegnen. Jeder der beiden lebt in einem unterirdischen Verlies. Dicke Mauern aus Beton schließen jeden ein, sie möchten zueinander, sie rufen und schreien, doch die dicken Wände lassen den Hilferuf nicht durch. Jeder bleibt allein. So ist der Geschlechtsverkehr: Jeder ist vom anderen auch im Verkehr wie durch eine dicke Wand getrennt. Nun versuchen viele in der Folge der Fehlerziehung nach gewaltsamen Mitteln zu greifen. Die einen schlagen sich gegenseitig; die anderen quälen sich Tag und Nacht. Die Pornographie, die diese Not ausbeutet, wird verschlungen von Männern und Frauen, die in ihren eigenen engen Gefängnisbunkern leben, kein Geschlechtsakt und keine Gewalttat kann sie befreien. Das ist die letzte Folge der gewaltsamen Geschlechtserziehung, der grausamen Strafen, mit denen seit Generationen Eltern ihre Kinder „erzogen" haben.

Wird dann noch die Neigung zu sadistischen Akten staatlich gefördert und durch entsprechende Ideologien gerechtfertigt, dann entsteht der Typ dessen, der in den KZs foltert und „straft". Am Beginn der Lebensgeschichte dieser Henker standen wahrscheinlich Strafen und Prügel der Eltern und Erzieher wegen geschlechtlicher „Sünden". Man darf diese Voraussetzung durchaus annehmen, weil die Eltern jener Henker in den KZs noch allgemein geprügelt haben. Ist sinnerfüllte geschlechtliche Lust versagt, dann tritt als Ersatz an die Stelle jener Lust die Grausamkeit, die jegliche zwischenmenschliche Beziehung mehr und mehr zerstört.

So müssen wir sagen: Diese Dokumente zeigen, wieviel unerlöste Grausamkeit in der Erziehung wie zwischen erwachsenen Männern und Frauen schwelt.

Ein Mann wurde als Junge häufig von seiner Mutter aufs nackte Gesäß geschlagen. Einmal beobachtete er, mit welcher lusterfüllten Miene die Mutter zuschlug. Jahre später lernte er ein Mädchen kennen. Er konnte erst dann einen befriedigenden Geschlechtsakt erleben, wenn ihn seine Freundin ebenfalls wie die Mutter aufs nackte Gesäß geschlagen hatte. Sie wehrte häufig entsetzt ab, nicht zuletzt, weil sie spürte, wie ein ähnliches Verlangen in ihr sich meldete.

Lassen wir noch einmal zum Abschluß dieses Kommentars alles das auf uns wirken, was wir über die Geschlechtsangst in der Christenheit, über den Kampf gegen die Lust und über die Not der Verheirateten gehört haben. Stellen wir uns die Frage:

Wie haben also diejenigen, die in diesen Dokumenten berichten, ihr Geschlecht erlebt? Sie erleben ihre ersten Entdeckungen mit Gefühlen der Schuld unter dem Druck von Drohungen. Sie erlitten die Pubertät unter Höllenängsten, Gewissensskrupeln und Befürchtungen, schwer krank zu werden. Die Mädchen litten unter der Menstruation wie unter Schmach und Schande. Die ersten geschlechtlichen Erfahrungen – Küsse, Petting und erster Verkehr – waren überschattet von Angst und Schuldgefühlen. Männer wie Frauen erlebten nicht nur am Beginn, sondern zuweilen durch Jahre hindurch offene oder versteckte Gefühle des Ekels und des Überdrusses.

Wo aber blieb die Freude, die doch Geschlechtsgemeinschaft und geschlechtliche Lust schenken möchten? Von Freude ist in den meisten Berichten nicht die Rede. Wenige finden durch eine Nachreifung, meistens mit Hilfe der Psychotherapie, zu jenen Erfahrungen hin, die ihnen auch Freude vermitteln. Doch weder haben Eltern, noch hat die religiöse Erziehung ein Wort dazu gewußt, daß der Sinn der geschlechtlichen Lust die Freude ist, die sich in der Liebe erfüllen möchte. So lag nahezu bei allen, die berichten, auf ihrem geschlechtlichen Erleben die Last der Schuld, die Angst, der Überdruß ... So war es bereits, wie die Berichte zeigen, bei ihren Eltern. So wird es bei deren Eltern gewesen sein. Wer will wissen, wie lange schon. Ein freudloses Geschlecht – das war die durchschnittliche Erfahrung in christlichen Ehen und die Beziehung der Geschlechter zueinander in der Christenheit.

Nun sollen die Dokumente zu uns sprechen. Wir sagen nicht zuviel, wenn wir vorweg feststellen: Meistens sind sie Dokumente der Not und Freudelosigkeit am Geschlecht.

Teil II
Dokumentation

1. Abschnitt

Schweigende und strafende Eltern

Zur Einführung

Der Storch, der Brunnen und der Himmel

Die folgenden Berichte über Kindheit und Jugend ergeben nahezu in jedem einzelnen Schicksal denselben Befund. Die Eltern haben über geschlechtliche Geschehnisse geschwiegen und ihre Kinder nicht „aufgeklärt", statt dessen erzählten sie das „Märchen" vom Storch.

Ein erfreuliches Zeichen dafür, daß sich allmählich die Tabus auflösen, ist die Tatsache, daß viele Eltern heute nicht mehr diese Geschichte erzählen, sondern ihren Kindern – wenn auch oft noch etwas unbeholfen – geschlechtliche Vorgänge mitteilen. Trotzdem sollten wir das „Märchen" vom Storch überdenken. Es ist nicht zufällig, daß es sich so lange als einzige Mitteilung zur Aufklärung halten konnte.

Häufig wird berichtet, Großeltern und Eltern erzählten Kindern das Märchen vom Storch. Der Storch hat die Mutter ins Bein gebissen, deswegen muß sie im Bett liegen. Der zweite Teil der Geschichte lautet: das Kind kommt vom Himmel oder aus dem Dorfbrunnen.

Hier ist verschiedenes zu beachten: Der Storch ist kein beliebiges Tier. Seine langen Beine, sein langer Schnabel waren seit je ein Symbol für das männliche Glied. Er beißt die Frau ins Bein. Das Bein der Frau ist eine bevorzugte erogene „Zone", die auch in Träumen oft wegen der Zensur an die Stelle der Scheide tritt. Das Märchen deutet verhüllt den Geschlechtsverkehr an. Die wenigsten Erwachsenen werden wissen, daß ihr Unbewußtes dem Unbewußten ihrer Kinder durchaus die wahre Ursache mitteilt. Der Geschlechtsverkehr wird unter einer Chiffre verdeckt, und nur „Eingeweihte" können die Andeutung verstehen.

Kinder erleben später die Aussage als Lüge und Vertrauensbruch. Die Erwachsenen erscheinen ihnen als ein verschworener Bund, der sich gegen die Kinder richtet. Dieser Bund der Erwachsenen hütet ein Geheimwissen, das die Erwachsenen mit strengen Drohungen und Strafen hüten, so daß Kinder und Pubertierende nicht daran teilnehmen können.

Eltern und Erzieher, die sich dieser chiffrierten Auskunft bedienten, standen unter der Macht eines alten Tabus: über Geschlechtsgemeinschaft darf nicht offen gesprochen werden. Das Wissen um sie macht den Menschen zu Erwachsenen und verleiht Macht.

Das Bild bliebe unvollständig, wenn wir nicht auf das Symbol des Brunnens oder des Wassers achten würden: der Brunnen führt in den Schoß der Mutter Erde, deren Stellvertreterin jede Frau ist. Aus dem Schoß der „Großen Mutter" wird das Kind durch seine eigene Mutter zur Welt gebracht. Der gebärende Schoß dieser Frau „ist" der Schoß der „Großen Mutter", der in allen Frauen präsent wird. Wasser ist das Hegende und Bergende, so wie das Kind im Fruchtwasser seiner Mutter gehütet bleibt, bis es hinausgerissen wird in die Welt seines eigenen Daseins. Die Bilder vom Brunnen, Wasser und Storch sind urtümliche Bilder, in denen – unverstanden zwar – immer noch das Geheimnis von der Herkunft des Menschen spricht. Da sie jedoch ihre Sagekraft verloren haben, müssen Kinder sie als Lüge empfinden.

Ähnlich ist es mit dem anderen Bild bestellt: Kinder kommen vom Himmel. Auch in ihm klingt der uralte Mythos nach, daß der Gott (in Griechenland Zeus) mit der irdischen Mutter das Kind zeugt. Die Strahlen der Sonne sind der Same, der das sehnsüchtige wartende Weib befruchtet. Einen Nachklang dieser mythischen Erfahrung finden wir überall dort, wo Frauen sich „bräunen" lassen.

Aus dem Umkreis dieses Mythos spricht noch die Rede, der Storch hat die Mutter ins Bein gebissen, und das Kind ist vom Himmel gekommen. Zwar ist jene mythische Rede verblaßt und unglaubwürdig geworden, doch die Tiefe des Unbewußten versteht noch etwas davon: Eltern wie Kinder bewegen sich ahnungslos im Umkreis dieser urtümlichen Bilder und Sagen. Doch der Zwang zum Tabu und die Angst vor dem Geschlechtlichen verhindern, daß diese Sage noch ankommt, lediglich verniedlicht und entstellt zur Aussage kommt.

Es ist wohl so: wir müßten eine zweite Aufklärung durchleben. Jene erste so benannte Bewegung der Aufklärung richtete sich gegen den Zwang durch die erstarrten Kirchen. Doch diese Aufklärung verblieb im Bereich des Intellekts, das Geschlecht wurde nicht aufgeklärt. Die Situation ist günstig: wir könnten nun diese ausgebliebene Aufklärung nachholen. Neue Sitten und Bräuche könnten eines

Tages entstehen, die das Geschlechtliche hüten. Dann würden auch die alten Bilder wieder sagekräftig.

Noch ist unentschieden, ob die neue Aufklärung gegen die Kirchen oder mit ihnen geschehen wird. Je nachdem, wie sie geschieht, daran wird sich entscheiden, ob künftige Generationen wieder in schöpferischer Weise Christen werden können. Das Aussehen der Kirche und ihrer Frömmigkeit, ihres Denkens wie ihrer Liturgie würde sich wandeln.

Weil der Storch sie ins Bein gebissen hatte

Weiblich, evang., 39 Jahre, geschieden, 1 Tochter, Abitur, berufstätig.

Unter der Obhut einer Gouvernante mit dem jüngeren Bruder im elterlichen Park spielend, war ich ein friedfertiges, musterhaft artiges Kind, das seine weißen Strümpfe fast nie schmutzig machte und gern den zahlreichen Besuchern vorgeführt wurde.

Mein Vater nahm mich manchmal auf den Arm und erzählte mir Geschichten, und ich liebte ihn sehr.

An meine Mutter erinnere ich mich wenig, nur daß sie mir dicke Schals um den Hals wickelte und mir meistens zu warme Sachen anzog. Ich sehnte mich nach ihrer Wärme, bekam sie aber nie zu spüren.

Einmal nahm sie mich mit ans Bett unseres Stubenmädchens. Die Anna war bis zum Hals zugedeckt, denn sie war krank, weil der Storch sie ins Bein gebissen und ihr aus dem Teich ein Kind gebracht hatte. Ich hätte so gern dieses Bein gesehen mit der großen Wunde, die der Storch ihr mit seinem großen, spitzen Schnabel gehackt hatte. Ich kannte Störche von unserem Scheunendach, doch dieser war sicher besonders groß, weil er ja ein Kind im Schnabel tragen konnte. Aber ich durfte die Decke nicht hochheben, das war verboten. Ich beschloß, die Anna später selber zu fragen, aber da war sie nicht mehr bei uns. Ob ich das Kind zu sehen bekam, weiß ich nicht mehr. Es interessierte mich auch nicht sonderlich. Das Bein war viel aufregender, und das Gefühl, daß etwas geschehen war, was nicht geheuer war, ließ mich tagelang nicht los.

Wie Jungen aussehen, wußte ich von meinem Bruder. Daß ich kein „Hähnchen" hatte wie er, störte mich nicht. Eines Tages wollte ich es ihm aber trotzdem nachmachen und von der Hintertreppe genauso einen weiten Strahl auf den Weg machen wie er. Als ich dabei nasse Hosen bekam, war ich doch enttäuscht und schämte mich wegen meiner Dummheit. Ich hätte es mir ja denken können, daß es nicht ging. Gesagt habe ich niemand etwas, weil ich sicher war, ausgelacht zu werden. Bald dachte ich nicht mehr daran.

Aus dem friedlichen Kinderpark kamen wir infolge Umzug der Familie fast über Nacht mitten in eine Horde lärmender Dorfkinder. Wir wurden „aufgeklärt", und ich erfuhr mit Grauen und begierig zugleich, daß die Kinder „gemacht" werden. Ich lernte Abzählreime, die gespickt waren mit „schlimmen Wörtern" für die Genitalien. Zuerst wehrte ich mich dagegen, sie auszusprechen, aber dann fand ich Vergnügen dran und konnte sie nicht oft genug hersagen, sogar zu Hause, hinter dem Rücken der Eltern, flüsterte ich sie meinem Bruder zu, und das machte mir besonderen Spaß. Und mit diesen unanständigen Körperteilen trieben die Erwachsenen die größten Schweinereien, nachts im Bett, im Gebüsch und in der Scheune und im Wald, denn es mußte immer dunkel dabei sein, weil es ja verboten war. Wir erwischten sie nie, und das machte die Sache noch spannender. Bei diesem schweinischen Tun entstanden die Kinder, und wenn der Bauch einer Frau ganz dick war, platzte er, dann war das Kind da. Der Reim von der dicken Waschfrau, der oben auf dem Berg was passiert und der Bauch explodiert war, war für mich einer der faszinierendsten. Nach der „Explosion" empfand ich jedesmal ein Gefühl der Erleichterung.

Ich trieb mich tagelang in den Ställen herum und „studierte" die Geschlechtsteile der Tiere. Nach diesen Inspektionsreisen war ich jedesmal sehr befriedigt, denn ich wußte wieder etwas mehr.

Eines Tages erzählte mir mein Bruder, der mit den Eltern eine Reise gemacht hatte, ein ganz schlimmes Geheimnis. Meine Mutter hatte nachts ein „Ei" verloren, im Nachttopf – das war ungeheuer, und mir grauste bei der Vorstellung an einen unförmigen, blutigen Klumpen, und ich rätselte an dessen Entstehen herum und wurde mit dem schrecklichen Geschehen nicht fertig. Ich vertraute es meiner Freundin an, und sie mußte mir schwören, daß sie nichts erzählte. Sofort danach bereute ich meinen Verrat, und die Angst, daß „es herauskäme", marterte mich monatelang. Ich litt Qualen und fühlte mich so elend, so ausgestoßen und allein gelassen von allen, daß die Hölle noch lustig war, verglichen mit meinem Jammertal, aus dem ich nie wieder herauszukommen meinte. Und zu dem Verrat kam noch das Sichschämen für meine Mutter, die „das" getan hatte, sie, die so korrekt und unnahbar war.

Als die Gefahr vorüber war, fühlte ich mich wie neu geboren. Endlich konnte ich wieder lustig sein und mit den Dienstmädchen lachen und ihre unanständigen Lieder singen und mich über ihre gehäkelten Binden auf der Wäscheleine mokieren, die ich vorher blutig gesehen hatte; das war mir „schweinisch" vorgekommen, daß sie „unten" bluteten. Fast zu Tränen rührten mich ihre sentimentalen Lieder vom geisterbleichen Mariechen, das weinend im Garten auf einem Stein saß und ihrem Leben ein Ende machen wollte, weil im Gras ihr Kind lag, das sie von einem Mann bekommen hatte, der sie im Wald verführt hatte. Wenn die Mädchen selber einen dikken Bauch bekamen und nicht mehr bei uns bleiben durften, taten sie mir ein bißchen leid, aber sie hätten ja nicht in den Wald fahren müssen und sich ein Kind „machen" lassen.

Von einem Mädchen aus der Großstadt wurde ich dann „richtig" aufgeklärt. Das Repertoire an unanständigen Witzen, die ich bei ihr und unserem Verwalter lernte, gab ich mit immer neuem Vergnügen und eigenen Pointen gewürzt bei jeder sich bietenden Gelegenheit zum besten. Ich hatte immer einen Riesenerfolg bei den anderen Kindern, die genauso „verdorben" waren wie ich, und das gab mir Sicherheit, die ich oft brauchte. Denn manchmal war ich ganz verzagt und fand mich nicht mehr zurecht in dem undurchdringlichen Gestrüpp dieses vielen Unbegreiflichen, und meine schweifende Phantasie ließ mir keine Ruhe. Ich pendelte dauernd zwischen nachdenklicher Melancholie und unbändiger Lustigkeit. Über die Erwachsenen triumphierte ich, indem ich zu ihnen frech war und sie anlog. Ich wollte es ihnen heimzahlen, daß sie uns so viel verboten und selber das „Schlimmste" taten, von dem wir ja wußten, daß es ihnen Spaß machen mußte, sonst würden sie es nicht tun. Und uns hielten sie für dumm und erzählten uns die blöde Geschichte vom Klapperstorch. Ich wurde das frechste Kind in der Klasse, und die Lehrer waren mir gerade die richtigen Opfer für meine Rachegefühle. Sie betranken sich nachmittags und hatten schmutzige Nägel und schauten lüstern auf meinen Busen, mit dem ich mich am Anfang sehr schämte, einer hatte sogar eine Freundin, und alle waren sie für mich genau solche Schweine wie die anderen Erwachsenen. Ich konnte nicht anders, ich mußte sie ärgern, und gleichzeitig hatte ich das Bewußtsein, sie mir damit vom Leibe zu halten. Denn ich hatte auch Angst, daß sie zudringlich würden, wie unser Schmied im Dorf es gewesen war, der mich auf dem Tanzboden so fest an sich gedrückt hatte, daß ich beinahe keine Luft mehr bekam. Vorher hatte ich ihm oft bei der Arbeit zugeschaut, und jetzt versteckte ich mich, wenn ich ihn kommen sah. Ich fand ihn hinterlistig und gemein und hatte richtige Angst vor ihm.

Unter einer Glasglocke

Männlich, kath., 33 Jahre, 7 Jahre verh., 2 Kinder, Akademiker

Es wurde mir erst viel, viel später bewußt, daß ich unter einer Glasglocke groß geworden bin.

Ich kann mich nicht erinnern, daß Mutter oder Vater jemals ein klärendes oder hinweisendes Wort über geschlechtliche Vorgänge mit mir gewechselt hätten. Ich war in dieser Beziehung völlig auf mich selbst gestellt, mir selbst überlassen. Weder einem Erwachsenen noch einem Freund konnte ich mich in bedrängenden Fragen offenbaren und anvertrauen. Lebhaft erinnere ich mich daran, daß alles, was mir Anstoß zu unangenehmen Fragen oder zu peinlich wirkenden Entdeckungen hätte werden können, geflissentlich von meinem Erlebniskreis ferngehalten wurde.

Ein ganz unbedeutsam scheinendes, doch sehr typisches Erlebnis hat sich mir bis heute tief in die Seele eingegraben: Ich verbrachte meine Kindheit auf dem Bauernhof meiner Eltern. Da gab es viele Tiere, zu denen wir immer, wenn es uns Spaß machte, Zutritt hatten. Doch es gab auch Ausnahmen. Wurde uns nämlich streng eingeschärft, das Wohnzimmer nicht zu verlassen, dann mußte dies etwas auf sich haben. Die Erwachsenen liefen dann hin und her. Alle waren sehr aufgeregt. Auch der Tierarzt war gekommen. Wir Kinder konnten nur ahnen, was wir nie zu Gesicht bekamen. Denn als wir Stunden später den Kuhstall betraten, erblickten wir ein neugeborenes Kälbchen. Aber sosehr wir auch Umschau hielten, es war nichts mehr zu sehen, was an den Vorgang des Kälberns hätte erinnern können. Auch nichts von einer Nachgeburt konnte ich bemerken. Bei jedem derartigen Ereignis war uns Kindern selbstverständlich geworden, in der Wohnung auszuharren, bis „alles" vorüber war.

Stellten wir Kinder eine diesbezügliche Frage, dann bekamen wir zu verstehen, daß es unanständig sei, darüber ein Wort zu verlieren. Von dieser Zeit an hat sich in mir ein unüberwindlicher Widerwille herausgebildet, auch nur den Gedanken aufkommen zu lassen, meinen Eltern eine Frage über einen sexuellen Tatbestand zu unterbreiten. Es gehörte zu den ungeschriebenen Verboten, derartiges auch nur von ferne zu berühren. Diese instinktiv immer wieder erfahrene abwehrende Einstellung meiner Eltern ließ kein natürliches und offenes Vertrauensverhältnis zu ihnen aufkommen. Ich spürte, daß ich mich nicht vertrauensvoll in letzten Unklarheiten an sie wenden konnte; ich spürte, wie sie meine augenblicklichen Nöte als belanglos abtaten. Oft schützten sie vor, keine Zeit für derartigen „Unsinn" zu haben.

Für mich gab es sehr lange keine Probleme in geschlechtlicher Hinsicht. Ich hatte mich damit abgefunden, darüber nicht nachzudenken bzw. zu fragen. Schwierigkeiten, wie sie Kinder in den heranwachsenden Jahren zu haben pflegen, blieben mir unbekannt. Es schien so, daß die extrem bewahrende Erziehung sich glänzend bewährt habe, obwohl meine Eltern dies wohl kaum zielstrebig und bewußt anstrebten. Oft dachte ich nach, was das Schlagwort von den „Stürmen der Jugendzeit“ wohl bedeuten könne. Lebte ich doch in einem wohlbehüteten Käfig, ohne zu wissen, daß ich darin lebte.

Abgeschirmt von allen „schädlichen“ Einflüssen, blieb mir die Welt der Andersgeschlechtlichen fremd und unbekannt. In diesem Zusammenhang ist noch interessant, wie ich Vater oder Mutter sehe. Denke ich an sie, bin ich gewohnt, sie mir als geschlechtsneutrale Wesen vorzustellen. Auch wenn ich Vater oder Mutter nur mit dem Gedanken an Geschlechtlichkeit in Verbindung zu bringen suche, läuft es mir kalt über den Rücken. Auch heute noch meldet sich spontan großer innerer Widerstand gegen ein derartiges Ansinnen.

Würdest du nochmals heiraten?

Männlich, kath., 37 Jahre, 10 J. verh., 2 Kinder, Lehrer

Dörfliche Herkunft, bescheidene Verhältnisse, kannte nach eigener Aussage keine Verhütungsmittel. Vater durch Kriegserlebnisse freier; Mutter nicht aus dem Dorf hinausgekommen, einziges Mädchen unter Brüdern, prüde und teils bigott erzogen, ging 12 Jahre mit Vater (Kriegsheirat). Mutter: „Wir waren bei der Heirat noch wie am ersten Tag.“ Während der Bekanntschaft mit Vater legte Mutter jährlich unter priesterlichem Einfluß auf je 1 Jahr Gelübde der Jungfräulichkeit ab (wenigstens 6 Jahre lang). Zärtlichkeiten bei den Eltern nie gesehen, Spannungen und Streit unter ihnen wohl davon mitbedingt. Mutter wollte ins Kloster, wegen Pflege ihrer Mutter auf priesterlichen Rat daheim geblieben und schließlich geheiratet. Eltern gehörten dem franziskanischen 3. Orden an, beteten lange Morgen- und Abendgebete (auch täglicher Rosenkranz an den Winterabenden in der Familie und Heiligenlegende), Mutter trotz 5 geborener Kinder verhinderte Nonne und sexuell nicht befreit, Vater litt darunter. Mutters Bruder aus dem bischöflichen Knabenseminar als Kriegsfreiwilliger ausgeschieden, später Kaufmann. Mutters Plan offenbar wohl dann folgender: Sohn soll ins Kloster und Priester werden, und eine der beiden Töchter soll ins Kloster, nachdem sie selbst dieses Ziel nicht erreicht hatte. Tochter machte denn auch im Kloster Kindergärtnerinnenausbildung, schied vor Abschluß aus, ist heute „zivile“ Kindergärtnerin, wollte nicht im Kloster bleiben. Mutter nach 40jähriger Ehe antwortet dem Sohn auf seine Frage: „Würdest du nochmals heiraten?" „Nein." Wir redeten die Eltern in unserer Kindheit nicht mit „Du", sondern mit „Ihr" an. Mutter ging nach dem 1. Kind zur Schwiegermutter und holte sich noch Aufklärung.

Wehe, wenn du da unten hinlangst!

Männlich, kath., 45 Jahre, verh., keine Kinder

Wenn ich beschreiben soll, was ich alles tat, um die Sexualität zu entdecken, dreht sich mir zunächst alles im Leibe herum. Ich bin in einer so streng katholischen Familie aufgewachsen, daß mir viel mehr von dem einfällt, was alles getan wurde, um ihre Entdeckung zu verhindern. Auch habe ich erkannt, daß ich im Vergleich mit anderen so extrem geschädigt worden bin, daß mein Fall nicht als allzu häufig vorkommend betrachtet werden kann, so daß ich zweifle, ob eine Veröffentlichung nützlich sein wird. Gäbe es drei Stufen der seelischen Schwere einer Schädigung, würde ich mich als mittelschwer bis schwer geschädigt einstufen.

Die Besonderheiten meines Elternhauses seien zuerst angedeutet. Meine Mutter war ursprünglich Sportlehrerin, mein Vater Naturwissenschaftler und begeisterter Vertreter der Nacktkultur und damit zuerst kraß antichristlich eingestellt gewesen. Beide traten in die katholische Kirche ein, als der erste Weltkrieg verloren, der Glaube an das Vaterland erschüttert und wahrscheinlich die eigene Ehe gefährdet war. Ich wurde als 7. Kind in der katholischen Zeit meiner Eltern geboren in einem Dorf bei einer Großstadt, wohin meine Eltern zur Führung des „einfachen Lebens" gezogen waren, nachdem sie allen ererbten Besitz an die Armen im wörtlichen Sinn wie bei Franziskus und andern Heiligen verschenkt hatten. – Dieser Umschwung ins Christentum war so radikal, daß meine älteren Geschwister sich noch mit Kopfschütteln daran erinnern, wie, bei aller Bewunderung für den erwähnten Heroismus, der Geist katholischer Prüderie und Triebfeindschaft plötzlich praktiziert wurde. Zum Beispiel war es damalige Überzeugung anerkannter katholischer Pädagogen, daß Zärtlichkeiten seitens der Mutter die Sinnlichkeit zu früh wecke. Entsprechend wurde sie ab dem ersten katholischen Kind eingestellt.

Meiner Erinnerung nach wurde die negative Einstellung zum Sexuellen direkt und wortwörtlich zuerst von den evangelischen

Kindermädchen vermittelt. Ich sehe sie noch heute vor mir, die „gute Anna“, mit erhobenem Finger sprechend: „Wehe, wenn du da unten hinlangst, der Otto, der älteste, ist von Vater fast...“ totgeschlagen worden, ergänzte ich für mich. – Das Verbot des Unten-Hinschauens umgingen wir zwischen 4–8 Jahren dadurch, daß wir beim gemeinsamen Baden immer mal wieder die Kindermädchen fragten und dabei hindeuteten: Stimmt das, dort unten dürfen wir doch nicht hinschauen? – aber dabei die Gelegenheit wahrnahmen, für einen gewissermaßen unumgänglichen, nicht sündhaften Moment, es nun doch zu tun.

Die Schuldgefühle müssen in früher Zeit schon groß gewesen sein. Als ich mit etwa 5 Jahren gerade bei den Nachbarjungen mich darin produziert hatte, wer am weitesten von uns urinieren konnte, da kommt an der Hecke meine älteste Schwester mit blutendem Gesicht vorbeigerannt, sie hatte einen kleinen Unfall gehabt. Ich aber bezog das auf mich, dachte, ich sei irgendwie daran schuld, wegen der eben getätigten unkeuschen Spiele.

Meine Versuche, bei den Erwachsenen eine Aufklärung zu erhalten, schlugen alle fehl. Als ich einmal an der Seite meiner Mutter, ich war vielleicht fünf Jahre alt, ging, sah ich, an ihr emporblickend, plötzlich, daß sich unter ihrem Kleid beim Schreiten, unter ihrer Bluse genauer, etwas bewegte. Ich fragte, zu ihrer Brust hindeutend, in aller Naivität: „Mutter, was wackelt denn da oben bei dir so?“ Sie schlug mir eines auf den fragenden Finger und sagte ärgerlich, daß man danach nicht frage. – Oder beim Bauern des Dorfes, bei dem wir Kinder ein und aus gingen. Bei ihm machte ich mit etwa 12 Jahren einen Vorstoß, folgendermaßen: Ich gehe mit hinter dem Pflug die Furche entlang. Ich weiß und sehe, das eine Pferd, ein Rappe, ist trächtig, also schwanger. Ich flehe den Bauern als meinen Freund an: „Heinrich, jetzt sag's mir doch, wo kommen denn die Fohlen bei der Geburt nur heraus?“ Der Bauer stutzt, die Pferde halten an, er seufzt etwas, dann setzt er die Pferde mit einem Schlag der Zügel wieder in Bewegung und meint im Weiterschreiten dann: „Das kann ich dir nicht sagen, da mußt du deinen Vater fragen.“ Den danach zu fragen ... das allerletzte! – In den Wäschekörben und Waschtrögen sah man eigenartig verschnürte, blutige handgestrickte Binden der weiblichen Verwandten. Danach zu fragen traute man sich schon nicht mehr. Man wußte schon, da hatte man nicht zu fragen.

Mit 13 Jahren nahte sich für mich eine ausgesprochene Katastrophe. In einer Badeanstalt sehe ich, daß die Jungen unter Wasser sich in die Badehose hineingreifen. Eine nie gekannte Unruhe und Erregung bemächtigt sich meiner, ich schließe mich an, mache mit und werde in eine Runde von zehn 11- bis 14jährigen aufgenommen, die theoretisches und praktisches Wissen erstmalig vermittelt; z.B. die offensichtlich aus der Tierzucht übernommene Vorstellung, daß im Dorf bestimmte Männer ausgeliehen würden, wenn es bei einer Frau mit dem Kinderkriegen nicht klappen wolle. – Schon bald fliegt diese Onanierrunde auf, ein Meßdiener verrät alle. Die Sittenpolizei verhört mich in der Schule des Dorfes; verdrießliche Gesichter von Männern in Zivil vor klappernden Schreibmaschinen. Merkwürdigste Fragen und Vorstellungen, die abgelesen werden. Ich bejahe, alles Erfragte allein und mit anderen getan zu haben. Anderntags ist der Polizist im Haus, auch der HJ-Führer kommt. Sie sprechen mit meinem Vater. Noch einen Tag, und meine Mutter zitiert mich in ihr Zimmer. Es wird im Stehen und unter vielen Tränen eine Aufklärungsstunde an mir abgehalten. Die markantesten Sätze lauten: „Wir haben uns so sehr auf deine Geburt gefreut" (das war meinem Gefühl nach gelogen). „Vater weiß nichts von den gewissen Taten" (das war mit großer Sicherheit nur zu meiner Beruhigung gesagt). „Wenn dein Vater das wüßte, schlüge er dich tot" (das kam mir absolut wahr vor). Zuletzt: „Wir wollen niemals wieder davon sprechen, wenn du es gebeichtet hast" (wir haben auch außer ‚guten Tag' und dergleichen kein Wort mehr miteinander gewechselt). Das Vertrauensverhältnis zu meinen Eltern, insbesondere zur Mutter, ist damals total und unheilbar zerbrochen. – Als ich am Gymnasium vom Religionslehrer zur Seite genommen wurde: Bist du an den unsittlichen Ausschreitungen im Dorf nicht auch dabeigewesen?, leugnete ich strikte jede Beteiligung ab. – Vielleicht bewahrte mein Verstörtsein, wahrscheinlich mehr die angesehene Stellung meines Vaters mich vor der Erziehungsanstalt. Zwei aus der Runde kamen jedenfalls für einige Zeit hinein, ich nicht. – Als ich viel später hörte, der Verräter sei im Krieg mit einem U-Boot untergegangen, konnte ich mich eines Genugtuungsgefühls nicht erwehren.

Was meine Eltern hinter verschlossenen Türen trieben

Männlich, kath., 39 Jahre, 7 J. verh., keine Kinder, Akademiker

Daß die Geschlechtsteile besondere Teile sind, mit denen man etwas Schlechtes tun kann, merkte ich unbewußt, als meine Eltern einen Besuch mit uns Kindern bei den Großeltern vorzeitig abbrachen, nachdem wir Brüder von der hohen Freitreppe vor dem großelterlichen Hause einen Wettkampf im „Bogenpinkeln" veranstaltet hatten, bei welchem wir von einer Großtante, welche unverheiratet war, erwischt wurden. Es gab ein Mordsspektakel, das damit endete, daß meine Eltern, über soviel Humorlosigkeit und Unverständnis verärgert, kurzerhand die Koffer packten und am Ankunftstag wieder abreisten. – Ich war damals vier Jahre alt und kann mich heute an dieses „Theater" noch genau erinnern. Ich hörte, als die Erwachsenen sich gegenseitig anschrien, zwar deutlich heraus, daß wir etwas Schlechtes getan hatten, aber ich verstand das alles nicht; es berührte mich auch wenig, da ich merkte, daß die Eltern auf unserer Seite standen und diesen Wettkampf mehr mit Humor betrachteten. Aber seit dieser Zeit war mein Glied kein normaler Körperteil mehr.

Bis in mein achtes Lebensjahr bin ich in einer glücklichen Familie ganz natürlich aufgewachsen. Das änderte sich schlagartig, als Vater nach Mutters Tod eine „neue Mutter" ins Haus brachte. Von da an wurde mir die Sexualität mit allem, was dazugehört, zu einem einzigen unlösbaren Problem, das mich psychisch schwer belastete und mein späteres Leben 20 Jahre lang stark beeinträchtigte.

Während vor Mutters Tod eine ganz natürliche Atmosphäre herrschte, fühlte ich mich unter der Stiefmutter keinen Tag mehr wohl.

Den ersten Schock bekam ich, als vom ersten Tage an das Elternschlafzimmer für uns Kinder absolut tabu war. Wir durften es nicht betreten. Als ich es aus Gewohnheit und vielleicht aus Anhänglichkeit an meinen Vater doch tat, hatte ich bei der neuen Mutter ausgespielt, und das Schlafzimmer wurde von nun an immer, bei Tag und Nacht, abgeschlossen. Ich möchte ausdrücklich betonen, daß ich in diesem Alter noch nicht aufgeklärt war, daß ich wirklich harmlos und ahnungslos war. Doch solche elterlichen Praktiken machten mich neugierig. Das Tabu und der Befehl, es unbedingt zu respektieren, machten mich nachdenklich. Da ich damit nicht fertig wurde, befragte ich ältere Schulkameraden. Bei dieser Gelegenheit erhielt ich meine sexuelle Aufklärung, die nichts mehr offenließ.

Der größte Schaden, der in mir angerichtet wurde, bestand darin, daß bei dieser Art von Aufklärung kein Wort von Liebe fiel. Für mich stand fest: „Meine Eltern sind Schweine!" Endlich wußte ich, was meine Eltern hinter verschlossenen Türen trieben. Für diese Schweinerei brachte ich damals keinerlei Verständnis auf. Und noch bis zum Abitur und darüber hinaus betrachtete ich den ehelichen Verkehr als durch kirchliche und weltliche Gesetze legalisierte und sanktionierte Schweinerei.

Diese Aufklärung auf dem Schulhof hatte aber auch für mein Leben in der Familie verheerende Folgen. Hatte ich zur Stiefmutter von vornherein kein Vertrauen – sie hat sich auch nie darum bemüht –, so war auch das zu meinem Vater restlos verloren. Mein Vater spürte das und litt schwer darunter, aber er zog nicht die nötigen Konsequenzen daraus. Als er eines Tages merkte, daß ich bereits aufgeklärt war, hat er mich jämmerlich verdroschen. Das sollte die Strafe dafür sein, daß ich mich über solche Dinge mit anderen Jungen unterhalten hatte. „Ein sauberes Kind tut so etwas nicht!" Das Vertrauen zu meinem Vater war dahin.

Den Rest bekam ich, als wir kurze Zeit nach Mutters Einzug nur noch mit Badehose in der Badewanne sitzen durften. Nun waren sogar die Genitalien „schmutzig", ohne daß wir mit ihnen spielten! Daß Mutter uns nur mit Hose sehen wollte, zeigte deutlich, daß sie uns als Fremde betrachtete. Bald hatten wir uns so an das Baden mit Hose gewöhnt, daß wir das für das Selbstverständlichste von der Welt hielten. Als ich später mit den Sportkameraden meiner Fußballmannschaft nackt unter die Brause sollte, habe ich mich geschämt. Aber dort habe ich es – Gott sei Dank – wieder gelernt.

Während wir bei unserer richtigen Mutter zuschauen durften, wenn sie unseren jüngsten Bruder stillte, schloß sich unsere zweite Mutter beim Stillen grundsätzlich im Elternschlafzimmer ein. Das war für uns ebenfalls neu und unbegreiflich. Auf diese Weise erfuhren wir, daß die weibliche Brust auch so etwas ist wie ein Geschlechtsteil, das man nicht zeigen darf. Wir wußten nur nicht, warum wir früher zuschauen durften und nun auf einmal nicht mehr. Außerdem hatten wir in anderen Familien oft genug Gelegenheit, beim Stillen zuzuschauen. Den meisten Müttern meiner Klassenkameraden aus dem 2. und 3. Schuljahr machte es nichts aus, wenn wir im gleichen Raum spielten, in welchem ein Kind gestillt wurde.

Eine schmutzige und ekelerregende Angelegenheit

Männlich, kath., 38 Jahre, 10 J. verh., 1 Kind, Lehrer

Meine Mutter, die kaum Kontakt zur Kirche besitzt, hat mir nie etwas von ihren geschlechtlichen Erlebnissen erzählt. Nur meiner damaligen Verlobten berichtete sie in ausführlicher Weise davon. Sie stellte die Vereinigung mit meinem Vater als eine schmutzige und ekelerregende Angelegenheit dar. Sie erlebte Vereinigung als ein triebhaftes Geschäft, das der Mann verrichtet, um dann der Frau den Rücken zuzuwenden und zu schlafen. Die Einstellung meines Vaters zur Geschlechtlichkeit kann durch folgende Äußerung beleuchtet werden: „Ein paar Wochen nach der Hochzeit ist der Reiz vorbei." Im Lauf der Jahre entfremdeten sich meine Eltern immer mehr. Der Koitus wurde meinem Vater vermutlich immer mehr verwehrt, so daß er sich von Zeit zu Zeit andere Frauen suchte. Er vertrat die Auffassung, daß außerehelicher Geschlechtsverkehr moralisch durchaus vertretbar sei, da der Sexualtrieb beim Manne eben befriedigt werden müsse.

Ich kann mich als Kind an gelegentliche geschlechtliche Spielereien mit gleichgeschlechtlichen Kindern erinnern. Wenn mich meine Mutter dabei ertappte, war sie sehr enttäuscht und überhäufte mich mit Vorwürfen. Einmal erregte sie sich besonders, als ich von einer Untermieterin Bilder sah, die ihrer Meinung nach unzüchtig waren. Ich kann mich aber nicht entsinnen, daß diese pornographischen Charakter gehabt hätten. Ich versuchte auch einmal im Alter von etwa 8 Jahren, die Genitalien eines Mädchens aus der Nachbarschaft zu sehen. Aus Angst vor Entdeckung geschah dies aber ganz heimlich im Keller.

Ich bin von meinen Eltern nie geschlechtlich aufgeklärt worden. Dieses Thema wurde zu Hause fast nie angeschnitten. Erst im Alter von 20 Jahren wurden mir die Vorgänge bei der Vereinigung klar.

Das gab vielleicht eine Abreibung

Männlich, kath., 39 Jahre, 13 J. verh., 5 Kinder

Ich war 9 Jahre alt, als meine jüngste Schwester zur Welt kam. Großmutter erzählte uns, der Storch habe unsere Mutter ins Bein gebissen, deshalb müßte sie einige Tage im Bett liegen. Meine Mutter hatte für wenige Minuten das Bett verlassen, ich war allein im Zimmer und konnte endlich nachforschen, wo der Storch geblieben war. Die Enttäuschung war riesengroß, nichts, aber auch gar nichts konnte ich entdecken. Meine Mutter muß es wohl gemerkt haben, sie ließ mich meine Schwester betrachten und erzählte mir, daß es ihr wieder gutginge. Auf meine Frage, wo sie der Storch denn gebissen hätte, zeigte sie mir eine Narbe am Schienbein. Mich hat das sogar zufriedengestellt. (Wenn meine Kinder das lesen würden, sie würden sich kaputtlachen!)

Meine Mutter hatte eine recht vernünftige Auffassung vom Leben und von der Kindererziehung. Mein Vater hingegen war sehr streng, verschlossen, man muß wohl sagen, ohne viel Sinn für uns Kinder und wenig Lebensfreude.

Wie ging es denn bei so armen Leuten zu? Wir haben die zehn Lebensjahre in einem kleinen Raum gelebt, wir Kinder zusammen in zwei Betten geschlafen. Gebadet wurden wir im Sommer im Freien und im Winter miteinander in einer großen Holzwanne. Wenn es Streit gab, der Schuldige sich nicht freiwillig stellte, wurden wir alle verprügelt, bekamen nichts zu essen, oder wir mußten in einer Ecke knien.

Welche Schande, wenn jemand zu Besuch kam. Als ausgemachter Feigling hatte ich es besonders schwer. Gegen meine anderen Geschwister konnte ich mich nur dadurch durchsetzen, indem ich mich weigerte, ihnen bei den Schularbeiten zu helfen.

Unsere Nachbarn hatten eine Tochter, mit der ich mich als Kind gut verstand. Wir fuhren im Sommer täglich zusammen aufs Feld. Sie war 13, ich inzwischen 8–9 Jahre alt. Sooft wir durch einen kleinen Laubwald fuhren, fragte sie mich, ob ich mit ihr spielen wollte. Natürlich wollte ich es, obwohl ich mich nach ihrer Vorstellung blöd angestellt haben muß. Sie lernte mir, mich auf sie zu legen und mit meinen Fingern an ihrer Scheide zu spielen. Ich habe das einige Male getan, sie hat dabei gelacht, mich hat es gelangweilt. Irgendwie sind meine Eltern dahintergekommen, das gab vielleicht eine Abreibung. Ein Wort der Klärung oder gar eine Erklärung ist ausgeblieben. Bei mir hat dieses Erlebnis eine lebhafte Neugierde ausgelöst. Ich bin danach meinen Schwestern immer wieder nachgelaufen, in der Hoffnung, sie einmal nackt zu sehen. Ich habe bei anderen Leuten durchs Fenster geschaut, um jemand beim Entkleiden zu entdecken.

Ja, es ist schrecklich, was uns Frauen alles auferlegt ist

Weiblich, evang., 39 Jahre, geschieden, keine Kinder, Assistentin

Schmerzlich ist die Erinnerung an meine Kindheit. Die Atmosphäre meines gutbürgerlichen Elternhauses war nicht nur ausgesprochen leib- und geschlechtsfeindlich, sondern auch in einem ganz besonderen Maße kindfeindlich. Geprägt ist mein Leben durch die Erfahrung und Eindrücke jener frühen Kindertage.

Meine Mutter, eine überängstliche, zur Schwermut neigende und immer kränkelnde Frau, habe ich nur selten lachen gesehen. Oft starrte sie mit von Tränen getrübten Blicken vor sich hin und war dann für ihre Umgebung unansprechbar. Es konnte geschehen, daß sie uns Kinder mit den Worten: „Geht weg von mir! Ich mag euch nicht!" von sich stieß. Dann wieder riß sie uns ganz plötzlich mit überschwenglichen Worten an sich und überschüttete uns mit Zärtlichkeiten. Es hieß, sie wäre eine ausgesprochen gute Mutter und äußerst warmherzige Frau, die niemals einem Menschen ein Leid zufügen könne.

Mein Vater war ein überaus strenger und pedantischer Mensch, der zu unberechenbaren Wutanfällen neigte, ansonsten aber ganz seiner Ideologie lebte. In den Phasen seiner Jähzornausbrüche, unter denen er meistens litt, schlug er – oft aus nichtigen Anlässen, manchmal auch grundlos – blindlings auf uns Kinder ein oder verhängte barbarische, qualvolle Strafen. Es hieß, er wäre ein ungewöhnlich guter Vater und Erzieher, dessen besonderer Stolz seine guterzogenen Töchter wären.

Wir Kinder wurden wegen unserer Wohlerzogenheit bewundert und als Musterbeispiel anderen Kindern vorgesetzt, weil wir unseren Eltern bloß auf einen Blick hin, ohne daß ein Wort gewechselt wurde, „parierten". Die Ehe meiner Eltern galt als vorbildlich und wurde als „sehr glücklich" bezeichnet.

In unserer Familie war alles, das nur irgendwie im entferntesten auf die Existenz des Geschlechtlichen hätte hinweisen können, völlig tabuiert. Das ging so weit, daß in unserer Sprache alles ausgespart war – es gab weder eine Bezeichnung noch einen Namen und auch kein Wort, sofern es mit dem Geschlechtlichen in Zusammenhang stand. Alles wurde umschrieben. Peinlich genug, daß es überhaupt so etwas wie das Geschlecht gab. Unsere Eltern wollten uns zu „grundanständigen" Menschen erziehen. Es gehörte demnach dazu, „darüber" nicht zu sprechen. Wir Kinder taten es auch nicht und fragten niemals danach.

Später, als ich schon lange erwachsen war, fiel es mir unsagbar schwer, Worte auszusprechen, die dem Genitalbereich zugeordnet waren. Immer noch empfand ich sie, gemäß der Erziehung meiner Eltern, als ausgesprochen unanständig. Es blieb mir daher nichts anderes übrig, als mich zu lateinischen bzw. medizinischen Fachausdrücken zu flüchten, die ich weniger „ordinär" empfand.

Noch mit ungefähr 10 Jahren glaubte ich an das Märchen vom Storch. Bitterböse wurde ich, wenn andere Kinder tuschelten und mich wegen meines Nichtwissens verlachten. Es war mir unvorstellbar, daß es so etwas „Abscheuliches“ in Wirklichkeit, worüber Kinder miteinander kichernd flüsterten, geben sollte. Genauso unvorstellbar wie der Gedanke, daß die von mir verehrten Lehrer, im besonderen mein Turnlehrer oder etwa gar mein Religionslehrer, jemals die Toilette benützen würden. Empört erklärte ich meinen Mitschülerinnen, daß *gute* Lehrer so etwas nie tun müßten.

In noch jüngeren Kinderjahren fragte ich oft erstaunt meine Mutter, warum wohl Frauen jedesmal gerade dann im Bett liegen würden, wenn ihnen der Storch ein Kind gebracht hatte. Zu jener Zeit machte meine Mutter mit mir des öfteren Besuche bei Wöchnerinnen aus ihrem Bekanntenkreis. Ich erhielt lediglich die kurze Antwort: „Sie ist die Treppe hinuntergestürzt, und jetzt frag nicht mehr!“ Lange grübelte ich darüber nach, warum eine Frau, der ein Kind gebracht worden war, dabei immer die Treppe hinunterfallen müßte. Da ich als Kind sehr oft gestürzt bin – auch die Treppe hinab – und mich meine Mutter jedesmal mit den Worten: „Siehst du, jetzt hat dich der liebe Gott bestraft, weil du nicht brav gewesen bist!“ wieder hochriß, nahm ich in meiner kindlichen Phantasie an, daß auch diese Frauen nicht folgsam gewesen und deshalb von Gott gestraft worden waren. Strafe und Ankunft eines Kindes waren damals von mir in einen engen Zusammenhang gebracht worden.

Einmal hatte ich ein Gespräch zwischen meiner Mutter und deren älterer Schwester belauscht. Damals war ich etwa 14 Jahre alt. Es fiel das Wort „Aufklärung“. Ich dachte dabei an die „Französische Revolution“ und wunderte mich sehr, als ich plötzlich die empörten Worte meiner Mutter vernahm: „So etwas möchte ich niemals tun! Die Kinder sind noch viel zu klein. So etwas möchte ich ihnen ersparen. Sie werden es ohnehin früh genug erfahren. Du siehst doch selbst, was aus deinen Kindern geworden ist, weil du sie bereits mit 5 Jahren aufgeklärt hast!“

Meine Mutter spielte dabei auf eine Begebenheit an, die sich vor einigen Jahren ereignet hatte. Mein Großvater hatte meinen Vetter, eben einen jener „zu früh aufgeklärten“ Söhne meiner Tante, bei etwas „Furchtbarem, Entsetzlichem, einer Schande für die ganze Familie“ ertappt. Es war in Großvaters Auto passiert, der dann den Jungen aus seinem Wagen hinausgeohrfeigt und das Haus verboten hatte. Der Knabe hatte onaniert. Aber das wußte ich damals noch nicht und hätte es, selbst wenn dieses Wort jemals in unserer Familie gefallen wäre, nicht verstanden. Jahre später, als ich bereits verheiratet war und meinen Mann einmal fragte, was denn eigentlich in der Praxis unter Onanie und unter „lesbischer Liebe“ zu verstehen sei und er es mir in seiner Barras-Sprache erklärt hatte, fand ich dies ungeheuer komisch und wunderte mich, daß Menschen derartigen Ideen verfallen konnten.

Kurze Zeit nach dem belauschten Gespräch hatte ich meine erste Menstruation. Wegen sehr großer Schmerzen, starker und wochenlang anhaltender Blutungen mußte ich ärztliche Hilfe und Medikamente in Anspruch nehmen. Die Untersuchung war mir äußerst peinlich wie überhaupt jede Untersuchung bei einem Arzt, wenn ich mich entkleiden mußte.

Ich entsinne mich noch sehr genau der geringschätzigen Worte meiner Mutter: „Ja, es ist schrecklich, was uns Frauen alles auferlegt ist. Du armes Kind! Jetzt wirst auch du ‚das' viele Jahre, jeden Monat haben. Erst wenn du eine alte Frau geworden bist, hört es auf. Männer haben so etwas nicht. Sie sind zu beneiden. Ach, warum habe ich bloß Mädchen und keine Söhne bekommen!" Dies war der erste Teil der „Aufklärung" durch meine Mutter.

Von nun an begann ich es zu hassen, daß ich nur ein Mädchen war, und bewunderte um so mehr alle Jungen, die in mein Gesichtsfeld traten. Sie erschienen mir wie überirdische Geschöpfe, und ich war selig, wenn sie mich bei ihren Raufereien als ihresgleichen betrachteten. Meine Eltern haben das jedoch niemals erfahren. Zu Hause oder in ihrer Gegenwart war ich das brave, fügsame Kind und verhielt mich so, wie sie es von mir erwarteten.

Zu den Zeiten meiner Periode litt ich Qualen: Ich nahm an, daß mir jeder Mann diese gräßliche und ekelerregende Sache ansehen müßte. Auch vorbeigehende Männer, denen ich auf meinem Schulweg begegnete. Ich glaubte an ihnen ein hämisches Lächeln zu bemerken und schämte mich unsagbar.

Die Zeit meiner ersten Jungenfreundschaften rückte heran. Zuerst im Konfirmanden-Unterricht, dann am Sportplatz, schließlich im Tanzkurs und natürlich auch in der Schule. Mein Vater tobte. Ich weiß nicht, was er sich damals wohl dabei gedacht haben mag. Alle diese Jungen waren genauso wohlerzogen wie ich. Niemals hätten wir gewagt, ein Tabu zu durchbrechen. Ich war sehr stolz auf meine zahlreichen „platonischen Lieben" und schwärmte jeden Tag für ein anderes Idol. Inzwischen hatte ich mich durch diverse Nachschlagewerke informiert, demnach also selbst „aufgeklärt". Die „sinnliche Liebe", die mir als eine äußerst schmutzige Angelegenheit erschien, war für mich der Gegensatz zur „reinen, platonischen Liebe". Nur der „reinen Liebe" wollte ich nachstreben und später nur eine „Vernunftehe" eingehen, in der Annahme, daß es in einer solchen Ehe zu keinem Geschlechtsverkehr käme. Wie oft dachte ich zu dieser Zeit an meinen allerersten Religionslehrer, der zu uns Sechsjährigen so oft gesagt hatte: „Wenn dich die bösen Buben locken, so folge ihnen nicht." Jetzt, in der Pubertät, nahm ich an, daß es ein Hinweis auf die „sinnliche Liebe" gewesen sei.

Zwei entscheidende Ereignisse traten ein, durch die meine Mutter sich genötigt fühlte, die zweite Phase ihrer Aufklärungsmethode uns Mädchen angedeihen zu lassen: der frühe Tod des Vaters und die Einbuße unseres gesamten Vermögens.

Von nun an hieß es, daß jetzt die Unberührtheit unsere einzige Mitgift wäre, die wir unbedingt bewahren müßten, da wir sonst später keine Ansprüche stellen könnten. Männer würden grundsätzlich nur „Jungfrauen" heiraten. Ein Mann würde das Mädchen, mit dem er bereits vor der Ehe „etwas" gehabt hätte, „danach" nicht mehr heiraten. Das Mädchen käme auf die „schiefe Bahn" und würde schließlich in einem „gewissen Haus", über das man nicht spricht, enden. Zudem müßte auch mit der Möglichkeit einer schrecklichen Krankheit gerechnet werden, über die man ebenfalls nicht spricht. Sodann erfolgten Verhaltensmaßregeln: 1. niemals mit einem Mann allein in dessen Wohnung zu gehen, 2. niemals mit einem Mann Alkohol zu trinken, denn dann würde er „etwas" wollen, 3. niemals von einem Mann, selbst wenn es ein guter Bekannter der Familie wäre, sich in dessen Wagen mitnehmen zu lassen, denn dann würde er mit Bestimmtheit zu einer abgelegenen Stelle fahren, und was dann geschähe, wäre nicht auszudenken.

Besser sein Glied verlieren als sündigen

Männlich, kath., 31 Jahre, unverh., Schriftsteller

Meine Erinnerungen an negative Erfahrungen reichen bis ins dritte oder vierte Lebensjahr zurück. Ich lebte damals mit meiner Mutter alleine in einer kleinen Wohnung. Der Vater war schon seit Jahren im Krieg, so daß ich nur durch Erzählungen der Mutter von ihm wußte. Bei dieser Gelegenheit sagte sie mir auch immer, ich müsse sie jetzt wie der Papa beschützen und dafür dürfe ich auch bei ihr im Bett schlafen, was ich sehr gerne mochte.

Eines Tages kam plötzlich ein fremder Mann mit großen Stiefeln und wurde mir als Vater vorgestellt. Ich erschrak vor ihm, und als ich dann eine Woche lang nicht mehr im Bett der Mutter schlafen durfte, haßte ich ihn. Bald darauf durfte ich auch die Mutter nicht mehr nackt sehen.

Viel später wurde ich dann von älteren Schulfreunden aufgeklärt. Sie sagten mir, daß damals meine Eltern eine Woche lang „schweinigelten“. Genaueres konnten sie mir jedoch nicht sagen. Das erfuhr ich erst, als ich meine Ferien auf dem Bauernhof einer Tante verbrachte. Durch das Astloch einer Bretterwand sah ich, wie sich ein Knecht brutal auf die Magd stürzte und sie nach dem Koitus noch zwang, seinen Urin zu trinken. Mich ekelte es. Und das machten also meine Eltern! Ich war traurig über das Schicksal meiner Mutter und empfand heftiges Mitleid mit ihr, den Vater verabscheute ich.

In dieser Zeit, ich mochte etwa 12 sein, begann ich zu onanieren, zwei- oder dreimal am Tag. Ich war verzweifelt und einsam und verstand die Welt nicht mehr. Erst in einem kirchlichen Internat wurde ich von diesem Onaniezwang befreit. Dort sagte man uns nämlich, daß Onanie Selbstbesudelung und Sünde wider das Leben sei. „Besser sein Glied verlieren als sündigen“ wurde uns eingehämmert. Aus Angst hörte ich auf.

Ach, wie denn?

Männlich, kath., 27 Jahre, Abitur, Berufsausbildung

„Aufklärung“ fand nicht statt – sie war nahtlos in das tägliche Leben integriert. Auf eine beiläufige Frage unter tausend bekam ich genauso beiläufig die Antwort, ich sei in Mutters Bauch gewachsen, viele Monate lang, bis ich groß genug gewesen und herausgekrochen sei, um allein weiterzuleben. Auch der Weg wurde genannt:

„Frauen haben da ein Loch, weißt du?“

So genau wußte ich das nicht, ich hatte bei kleinen Mädchen am Badestrand nur eine Falte gesehen. Aber was meine Mutter sagte, stimmte immer, sie suchte niemals Ausflüchte.

„Wie groß ist denn das Loch?“

„Na, man könnte einen Tannenzapfen ’reinstecken.“

„Da bin ich durchgekommen? So klein war ich?“

„Nein, viel größer. Das Loch hat sich eben gedehnt, als dein dikker Kopf durchwollte.“

Schrecklicher Gedanke, der geliebten Mammi weh getan zu haben.

Ich wurde beruhigt:

„Ein bißchen schon. Aber ich hab’ mich doch so gefreut auf dich, da ist das Wehtun schnell vergessen.“

„Hat Papa sich auch gefreut?“

„Aber gewiß, er hat sich ja einen Jungen gewünscht."
„Warum hat *er* mich dann nicht bekommen?"
„Das geht nicht. Nur die Muttis können Kinder kriegen; aber die Pappis müssen helfen."
„Ach, wie denn?"
Meine Mutter wurde spielend mit dem Prüfstein aller Eltern fertig:
„Du hast doch Papa beim Kürbiskernsetzen zugeguckt: mit dem Finger drückt man ein Loch in den Boden und steckt einen Kern hinein. Bei den Menschen ist es ähnlich. Alle Frauen haben ein Loch und alle Männer an der gleichen Stelle eine Art Finger. Du auch, stimmt's? Wird er ganz fest in eine Frau 'reingesteckt, dann legt er in ihrem Bauch so was Ähnliches wie einen Samenkern ab, und dann wächst in ihr ein Menschlein heran."
Ich hatte meine Zweifel. Diesen schlappen Zipfel von Finger in ein enges Loch zwängen? Unmöglich. Auch dieser Punkt wurde geklärt, betont mechanisch, meinem erwachenden Sinn für Technik angepaßt, frei von pseudonaiven Ersatzworten, aber auch von dürren biologischen Fakten, die ein knapp Fünfjähriger gar nicht verkraften kann. Sinnfälliger Vergleich: Schlüssel und Schloß. Erste, einzige Mahnung: zusammenstecken darf man beides erst als Erwachsener, wenn man sich ein Kindchen wünscht:
„Probierst du es jetzt schon an einem kleinen Mädchen aus, dann machst du sie kaputt wie eine Puppe, der garstige Jungen den Bauch aufschlitzen. So einer willst du doch nicht sein?!"
Nein, so einer wollte ich ganz gewiß nicht sein.

Weg mit jedem Mädchen!

Männlich, kath., 37 Jahre, 10 J. verh., 2 Kinder, Lehrer

Ich kam mit 12 Jahren auf Betreiben der Mutter (offenbar gegen Vaters und seiner Verwandtschaft Willen) in klösterliches Knabenseminar, war 4 Jahre an Weihnachten nicht zu Hause (Erziehung zu „Miniaturmönchen"), war zu schüchtern, um in Aufklärungsdingen zu fragen. Schulische Leistung und Beachten der Hausordnung waren Ziele für „Musterzöglinge". In den Heimatferien keinen Kontakt mit Mädchen gesucht, weil „sich das nicht gehörte". Mit 16 Jahren Exerzitienvortrag (nach den Sommerferien) an uns:
„Weg mit jedem Mädchen!" Ein Jahr später erste Aufklärungs-

fragen an (älteren) Beichtvater; seine Antwort: „Das wirst du später in Moraltheologie erfahren.“ So ging ich unaufgeklärt in Krieg und Gefangenschaft (5 Jahre). Dieser Beichtvater war 1914 vorzeitig geweiht worden (um nicht eingezogen zu werden), hatte in der Nacht vor der Priesterweihe lateinisch Aufklärung bekommen. Durch Krieg und Gefangenschaft wurde bei mir die Begegnung mit dem anderen Geschlecht hinausgeschoben. Anschließend kam fast ohne Pause 1 Jahr Klosternoviziat, und erst im darauffolgenden Philosophiestudium setzte die selbstkritische Analyse ein mit Hilfe besonders der Maßstäbe aus der Psychoanalyse. Ein verständiger Beichtvater holte Aufklärung nach, das andere Geschlecht nahm ich nun unbefangener zur Kenntnis. Vor den zuständigen Ordensobern hatte ich diesbezüglich Offenheit, die mir schließlich vor der endgültigen Bindung Rückkehr in die Welt nahelegten, was ich vollzog. Das war ein schwerer Schlag für meine Muter, und es brach offenbar eine Welt für sie zusammen, und ich weiß noch, wie ich sie zu trösten suchte. Innerlich war ich befreit. Die nun beginnende Berufsausbildung brachte mich täglich mit dem anderen Geschlecht zusammen. Ich sah bald, daß die um rund 10 Jahre jüngeren Damen nicht mein gemäßes Gegenüber für die Ehe waren. Die Einseitigkeit der zölibatären Erziehung und ebensolcher Lebensweise brauchte eine längere Zeit des Übergangs, die in sich die Klippen vorzeitiger und unausgegorener Bindung birgt.

2. Abschnitt

Unheilvolle religiöse Einflüsse

Zur Einführung

Rein – unrein

Mancher Vertreter des ehelosen Standes mag sich betroffen fühlen. Gerade die folgenden Berichte zeigen, wie einflußreich die Einwirkungen von Priestern in Internaten und im Religionsunterricht waren.

Wir hören Warnungen wie: „Weg mit jedem Mädchen" oder Beschimpfungen des weiblichen Geschlechts als „Mob". Als Mittel gegen die Onanie wurden die sogenannten Aloisianischen Sonntage empfohlen. Überhaupt wurde der Sakramentenempfang als Hilfsmittel gegen Onanie, gegen „Unkeuschheit", wie es hieß, aufgefaßt. Vor allem wurde maßgebend ein „Ideal", das der Reinheit. Sich mit Geschlechtlichem beschäftigen, gar geschlechtliche Lust genießen, als Junge nach einem Mädchen oder als Mädchen nach einem Freund verlangen, galt als unrein. Als „heile" Welt galt jene, in der es kein Geschlecht gab. Das bedeutete für junge Menschen eine Welt, in der ihr geschlechtliches Verlangen verdrängt war. Scharf formuliert ein verheirateter Mann Jahre später, wie er die Einflüsse in einem Internat erlebt hat. „Der katholischen Kirche möchte ich zum Vorwurf machen, daß sie Millionen von Gewissen vergewaltigt hat." Derselbe berichtet, wie er ständig an Schuldgefühlen wegen der Onanie litt und fürchtete, wenn er plötzlich sterbe, käme er in die Hölle. Diese Angst dauerte nach seinem Bericht 20 Jahre. Verstehen wir, warum er schreibt: „Für mich war die Kirche die Kirche des 6. Gebots"? Ein anderer entdeckt Entzündungen an seinem Penis und fürchtet, er sei geschlechtskrank. Das also wußte er über das Geschlecht, daß man daran krank werden kann.

Besonders folgenschwer war jene Ideologie, die auf dem Widerspruch von rein und unrein aufgebaut war. Rein war die Geistseele und alles „Geistige", unrein war das Leibliche, vor allem die geschlechtliche Lust. Eine „geistige" Liebe wurde als reine der unreinen, sinnlichen und geschlechtlichen Liebe entgegengesetzt. Dieser

Widerspruch von rein und unrein wurde auch in die Ehe getragen. Die Ehegatten sollten sich immer mehr von ihrer sinnlichen und unreinen Geschlechtsliebe befreien und das Geschlechtliche durch eine reine geistige Liebe überhöhen und veredeln.

Aus der Ideologie von rein und unrein entstand eine Wunschvorstellung, die in eine frühe Zeit des Menschen alle enttäuschten Sehnsüchte projizierte. Das Kind galt als unschuldig und rein, weil es angeblich noch keine geschlechtlichen Regungen kannte. Freud hat diese Illusion zerstört. Aus der Erfahrung erkannte er, wie früh Kinder geschlechtliche Regungen erleben, wie bereits in den ersten Monaten in ihnen Wut und Haß entstehen, vor allem gegen Mütter, die das Kind nicht mit Liebe empfangen und ausgetragen haben.

Als Idealzustand galt der Ideologie von rein und unrein ein geschlechtsfreies Neutrum. Verspürten ein Mann und eine Frau geschlechtliches Verlangen nacheinander, so empfanden sie nicht selten Schuldgefühle wegen ihres „unreinen“ Begehrens. Es wird in der künftigen Erziehung darum gehen, entsprechend der Bibel die Schöpfungswonne des Geschlechts und der geschlechtlichen Lust zu bekunden, die trotz aller Verderbnis und dennoch und unbeirrt von der ganzen Bibel gekündet wird.

Meine Schuldgefühle wuchsen von Tag zu Tag

Männlich, kath., 29 J., 5 J. verh., 3 Kinder, Lehrer

Die Jahre vom 12. Lebensjahr bis zum Abitur verbrachte ich in einem Internat. Hier wurde die strenge, bewahrende und weltfremde Erziehung des Elternhauses fortgesetzt. In sexueller Hinsicht lebte ich völlig „problemlos". Irgendwie fühlte ich mich sogar heimisch in dieser Geborgenheit, obwohl ich instinktiv spürte, daß mich diese Atmosphäre der Abschirmung unbrauchbar fürs Leben machte. Bei meinen seltenen Begegnungen mit Mädchen oder Frauen wurde ich zusehends unsicherer. Schließlich ging ich Mädchen aus dem Weg und war glücklich, wenn mir auch nur ein flüchtiger Kontakt erspart blieb. Die Schüchternheit verstärkte sich und führte schließlich zu Zurückgezogenheit und Menschenscheuheit. Das Grundgefühl innerer Ängstlichkeit wurde noch dadurch gefördert, daß uns immer wieder eingeschärft wurde, in den Ferien oder bei anderer Gelegenheit ja keinen Kontakt zu Mädchen aufkommen zu lassen oder gar zu suchen.

Im Sommer wurden wir Jungen zu bestimmten Zeiten zum Freibad geführt, nachdem vorher sichergestellt worden war, daß der Badeplatz von weiblichen Personen geräumt war. Vorgesetzte sprachen verächtlich vom „Fleischmarkt", wenn sie übervölkerte Badestrände meinten.

In der kälteren Jahreszeit wurde es so gehandhabt, daß wir Schüler alle vier Wochen einmal ein Bad nehmen durften. Nach einem streng geregelten Zeitplan standen jedem einzelnen 20 Minuten zur Verfügung, damit jeder in einer Badekabine seinen Körper reinigen konnte. Einmal sprach mich auf dem Weg zum Baden ein Zögling an, ob ich denn keine Badehose bei mir hätte; denn es sei doch schamlos und unzüchtig, in der Badewanne so ganz entblößt und nackt zu baden. Dieses Wort ging mir nicht aus dem Kopf und beschäftigte mich lange. War ich mir doch unsicher, ob ich nicht doch in Zukunft lieber eine Badehose benützen sollte.

Als ich in den Ferien so nebenbei von meinen Geschwistern erfuhr, daß sie „Doktor" gespielt und aneinander Leibuntersuchungen vorgenommen hatten, war ich sehr erschüttert. Ich verstand nicht, wie man sein Schamgefühl so weit überwinden bzw. unterdrücken konnte. Obwohl ich derartige Vorkommnisse zutiefst verwarf, hatte ich doch großes Interesse, zu erfahren, wie der weibliche Körper gebaut sei. Ich weiß, daß wir lange darüber rätselten, wie und wo wohl die Kinder aus dem Leib der Mutter herauskämen.

Einmal brachte ich als Ministrant im Gespräch mit dem Pfarrer die Rede auf das Problem der Huren. Die Neugierde, etwas zu erfahren, trieb mich dazu; der Pfarrer wehrte jedoch entschieden ab, errötete und sagte: „Wie kannst du nur so etwas denken! Davon spricht man nicht, weil man sonst auf unkeusche Gedanken kommt." Das war mir wieder eine Lehre, derartige Themen zu meiden.

Als die Zeit der nächtlichen Pollution gekommen war, empfand ich diese Vorkommnisse sehr peinlich, weil anderen die Beschmutzung der Bettbezüge auffallen mußte. Manchmal wusch ich heimlich das Bettlaken, weil ich mich schämte.

Vor der Reifeprüfung wollten auch wir Internatsschüler einen Tanzkurs besuchen. Unser Heimdirektor lehnte unmißverständlich ab. Als wir aber nicht lockerließen, sagte er: „Die Versuchung wäre für euch zu überwältigend. Ich kann es nicht verantworten, euch derartigen Gefahren auszusetzen. Im übrigen ist die Durchführung recht problematisch. Soll ich den ‚Mob' (das war sein Standardausdruck für Mädchen) hereinkommen lassen, oder soll ich euch zum Mob hinauslassen?" Es war also entschieden. Und wir wagten es nicht, bei der Abschlußfeier zu tanzen, weil der Direktor selbst anwesend war. Wer hätte es gewagt, sein ausdrückliches Verbot zu mißachten?

Als ich bereits an der Universität studierte, kam ich an einen Kommilitonen, der meine Neugierde nach sexuellem Wissen stark anstachelte. Sobald er meine Unwissenheit bemerkte, machte er es sich zur Aufgabe, mir in dieser Hinsicht zu helfen. Er brachte illustrierte Bücher und Aktdarstellungen aus der Kunstakademie mit, die er mir auf einer Bank in einem Park unter seinen erklärenden Worten zeigte. Alles in mir wehrte sich, diese Bilder anzuschauen. Ich wollte weglaufen, genierte mich aber vor ihm. Ich war völlig konsterniert und brachte kaum einen Laut heraus. Dann übergab er mir noch diese Schriften, damit ich mich daheim in Ruhe mit ihnen beschäftigen könnte. In mir waren Ekel und Abscheu vor diesen Büchern aufgestiegen. Abgrundtiefe Scham empfand ich vor mir selber, daß ich dieses Material überhaupt angenommen hatte. Meine Schuldgefühle wuchsen von Tag zu Tag. Ich litt und litt so lange, bis ich mich schließlich aufraffte, in einer Beichte ein offenes Bekenntnis abzulegen. Der Beichtvater war weit entfernt, meinen psychischen Zustand zu erkennen; vielmehr ging er mit mir hart ins Gericht und forderte mich energisch auf, auch den „schuldigen" Anstifter zu einer Aussprache mit dem Beichtvater zu bewegen. Ich wehrte mich anfangs gegen dieses Ansinnen. Er aber redete mir so nachdrücklich ins Gewissen mit dem Hinweis, daß ich auch für das Seelenheil des anderen mitverantwortlich sei. Eingeschüchtert durch solche Argumente, erklärte ich mich dazu bereit. Mein Kommilitone kam angeblich meinem Rat nach, den „geistlichen Seelenarzt" aufzusuchen. Aber damit fanden auch unsere begonnenen Aufklärungsgespräche ein jähes Ende. So kann man junge Menschen noch tiefer in Gewissensqualen hineintreiben, anstatt innen auf lange Sicht zu helfen, damit fertig zu werden.

Das müsste eigentlich gebeichtet werden

Männlich, kath., 36 Jahre, 10 J. verh., 2 Kinder, Handwerker

Steter, bis heute nachwirkender Konflikt: das müßte eigentlich gebeichtet werden. Die religiöse Erziehung in der Schule, geleistet von einem achtbaren Geistlichen, der der Sache hilflos oder ignorant gegenüberstand, ließ einen ratlos. Die Frage „allein oder mit anderen" war zunächst völlig irrelevant, später aber ein Anlaß zu Heuchelei und dauernden Schuldgefühlen. Wirkliches Vertrauen gegenüber dem Priester im Beichtstuhl empfand ich nicht. Er ließ sich nicht von der Person trennen, die einem auch im Klassenzimmer gegenübertrat und „Kruzitürken" sagte. War das nicht auch geflucht? Erste Einsicht in Doppelmoral der Gesellschaft.

Nie mehr kann ich zum Beichten gehen, ohne das Bewußtsein, als Kind oft „ungültig" gebeichtet zu haben und „unwürdig" das Brot des Herrn gegessen zu haben. Rückschauend frage ich mich, ob die in meiner Schulzeit geübte Beichtpraxis mein Gewissen gebildet oder nur meinen Charakter verbildet hat. Die Antwort ist nicht leicht. Ich halte nichts von konfliktfreier Erziehung. Auf dem Gebiet des Sexuellen aber schuf die Buß- und Beichtpraxis unnötige Konflikte. Daher die nur noch selten von Anläufen neuen guten Willens unterbrochene immer stärkere Entfremdung diesem Sakrament gegenüber.

Der Kommunionunterricht und die erste Beichte waren ein Martyrium

Männlich, kath., verh., keine Kinder, Student

Die Atmosphäre in meiner Familie war gut. Aufgewachsen mit vier Geschwistern – der Altersunterschied denkbar günstig –, wurde ich schon früh vertraut mit den Geheimnissen um die Geburt und Zeugung. Im Kreis der Nachbarskinder fand ich immer viel Neugierige, wenn die Rede von diesen Dingen war. Es bildete sich bald eine Clique, und in geeigneten Schlupfwinkeln begannen jene unter Kindern beliebten Spiele, die wir nicht für schlecht hielten, aber trotzdem mit den Eltern nie darüber sprachen. Doch sollten wir bald entdeckt werden. Es geschah auf einem Spaziergang. Die Leiterin des Kindergartens – eine Ordensschwester – bemerkte unser Fehlen und fand uns bald beim lustigen Treiben. Ein heilloses Durcheinander entstand, Schläge und Schimpfworte wurden hörbar, und jeder rannte aufgeschreckt davon. Die Eltern wurden verständigt. Jedem wurde verboten, noch mal an unserem Spiel teilzunehmen. Damals merkte ich, daß etwas Ungeheures geschehen sein mußte. Irgendein Bruch war da, und ich wußte nicht warum. Ich durchschaute den eigentlichen Grund meines Tuns nicht, denn die Nacktheit und die Geschlechtsteile wurden in meiner Familie nicht tabuisiert; gemeinsames Baden und Schlafen war bei uns selbstverständlich. Was mich sehr traf, war die Tatsache, daß plötzlich meine Spielgefährten nicht mehr da waren. Aus ihrem Herumtuscheln hörte ich, daß sie sich vor mir in acht nehmen müßten, weil ich ein verdorbenes Kind sei. Ich fühlte mich ausgeschlossen – und von hier an betrachtete ich die Geschlechtsteile als etwas Böses.

Diese Zeit des Abseitsstehens und der seelischen Zerbrochenheit dauerte einige Jahre. Der Kommunionunterricht und die erste Beichte waren ein Martyrium. Angstvoll stand ich mit meinem meist von den Eltern verfaßten Sündenzettel vor dem Beichtstuhl. Als ich an der Reihe war, brachte ich kaum ein Wort über die Lippen. Die Strafpredigt des Pfarrers hatte meine letzte Hoffnung zerstört – das liebe Jesuskind mochte mich auch nicht mehr.

In dieser Zeit des Ausgestoßenseins reifte in mir eine Idee, die mich bis zur Volljährigkeit gefangennahm: ich wollte Priester werden. Von meinen Eltern wurde dieser Beschluß freudig aufgenommen, und ein halbes Jahr später war ich im Internat. Das Neue am Anfang, die Stadt, die Schule, meine neuen Kameraden ließen mich loskommen von den Bedrücktheiten, die ich daheim erfahren hatte.

Überraschend kam der Beginn der Pubertät. Die nächtlichen Pollutionen erregen die Phantasie, und wieder bricht das frühere Gefühl des Alleinseins durch. Wenig später ein stärkeres Erlebnis: ich erwache nachts und spüre, daß jemand mit meinem Penis spielt. Neugierig betrachte ich das Spiel, erlebe den Orgasmus und schlafe wieder ein. Am nächsten Tag versuche ich das gleiche, und von da an onanierte ich regelmäßig. Dieses Erlebnis brachte mir nicht das Verlangen nach homosexueller Betätigung, sondern es erwachte in mir das Verlangen nach der Lust. Ich suchte die Lust, und dieses Suchen lenkte mich in eine Richtung, von woher ich einen freien Weg zur Sexualität finden sollte.

Das Verwerfliche meines Tuns war mir bewußt, trotzdem ließ ich davon nicht ab, obwohl ich mehr und mehr in einen Konflikt hineingeriet. Mein Berufsziel auf der einen Seite, mein Wunsch nach sexueller Freiheit auf der anderen. In meiner Not ging ich zur Beichte. Hier erlebte ich zum erstenmal Verständnis und wirkliche Hilfe. Kein Verdammen, sondern Anhören und Mut. Ich erfuhr den positiven Wert des Geschlechtlichen innerhalb der Entwicklung zur Persönlichkeit. Das Schreckgespenst der Sexualität verblaßte. Ich fühlte, daß der Weg zur Sexualität mit Erfahrungen gehemmt ist, die von einer veralteten Moral herkommen. Diese Erfahrungen aber könnten weiterhelfen, wenn ihnen nicht von vornherein das negativ erzogene Gewissen gegenüberträte.

Mit dieser Einstellung trat ich in das Seminar für Priesterkandidaten ein. Die Probleme wurden schärfer, nirgends sprach man jedoch darüber. In einem Kreis junger Menschen, den ich öfter besuchte, wurde mir klar, daß das Leben als Priester ein dauernder Verzicht für mich sein werde. Weil ich in der völligen Enthaltsamkeit ein wesentliches Moment des Priesterberufes sah, konnte ich mich auf einen Kompromiß nicht einlassen. Ich durchlebte eine Krise, dann folgte mein Austritt aus dem Seminar. Das Motiv war hier das gleiche wie beim Eintritt ins Internat, das Vorzeichen hatte sich geändert. Langsam mußte ich versuchen, mich auf meine Umwelt neu einzustellen. Die früheren Vorstellungen sitzen tief und werden nicht von heute auf morgen vergessen.

Ein Geistlicher hat mich mit der Hölle bedroht

Männlich, kath., verh., keine Kinder, Lehrer

Mit 8 Jahren fand die erste Beichte statt. Mit ihr begann die Intensivierung der Fixierung auf das 6. Gebot. Merkwürdig blieb, daß die Beichtväter, wenn es mal versuchsweise vorkam, nichts über dieses Gebot zu beichten, fast jedesmal ungläubig nachfragten, ob denn im 6. Gebot nichts vorliege. Erst als ich 16 war, hat mich einmal ein Geistlicher mit der Hölle bedroht, wenn ich nicht sofort mit meinen sexuellen Schwierigkeiten fertig würde. Heute verstehe ich die Fixierung auf das 6. Gebot als Auswirkung des Zwangszölibats.

Mit 9 Jahren erlebte ich unvergeßlich die Einstellung und das Verhalten der vorbildlicheren Umwelt: zur Kur in einem Kinderheim, lache ich einen gleichaltrigen geistig etwas behinderten Jungen aus, weil er sich so ungeschickt ausgekleidet hat, daß er ganz nackt dasteht. Ein weiterer Junge betritt in dem Augenblick das Zimmer. Der lacht nicht mit, der hält sich die Hände vors Gesicht und läuft wegen des unkeuschen Anblicks zur Kinderschwester. Die stürzt herein, wirft dem Deppen etwas über, damit er bedeckt sei und zerrt mich unsanft auf den Flur. Was ich getan habe? Ich: gelacht! Sie: „Über Unkeusches gelacht? Das mußt du sofort beichten!" Sie schleppt mich schnurstracks in die nahegelegene Hauskapelle, stellt mich vor dem Beichtstuhl auf und holt den Beichtvater. Der fragt mich aus. Es wird ihm nicht klar, wie oft ich über Unkeusches lachte. Schließlich finde ich die Lösung unter Tränen: es war nicht mehrmals gewesen, praktisch hätte ich einmal gesündigt, weil ich ununterbrochen und nicht wiederholt gelacht hätte. Die Buße betrug drei Vaterunser, wie damals üblich für eine schwere Sünde und nicht fünf wie sonst. Diese Kur im katholischen Heim habe ich nie vergessen.

Anschließend begann die Zeit der sogenannten Aloisiussonntage. Wenn man, ich glaube 9 Wochen lang, im Sommer ununterbrochen jeden Samstag gebeichtet und jeden Sonntag kommuniziert hatte, sollte man von der Selbstbefriedigung geheilt werden können. Als dieser Heilige, der seiner Mutter gegenüber sogar von unkeuschen Versuchungen geplagt gewesen und siegreich darüber geworden war, bei mir nicht geholfen hatte und die Zeit seiner Verehrung um war, wurde ich auf Maria, die Unbefleckte, verwiesen. Meine Selbstbefleckung hielt an.

Es könnte doch „schwere" Sünde sein

Männlich, kath., 36 Jahre, unverh., Lehrer

Alle meine Erfahrungen mit dem Geschlecht sind vom Elternhaus her „negativ" durchstimmt, und das „Positive", das ich berichten kann, muß stets vom „Negativen" abgehoben werden.

Kinderspiele wie Entkleiden und gegenseitiges Betrachten der Geschlechtsteile hat meine Mutter als Schweinerei oder Sauerei bezeichnet, als ich 5 Jahre alt war. Der Religionsunterricht nannte solches dann Unkeuschheit. Als Knabe von 9 Jahren fragte ich meine Mutter, wie ein Kind im Mutterleib entstehe. Sie sagte, das könne sie mir nicht sagen. Mein zudringliches Fragen ergab dann, daß die Zeugung für unverheiratete Leute (meine Eltern sind nicht verheiratet) eine Sünde gegen das 6. Gebot sei. Das war für mich gleichbedeutend mit einer „Todsünde". Später wollte ich dennoch wissen, wie ein Kind gezeugt werde, denn in der Ehe sollte das ja keine Sünde sein. Meine Mutter meinte, das würde ich später schon von selber wissen, wenn ich verheiratet sei und neben einer Frau schliefe. Da verspüre man so einen Drang, so ähnlich wie der, wenn man zum Abort müsse. In jenem Augenblick sah ich eine große „Wurst" Kot vor meinen Augen. Diese Ereignisse sind die Basis für meine geschlechtlichen Erfahrungen der Folgezeit. Noch ohne die „Technik" des Zeugungsvorgangs zu kennen, „wußte" ich, daß es ein mit analer Lust besetztes, sündhaftes Tun mit den Geschlechtsteilen sei, das dann in der Ehe erlaubt sei.

Mit etwa 13 Jahren wollte ich dann Priester werden. Aber es dauerte noch kein Jahr, als mir die Mädchen meines Alters mehr und mehr gefielen, zuerst meine Kusine, dann Mädchen, denen ich auf dem Schulweg oder in der Kirche begegnete. Die kleinen Brüste und die sanft geschwungenen Hüften der Vierzehnjährigen fesselten meinen scheuen Blick. Damals durchsuchte ich die Konversationslexika meines Vaters nach Abbildungen von nackten Frauen. Sie zeigten mir, was ich sehen wollte, die unverhüllte Schönheit der weiblichen Brust. Eigenartigerweise gewahrte ich kaum die anderen Schönheiten des weiblichen Körpers. Wenn auf manchen Darstellungen der Venus das Genitale bedeckt war, erschien mir das Bild „keusch". War das Genitale unbedeckt, dann wagte ich nicht, die Wölbung des Schamberges richtig anzuschauen. Doch bei all diesen Bildern wurde ich ein inneres Unruhegefühl nicht los. Es sprach: Was ich hier tue, ist das, was die Beichtspiegel das „Betrachten unkeuscher Bilder" nennen. Aber in dieser Zeit gab ich die Priesteridee auf und sehnte mich danach, zu heiraten. Schöne Mädchen waren doch anziehend, Geschlechtsverkehr sollte doch jene Lust ohne Sünde gewähren, die ich in den ersten Onanieerlebnissen hatte. Im Geschlechtsverkehr sollte mir ein so schöner Mädchenleib ganz nahe kommen. Als 21jähriger schrieb ich über diese Erlebnisse einen Satz in mein Tagebuch: „Schon als Volksschüler wurde ich der noch fremden Schönheit im Mädchenleib gewahr." Indes wagte ich nicht, mir den Vorgang des Geschlechtsverkehrs selbst, d.h. die Vereinigung der Geschlechtsteile, vorzustellen und in der Phantasie auszumalen. Das wären ja dann diese unkeuschen Gedanken gewesen, von denen ich gelernt hatte, sie seien eine Todsünde.

Als 18jähriger begann ich, häufig zu onanieren. Ich stellte mir dabei stets vor, ich küßte und liebkoste die Brüste eines Mädchens. Bald wußte ich nicht mehr, ob das, was ich mir vorstellte und tat, eine „schwere" oder eine „läßliche" Sünde sei. Sünde war es auf alle Fälle, und ich wagte nicht, ohne Beichte zu kommunizieren. Immer war also die Angst da, es könnte doch „schwere" Sünde sein.

Zwischen meinem 18. und 22. Lebensjahr begann ich, mir vage Vorstellungen von nackten Frauen und Geschlechtsverkehr zu machen, und wenn diese Vorstellungen nicht Vorbereitung zur Onanie waren, hielt ich sie nicht mehr für Sünde. Mit 19 Jahren verliebte ich mich in ein Mädchen. Unser erster Kontakt war der Tanz. Als ich meinen Arm um ihre Hüften legte und ihre Hand hielt, spürte ich eine solche Sehnsucht nach dem Mädchen, wie ich sie vorher nie erlebt hatte. Ich war für einige Augenblicke bezaubert von dem sanften Gefühl in meinen Armen. Auf dieses Mädchen richteten sich 5 Jahre lang immer wieder meine geschlechtlichen Wünsche und Vorstellungen. Gern hätte ich ihre Brüste liebkost und geküßt; aber ich wagte überhaupt nicht, das Mädchen zu küssen. Sie war nicht das einzige Mädchen, in das ich mich verliebte. Doch ich wagte es nie, ein Mädchen zu küssen. Nur in den Phantasien, die die Onanie begleiteten, liebkoste ich die Brüste eines Mädchens. Nie stellte ich mir dabei vor, ich hätte richtigen Geschlechtsverkehr. Eine solche Vorstellung hätte nach meinem damaligen Gefühl die Onanie noch sündhafter gemacht. Und da, ich war gerade 22 Jahre alt, geschah es: Ich hatte mich, ohne es mir selbst einzugestehen, in ein Mädchen verliebt. Ich wagte nicht, mich mit dem Mädchen zu befreunden, aus Angst, sie verleite mich zum Geschlechtsverkehr. In einer Nacht onanierte ich, und da sah ich mich in der Phantasie auf dem Mädchen liegen und mein Glied in ihre Scheide schieben. Ich versuchte, mir die Lust des Geschlechtsverkehrs zu vergegenwärtigen. Doch dann hatte ich das Gefühl, bei diesem Onanieakt „schwer gesündigt" zu haben. Die Liebkosung der Brüste mochte noch angehen, aber der „außereheliche" Geschlechtsverkehr war schwere Sünde. So hieß die Formel nun, wie ich sie dem Religionsunterricht und frühen theologischen Unterweisungen entnahm. Die Phantasievorstellung dieser schweren Sünde in „Tateinheit" mit der Onanie mußte auch „schwere Sünde" sein.

Ich ging bald danach beichten. Wenn ich mich aber heute in meine damaligen Erlebnisse zurückversetze, kann ich sagen: In meinem Innersten glaubte ich nicht, daß die geschlechtliche Lust, die mich damals fast überkam, Sünde sei. Mein Gefühl sagte, es ist nur allzu natürlich, daß es mich jetzt nach Geschlechtsverkehr verlangt. Ja, irgendwie war ich sogar froh, daß Geschlechtsverkehr in meine Phantasie eingetreten war, daß ich nicht mehr nur ängstlich mir vorstellen durfte, ich küßte die Brüste eines Mädchens und nicht mehr.

Einige Wochen später wagte ich es zum erstenmal in meinem Leben, ein Mädchen zu umarmen und auf den Mund zu küssen. Es war dasselbe Mädchen, das mein damaliges Onanieerlebnis in der Phantasie begleitet hatte. Ich küßte das Mädchen nach einem Ball. Sie nahm mich mit nach Hause. Ich schlief in ihrem Bett, während sie im Zimmer ihrer Mutter schlief. Ich mußte einen ihrer Schlafanzüge anziehen. Zum erstenmal durfte ich zu einem Mädchen zärtlich sein. Am nächsten Morgen fiel sie mir geradezu um den Hals. Hätte ich damals alles sagen können, was ich empfand, es hätte gelautet: Ich bin froh, daß es zwei Geschlechter gibt. Alles an diesem Mädchen zieht mich an. Ihr Leib läßt mich aufjubeln in lauterer Freude. Aber anale Empfindungen wurden wieder stärker. Es kam mir die zwanghafte Vorstellung, das Gesäß des Mädchens „stinke". Ich machte Fehler im Verlauf der Begegnung. Wir trennten uns, noch ehe wir richtige Freunde wurden.

Zwei Jahre später küßte ich zum erstenmal die Brüste eines Mädchens wirklich. Aber die Liebkosungen einer Nacht hinterließen Ekel- und Schuldgefühle. Und wieder ein Jahr später begegnete ich einem Mädchen. Nach einigen Wochen verbrachten wir die Nacht zusammen. Das Mädchen war noch nie von einem Mann geküßt worden. Sie litt unter der gleichen Angst vor dem Geschlechtlichen wie ich. Ich liebkoste ihre Brust. Da öffnete sie von selbst ihr Kleid und entblößte ihre Brust. Ich blieb bei ihr bis zum Morgen. Später bekannte sie, sie hätte nicht gewußt, was sie getan hätte, wenn ich mich zum Geschlechtsverkehr angeschickt hätte. Sie sagte, daß sie gern und oft Geschlechtsverkehr wolle, wenn sie mit mir verheiratet wäre. Das Mädchen zog mich an; aber die „negative" Seite war stärker. Wir blieben nicht beisammen.

Mit 27 Jahren hatte ich zum erstenmal Geschlechtsverkehr. Die zwanghafte Vorstellung, das weibliche Genitale ströme unangenehmen Geruch aus, wurde „enttäuscht". Es „stank" nicht. Ich roch alles, was von der jungen Frau ausging, gern. Eine eigenartig dichte Duftatmosphäre umgab mich. Gleichzeitig empfand ich aber auch Ekel vor dem Ausfluß der erregten Frau. Ich ekelte mich, ihre feuchten Schamlippen zu berühren.

Eine andere geschlechtliche Begegnung war enttäuschend, eine dritte mißlang völlig. Doch diese dritte Begegnung gab mir ein überraschendes Erlebnis: So schön wie damals hatte ich vorher den nackten Frauenleib nie empfunden. Am Morgen richtete sich das Mädchen kniend in meinem Bett vor mir auf. Noch nie zuvor konnte ich frei auf einen Frauenleib vom Scheitel bis zu den Füßen blicken. Nie zuvor habe ich Gesäß und Beine eines Mädchens so liebkost. Auf dieses Erlebnis folgten Jahre großer Einsamkeit. Manchmal drang ein wenig Licht in das Dunkel. Ich verliebte mich in eine verheiratete Frau. Als sie schwanger wurde, wünschte ich sehr, ich wäre der Vater ihres Kindes. Wir plauderten auch über ihre Schwangerschaft. Als ihr Leib dicker wurde, zog sie mich mehr und mehr an. Ich sehnte mich danach, ihren großen Leib, ihre Brüste und ihr Genitale zu kosen. Eine neue Seite des weiblichen Geschlechts zeigte sich: die schwangere Frau ist schön.

Zum Schluß noch ein Erlebnis: Ich saß neben einem Mädchen in der Vorlesung. Mir fiel etwas zu Boden. Als ich mich danach bückte, mußte ich mit dem Kopf nahe am Schoß des Mädchens vorbei. Ich hatte ein beunruhigendes Gefühl. Der Schoß des Mädchens zog mich an. In einer psychologischen Aussprache danach kam mir der Einfall, frisches Wasser stürze aus dem Genitale des Mädchens wie aus einem Brunnen oder aus einer tiefen Quelle. Dieses Bild war frei von den Ekelgefühlen, die bis dahin meine geschlechtlichen Vorstellungen, Phantasien und Erlebnisse quälend begleitet hatten.

Ein starkes, fast unerträgliches Schuldbewusstsein

Männlich, kath., 43 Jahre, 14 J. verh., 5 Kinder, Lehrer

Heute bin ich seit 14 Jahren verheiratet und Vater von 5 Kindern. In meinem Elternhaus, wo ich das einzige, spätgeborene Kind war, wurde nie über geschlechtliche Dinge gesprochen, was damit zusammenhängt, daß meine Mutter völlig im Geist einer strengen Prüderie, d. h. durchaus im Sinn des 19. Jahrhunderts erzogen war. Die Ehe meiner Eltern ging nicht gut, vermutlich auch deswegen nicht, weil mein Vater bedeutend jünger als meine Mutter war. Folglich sah und hörte ich zu Hause nichts über Liebe und Ehe. Ich erinnere mich lediglich an ein mißglücktes „Sonntag-Morgen-Aufklärungsgespräch“ anläßlich eines Spazierganges mit meinem Vater, der übrigens Nationalsozialist war und im Gegensatz zu meiner Mutter in der Zeit der NS-Herrschaft nie in die Kirche ging. Aus dem gesagten Gespräch blieb mir lediglich in Erinnerung, daß ich schwangeren Frauen meinen Platz in der Straßenbahn anzubieten habe.

So stand ich völlig allein da, als ich mit etwa 11 Jahren von der ersten Onanie überrascht wurde. Das ist meine erste deutliche Erinnerung an ein geschlechtliches Erlebnis. Dumpf und undeutlich erinnere ich mich lediglich an ganz vereinzelte, frühere „Doktorspiele“, wie sie bei kleinen Kindern üblich zu sein scheinen. Meine erste Onanie jedoch hat mich mit großem Schrecken und tiefer Verwirrung erfüllt. Meine Mutter, an die ich mich wandte, ging mit wenigen Worten darüber hinweg und schickte mich zum Spielen. Ich glaube nicht, daß sie aus Gleichgültigkeit so handelte, sondern vielmehr, daß sie auf Grund ihrer Erziehung, die sich zum Teil bei Ordensschwestern und zum Teil bei einem sehr sittenstrengen Onkel abgespielt hat, nicht anders konnte.

Selbstverständlich blieb es nicht bei dieser einen Onanie. Aber ich glaube nicht, daß ich häufiger, als es bei pubertierenden Jugendlichen üblich ist, zur Selbstbefriedigung schritt. Daneben erlebte ich auch die ersten und schüchternen Liebesempfindungen gegenüber gleichaltrigen Mädchen. Diese Empfindungen waren jedoch so lehrbuchmäßig typisch, daß es sich nicht lohnt, darüber zu berichten. Ich hielt dieses Erleben natürlich sorgsam von meinen Onanieerlebnissen getrennt.

In der Zeit der Pubertät erhielt ich die einzige Aufklärung von meinem Religionslehrer und unserem Pfarrer; von dem letzteren im Rahmen der sogenannten Seelsorgestunden, und zwar ganz in dem Sinn, in dem damals über „diese Dinge“ gesprochen wurde. Ich denke mit doppelten Gefühlen daran zurück; einmal mit großer Dankbarkeit. Das Ideal der Reinheit, welches uns vorgestellt wurde, hat mich tief beeindruckt und mir den nötigen inneren Halt gegeben, den man braucht, um dem geilen Dummgeschwätz, wie es in der HJ, beim Barras und in ähnlichen „Männerbünden“ über sexuelle Dinge üblich war und ist, zu widerstehen, und schließlich hat dieses Ideal wesentlich dazu beigetragen, daß ich die richtige Partnerin für meine Ehe fand. Andererseits hatte die kirchliche Aufklärung auch ihre Kehrseite für mich. Ein starkes, fast unerträgliches Schuldbewußtsein wegen der immer wiederkehrenden Selbstbefriedigung quälte mich häufig, mitunter Tag und Nacht. Dem setzte meine religiöse Erziehung lediglich das sechste Gebot entgegen, so wie es im damaligen Beichtspiegel ausgelegt wurde („... allein oder mit anderen"). Auch häufiges Beichten verschaffte mir keinerlei Befreiung, bis ich eines Tages – es mochte wohl in meinem 18. Lebensjahr gewesen sein – zu der Einsicht gelangte, daß die Onanie im Gegensatz zur damaligen Lehre der Kirche („schwere" Sünde) einfach innerhalb eines normalen Jungenlebens keine Sünde sein kann. Von diesem Augenblick an, den ich mir noch sehr deutlich vorstellen kann, war ich befreit. Auch wurde die Onanie jetzt uninteressanter für mich und damit fast zwangsläufig seltener. Ich betrachte diesen Schritt als meine erste Emanzipation von einer extremen und gegenüber der Botschaft Christi übersteigerten kirchlichen Lehrmeinung.

Diese Gewissensqual wurde ich nie los

Männlich, kath., 30 Jahre, verlobt, Akademiker

Die sogenannten Doktorspielchen machte auch ich mit, fünfjährig. Diese hatten sich schon so als verboten in mir aufgebaut, daß meine einzige Frage, die ich natürlich aus Angst nie aussprach, im Beichtunterricht mit acht Jahren war: Muß ich diese Sünde beichten?

Auch auf die Versicherung der Lehrerin, daß man Sünden, die man vor vielen Jahren begangen hätte, nicht zu beichten brauchte, weil das noch gar keine Sünden seien, konnte ich mich nicht einlassen. Diese Doktorspielchen hatte ich so bewußt tun wollen, daß mein Gewissen mir diesen sophistischen Ausweg nicht offenließ.

Die ganze Kommunion war von dieser Frage überschattet, denn natürlich beichtete ich diese Sünden nicht, aus Scham vor dem ach so bekannten Pfarrer.

Diese Gewissensqual wurde ich nie los, hatte ich doch jetzt die Sünde noch potenziert, da ich zur heiligen Eucharistie gegangen, ohne diese Sünde gebeichtet zu haben.

Dann begann bald die Lexika-Zeit! Da eine Aufklärung mir nicht geboten wurde, wurden die Lexika-Reihen ein anziehender Punkt. Das Alte Testament wurde auf delikate Geschichten abgesucht – bis eines Tages meine Tante Lunte gerochen hatte und mir heimlich dieses „ehrwürdige" Buch entzog.

In all den Jahren fiel kein offenes Wort über all diese Dinge. Nur eins stand für mich fest: Immer tiefer war ich in eine Welt geraten, die in meiner damaligen Vorstellungswelt vom Teufel war. Gerade auch die neuen unbekannten Kräfte, die in mir durch die beginnende Pubertät erwachten, konnte ich nur mit dämonisch satanischen Kräften identifizieren.

Typisch war so die Reaktion auf das Bekanntwerden, „wie das eigentlich geht", sprich: eheliche Vereinigung! Ich empfand das einfach als tiefe Bosheit und große Schweinerei, so tief fühlte ich mich nicht einmal gesunken. So versicherte ich auch meinen Kameraden, daß ich genau wüßte, daß meine Eltern das nie täten oder tun könnten. Das auf solche Worte folgende Gelächter kann sich ein jeder ohne viel Phantasie wohl vorstellen.

Zu dieser Zeit hatte meine Frömmigkeit schon merklich nachgelassen – was sich an der Unregelmäßigkeit des sonntäglichen Kirchenbesuchs deutlich zeigte. Da auch die schulischen Leistungen nachließen, wurde ein Konvikt als letzte Rettung angesehen.

Und wahrlich wurde durch den geregelten Tageslauf mein Leben auch anders, der tägliche Meßbesuch und kurz die ganze Atmosphäre eines frommen Hauses ließen mich dann wirklich wieder in eine heile Welt kommen. Aber gerade diese heile Welt verschärfte wieder mein Gewissen – das fast eingeschlafen wäre. Die eben geschilderte Jugendsünde trat wie ein dunkler Schatten immer deutlicher vor mein „inneres Auge". In der Sekunda nahm ich dann allen Mut zusammen; ein Jesuit hielt die Exerzitien, meine dreitägige Innenschau hatte nichts anderes hervorgebracht, als das Gespenst dieses schwarzen Fleckes immer größer und mächtiger anwachsen zu sehen.

Ich trat in den Beichtstuhl, beichtete Doktorspielchen, gestand all die unwürdigen Kommunionen, die vielen ungültigen Beichten. Es schien eine Zentnerlast von mir abzufallen – auch der Jesuit schilderte in hochtrabenden Worten, was ich in diesem Augenblick für eine Gnade erfahren durfte. Ich hätte glücklich sein müssen – ich lebte wieder in der heilen Welt.

Männlich, kath., ohne weitere Angaben

Doch wie lange? Schon kam auf mich die Zeit zu, wo Religionslehrer und Beichtväter nichts Besseres zu tun wissen, als vor dem schrecklichen Laster der Masturbation zu warnen. Wenn die moralische Kategorie nicht mehr reichte, versuchte man es mit krasseren Druckmitteln: die Androhung einer späteren Impotenz. Gerade das Verbot ließ Träume und Phantasien zu wilden Wucherungen gedeihen.

Zumal das Konvikt nur mit seinem etwas gleichmäßigen Tagesrhythmus – der ja sonst auch sein Gutes hatte – leicht solch dumpfe Stunden aufkommen ließ. Besonders die Konzentration von Knaben, deren Leben nicht in Familien aufgehoben war, förderte eine Atmosphäre, sich in solche Träume und Projektionsvorstellungen zu verlieren.

So entlud sich der erste neu erwachte sexuelle Stau auf gleichgeschlechtliche Partner – drohend über all dem Treiben stand die Inquisition, die Leitung des Hauses, die solche Vorkommnisse mit den schrecklischsten Strafen belegte, letztlich immer den Verweis von der Schule aussprach.

Wiederum war ich in die dunkle unheile Welt abgerutscht, jetzt aber versuchte ich mich zu wehren. Meinen Tagesablauf füllte ich mit asketischen Übungen: Betrachtungen und Opfer. Stoßgebete und ähnliches versuchte ich in meinen Kopf zu pressen, begann die geistlichen Gedichte der Droste zu lesen, nahm die Imitatio Christi des Thomas a Kempis zur Hand und konnte nur feststellen, daß der Riß immer größer wurde: Vorhandene und tatsächliche Welt ließen sich in keiner Weise vereinbaren.

Im letzten Versuch eines „Sei dennoch unverzagt" entschloß ich mich, Priester zu werden, und trat ins Priesterseminar ein. Hier begann der letzte Versuch, endlich festen Fuß in der heilen Welt zu fassen – den ganzen Lebensraum, wo auch nur irgend das Sexuell-Erotische auftreten konnte, eliminierte ich –, zumal die strenge Hausordnung eine andere Möglichkeit gar nicht zuließ.

Ich floh in ein strenges Studium und machte dort zum erstenmal die Bekanntschaft mit einer Interpretation des Christlichen, die ich bis dahin noch nie kennengelernt hatte. Gerade die Beziehung von Ethik und Theologie, die ich bisher nahezu als Synonyma betrachtet hatte, zeigte sich in ihrer ganzen geschichtlichen Bedingtheit.

Die Kirche des 6. Gebots

Männlich, kath., verh., ca. 30–40 Jahre, keine sonstigen Angaben

Auch beim Baden der Kinder sollten wir nicht zuschauen. Wenn wir auch nicht verjagt wurden, so bekamen wir doch deutlich zu spüren, daß sich das Zuschauen nicht gehörte. Mit ihrer Einstellung und mit ihren Maßnahmen erreichte meine Mutter bei mir genau das Gegenteil von dem, was sie beabsichtigte. Je mehr ich spürte, das nackte Mädchen nicht sehen zu dürfen, desto faszinierender wurde für mich der Anblick eines nackten Mädchens. Bald war das Geschlechtsteil eines Mädchens das einzige, was mich an Mädchen interessierte. Schon im 4. Schuljahr überlegte ich ständig, was ich unternehmen könnte und wie ich es anstellen könnte, Mädchen nackt zu sehen. Wann immer ich mit Mädchen allein war, habe ich die Gelegenheit genutzt, sie nackt zu sehen. Dabei bin ich selten auf Widerstand gestoßen. Hatte ich sie gesehen, war mein Ziel erreicht. Mehr wollte ich nicht. Vor Spielereien mit dem Finger scheute ich zurück. Das Anschauen allein gab mir volle Befriedigung. Nachdem wir im Religionsunterricht das 6. Gebot ausführlich behandelt hatten, bekam ich Schuldgefühle und habe diese „Besichtigungen" gebeichtet. Hätte ich das doch bloß nicht getan! Denn im Beichtstuhl wurde mir von unserem Pfarrer erklärt, daß ich ständig schwer gesündigt hätte. Überhaupt sei eine Sünde gegen das 6. Gebot Todsünde. Seit der Zeit betrachtete ich alles, was irgendwie mit dem Geschlecht zusammenhing, als schwere Sünde. Ich wurde zum Skrupulanten. Ständig wurde ich von Schuldgefühlen gequält. Fast 20 Jahre lang glaubte ich, wenn ich plötzlich sterben müßte, käme ich in die Hölle. Wenigstens zehnmal habe ich als Jugendlicher geträumt, wie die Welt in einem Atombrand unterging. Ich sah mich von Flammen umgeben und glaubte, die Hölle habe angefangen. Ich weiß, daß ich im Traum meine Sünden bereut habe, daß ich gebetet habe, daß alles zu spät war und daß ich jedesmal klatschnaß aufwachte. Und immer war ich wegen sexueller Vergehen in die Hölle gekommen! Heute weiß ich, daß ich als Kind und als Jugendlicher keine Todsünde begangen habe. Aber das hat mir damals keiner gesagt. Für mich war die Kirche die Kirche des 6. Gebots.

Bis zum ersten Kuß benötigte ich 24 Jahre, eine für heutige Verhältnisse unvorstellbar lange Zeit. Etwa das 20. Mädchen, das ich geküßt habe, ist heute meine Frau. Ich hatte mich so sehr auf den ersten Kuß gefreut, daß ich so intensiv küßte, daß es zu einem Samenerguß kam. Das passierte allerdings nur beim ersten Male. Lebte ich anfangs noch in dem Wahn, Küssen mit der Zunge sei schwere Sünde, so habe ich mir diese Skrupel schnell abgewöhnt. Ich muß sagen, daß ich durch die Liebe und durch den Umgang mit Mädchen wieder zu einem normalen Menschen geworden bin; sie waren vermutlich die conditio sine qua non.

Vom 1. Kuß bis zum 1. Petting benötigte ich immerhin noch zwei Jahre. Die Zeit des Pettings, das wir in der Zeit vor und in der Verlobung gleichsam als Ersatz für den Geschlechtsverkehr machten, war zwar schön, aber sie wäre viel schöner gewesen, wenn ich nicht immer das Gefühl gehabt hätte, schwer zu sündigen! Aber ein skrupulöses Gewissen ist nicht in kurzer Zeit zu heilen. Heute würde ich Petting mit einem Mädchen, das ich heiraten will, nicht mehr als Sünde betrachten.

Auch der erste Geschlechtsverkehr fiel in die Verlobungszeit. Ich hatte mir zwar vorgenommen, bis nach der Hochzeit damit zu warten, aber diesen Vorsatz vermochte ich nicht zu halten, zumal meine Frau mir keinen Widerstand entgegensetzte. Schließlich sah ich auch nicht mehr ein, wofür das Warten bis zur Hochzeit gut sein sollte. Wenige Wochen vor der Hochzeit kam es dann zum ersten vollen Verkehr. Bis dahin hatten wir beide unsägliche Qualen ausgehalten. Heute ärgere ich mich, daß wir nicht viel früher und mit ruhigem Gewissen verkehrt haben. Mit der Hochzeit mußten wir nur wegen der Wohnung so lange warten. Im Geiste waren wir längst verheiratet.

Obwohl wir verlobt waren, uns wirklich liebten usw., hatte ich trotzdem bei jedem vorehelichen Verkehr das Gefühl, schwer zu sündigen. So tief war mir der Beichtunterricht sowie der Religionsunterricht an der Penne unter die Haut gegangen. Wenn man viele Jahre lang gehört hat, daß außerehelicher Verkehr Todsünde sei, so kann man einfach nicht anders, als das zu glauben. So hat mir mein verbildetes Gewissen die Freude am ersten Verkehr restlos versalzen. Der katholischen Kirche möchte ich zum Vorwurf machen, daß sie Millionen von Gewissen vergewaltigt statt gebildet hat und daß sie viele menschliche Karikaturen, die sonst im Leben nicht fertig würden, zu Priestern geweiht hat.

Wenn ich heute mein skrupulöses Gewissen verloren habe, dann ist das das Verdienst meiner Frau, die solche Skrupel und Komplexe nie gehabt hat. Wenn ich heute noch praktizierender Katholik bin, dann deswegen, weil ich es als Fügung Gottes betrachte, daß ich eine so natürliche und hervorragende Frau gefunden habe. So bin ich trotz der Kirche mit ihrer menschenfeindlichen und lustfeindlichen Moraltheologie und ihren verkrampften, weltfremden Priestern katholisch geblieben. Und ich will es auch weiterhin bleiben, wenn es einem auch oft genug sauer gemacht wird.

Ich meinte, ich sei geschlechtskrank

Männlich, kath., 33 Jahre, 4 Mon. verh., 1 Kind, Student

Ich kam, ohne von den Eltern gedrängt zu werden, in ein Knabenseminar. Meine Neugierde ging etwas zurück. Einmal allerdings beim Wannenbaden schaute ich in die Nachbarkabine zu einem Kameraden. Ich wurde dem Präfekt gemeldet und gestraft – zu Recht, wie ich empfand. Überhaupt fühlte ich mich immer schuldig, wenn ich Doktor gespielt oder Geschlechtsverkehr ausprobiert hatte. Das Beichten fiel mir dadurch oft sehr schwer. Aber ich wagte nie, eine Sünde auszulassen. Und jedesmal versuchte ich, mich zu bessern. Die Schuldgefühle wurden im Seminar noch verstärkt. In diesem Zusammenhang blieb mir ein Einkehrtag in besonderer Erinnerung. Der leitende Pater warnte uns vor sexuellen Verfehlungen im Reden und Tun. Sie seien ein erstes Hindernis für jeden, der Priester werden wolle. Das ging mir sehr zu Herzen, denn ich wollte Priester werden. Doch schon einige Monate später – ich war zwölf Jahre – malte ich mir etwas noch Schöneres als den Priesterberuf aus: ein Mädchen gern haben und heiraten. Im Gespräch mit einem älteren Klassenkameraden begeisterte ich mich für die ideale reine Liebe. Doch der folgende Schul- und Milieuwechsel brachte mich auf die alte Bahn zurück.

Mit dreizehn Jahren stellte sich der Stimmbruch ein. Sexuell gesehen, wurde aus der kindlichen Neugierde eine mehr triebhafte. Ich kann mich an einen Fall erinnern, daß ich ein überstarkes Verlangen nach einem Verkehr mit Mädchen hatte und einen meiner alten Kameraden aus der Volksschule fragte, ob er niemanden für mich wisse. In dieser Krisenzeit, die vielleicht ein Jahr dauerte, bekam ich aber nur drei- oder viermal dazu Gelegenheit. Gleich nach der Tat verachtete ich aber das Mädchen, das so etwas an sich geschehen ließ, und konnte ihm Wochen nachher nicht mehr in die Augen sehen. Ähnlich war es, wenn ich mich vor kleineren Jungen exhibierte.

Daß es mir einfach an der richtigen Einstellung zum Geschlechtlichen fehlte, beweisen zwei weitere Begebenheiten aus jener Zeit. Ich suchte immer nach der vollkommenen Liebe mit einem Mädchen.

Ich träumte und phantasierte mir die schönsten Szenen aus. Dabei ging es nie weiter als bis zum Kuß. Ein Kuß war für mich mehr als geschlechtlicher Verkehr. Denn zu Hause gab es seit meinen Kindertagen kaum mehr Küsse. Die Mädchenfreundschaft, die ich mir immer vorstellte, blieb aber reine Phantasie. Die Mädchen, die ich anhimmelte, nahmen mich entweder nicht ernst, oder ich wagte nicht, mich ihnen zu nähern. Die andere Begebenheit war eine Diskussion mit Kameraden vom Gymnasium. Ich bestritt energisch, daß meine Eltern miteinander geschlechtlich verkehrten: denn ich habe noch nie etwas davon bemerkt, und sie bekämen ja auch keine Kinder mehr. Beeinflussen ließ ich mich aber doch.

Ab und zu merkte ich, wie sich mein Penis erigierte; ich hielt das für völlig normal und auch für schön. Ebenfalls um diese Zeit, also mit etwa siebzehn oder achtzehn Jahren, erlebte ich die ersten nächtlichen Pollutionen. Ich vermißte sie bisher nicht. Doch dieses neue Gefühl, das sich in Abständen von zwei bis acht Wochen einstellte, gefiel mir außerordentlich. Ich erweckte es aber nicht künstlich. Ich wußte auch gar nicht, wie ich das machen sollte. Bei Exerzitien, die ich damals öfter besuchte, sprach einmal ein Pater sehr eindringlich über die Sünde der Onanie und ihre weite Verbreitung bei Jugendlichen. Da dachte ich, irgend etwas muß auch bei mir Onanie sein; vielleicht wenn ich am Abend beim Lesen im Bett gedankenlos die Genitalien hin- und herschob. Möglicherweise dadurch beeinflußt, reinigte ich lange Zeit Vorhaut und Eichel nicht, so daß es manchmal Entzündungen gab, und ich meinte, ich sei geschlechtskrank. Doch im Gespräch mit meinem damaligen Freund lösten sich für mich beide Probleme. Ich sprach sehr viel mit meinem Freund über Geschlechtliches, einerseits aus Wissensdrang, der von zu Hause nicht gestillt wurde, und andererseits, weil wir glaubten, uns über Schwierigkeiten hinwegzuhelfen. Dabei verabscheute ich Witze und ordinäre Reden, so daß ich für einen Moralapostel oder Spitzel der Geistlichkeit gehalten wurde.

An die Adresse des hl. Aloisius

Männlich, kath., 23 Jahre, 2 J. verh., 1 Kind, Student

Ich war ein braves Kind, so brav, daß ich schon mit zehn Jahren für den Priesterberuf prädestiniert schien. Nachdem mir dies von Eltern und Verwandten lange genug eingeredet worden war, glaubte ich selbst an meine „Berufung“ und trat in ein Knabenseminar ein. War ich in meinem Elternhaus wie ein asexuelles Wesen aufgewachsen, geleitet von sich geschlechtslos gebenden Erwachsenen, erfuhr ich hier bald, daß es eine Geschlechtlichkeit gäbe, die an und für sich nicht schlecht sei, da sie von Gott zum Zwecke der Arterhaltung in die Menschen gelegt sei, daß aber die Menschen sie häufig gegen den Willen Gottes als Mittel zur Lust mißbrauchten. Ich wurde eindringlich ermahnt, mich nie dem Laster der Selbstbefleckung hinzugeben, da dies auch ein Mißbrauch der Geschlechtlichkeit und somit schwere Sünde sei; doch als ich zum erstenmal ein äußerst angenehmes Gefühl in mir verspürte, während ich zum Klosterfenster hinaussah und dabei meinen Unterleib an die Dampfheizung drückte, vermutete ich, mich selbst befleckt zu haben. Ich beichtete dies; onanierte jedoch weiterhin, und zwar ohne nennenswerte Schuldgefühle, bis eines Tages dabei Flüssigkeit meinem Glied entquoll und ich fürchtete, mich nun wirklich versündigt zu haben. Mein Beichtvater, den ich um Rat fragte, bestätigte dies, tröstete mich aber damit, es sei niemand verloren, solange er um seine Reinheit kämpfe und nicht in die „Sünde“ einwillige. Ich nahm also den Kampf auf. Aber der „böse Feind“, mein Sexualtrieb, war stärker. Ständig hatte ich ein schlechtes Gewissen, weil ich wieder onaniert hatte, und bald traten Minderwertigkeitsgefühle auf, da ich in meinem Kampf nur Niederlagen erlitt.

Innige Gebete richtete ich an die Adresse des heiligen Aloisius, des Schützers der Jugend, mich in meinem Kampf zu unterstützen; aber auch er wollte oder konnte mir nicht helfen. Eine weitere Schwierigkeit trat auf – Mädchen. Gefiel mir eines, so bemächtigte sich meine Phantasie seiner, und in meinen Wachträumen kam es zu den gräßlichsten Sünden wider das 6. Gebot. Oft hatten dabei meine „Traummädchen“ einen erigierten Penis. Als ich einmal diese „unschamhaften Gedanken“ beichtete, erhielt ich den Rat, alle Mädchen „mit den Augen des christlichen Bruders“ anzuschauen. Ich bemühte mich vergebens. Ich ließ nun in Zukunft, um meine Niederlage nicht eingestehen zu müssen, das 6. Gebot bei der Beichte aus. Die Frage des Pfarrers, ob mir das 6. Gebot keine Schwierigkeiten mache, verneinte ich bei jeder Beichte. (Diese mußten wir alle zwei Wochen ablegen.) Hatte ich anfangs bei meinen Lügen Gewissensbisse, so verlor ich diese bald. Ich hörte auf, mich zu verachten, wenn ich onanierte. Dem Wissen anderer verborgen, begann ich zu ahnen, daß die Sexualität ein Teil meiner selbst sei, den es nicht zu bekämpfen, sondern zu bejahen galt.

Heftige Verkrampfungen und Sündenangst

Männlich, kath., 38 Jahre, 10 J. verh., 1 Kind, Lehrer

Das Erlebnis der ersten nächtlichen Pollution war für mich erschreckend. Ich wußte nicht, was organisch bei mir vor sich ging. Ich empfand zwar ein gewisses Lustgefühl, aber gerade dies schien mir verboten zu sein. Ich versuchte, durch Zusammenpressen der Beine nächtliche Pollutionen zu verhindern. Alle Erlebnisse, die mit Lust verbunden waren, schienen mir moralisch verdächtig zu sein. Dies galt z. B. auch für Gefühle, die beim Anhören klassischer Musik auftraten.

Eine sich anbahnende Zuneigung zu einem Mädchen im Alter von etwa 13 Jahren erzeugte nach einigen Wochen bei mir starke Schuldgefühle. Ich beichtete, daß ich dieses Mädchen verehren und meinen Wunsch, sie zu sehen, als etwas Sündhaftes betrachten würde. Der betreffende Geistliche gab keinerlei Kommentar. Allmählich entwickelte sich bei mir eine völlige Ablehnung und Ignorierung alles Weiblichen. Ich hatte in der Zeit der Pubertät auch nie den Wunsch, ein Mann zu werden. Alle Gedanken und Vorstellungen, die den geschlechtlichen Bereich betrafen, waren für mich tabu und erzeugten heftige Verkrampfungen und Sündenangst. Meine Eltern haben davon nie etwas erfahren. Sie konnten mir in dieser Zeit in keiner Weise helfen. Ich wandte mich meist an Seelsorger. Es war aber keiner der aufgesuchten Priester in der Lage, meine Konflikte zu erkennen und zu verstehen.

Nach dem Abitur studierte ich Theologie. Später erkannte ich, daß neben anderen Motiven wohl meine starke Bindung an die Mutter und deren Geschlechtsfeindlichkeit für meine Berufswahl ausschlaggebend gewesen waren. Die Zweifel an der Richtigkeit meiner Berufsentscheidung wurden aber immer größer. Nachdem ich eine Psychotherapie begonnen hatte, wechselte ich mein Studium.

Statt Jesus traf ich den Pater

Weiblich, kath., 27 Jahre, unverh., Krankenschwester

Mit 18 Jahren begann ich Krankenpflege zu erlernen mit Billigung der Mutter, vom Vater mißbilligt. Obwohl ich nun in der Großstadt lebte, bin ich nur zweimal in den drei Jahren mit einem Mann aus gewesen bzw. habe mich mit einem getroffen. Als Schülerinnen mit einem geringen Taschengeld und anstrengendem Dienst, dazu in einem konfessionellen Haus, lebten wir abgeschlossen und weltabgewandt. Aber nicht, daß ich mir eingeengt vorkam. Ich konnte hier ja über meinen freien Tag ganz frei verfügen. Ich begann mich für Entwicklungshilfe zu interessieren. Wenn ich auch nicht in ein Kloster gehen wollte, so wollte ich doch einer kirchlichen Organisation beitreten, bei der man einen weltanschaulichen und finanziellen Rückhalt hatte. Über den letzteren habe ich mich nie genauer interessiert und informiert! Ich lernte ein Institut kennen, das meinen Vorstellungen entsprach, und entschloß mich innerhalb von wenigen Tagen, dort Mitglied zu werden. Das nach außen hin sehr weltoffen wirkende Institut, z.B. normale bürgerliche Kleidung, keine offizielle Namensänderung und ähnliches, stellte jedoch sehr hohe Anforderungen an seine Mitglieder, z.B. etwa 3 Stunden Gebet auch im normalen Arbeitsprozeß stehend, 8-Stunden-Tag. Ein geringes Taschengeld im Monat wurde als eine sich einschleichende gefährliche Laschheit abgelehnt. Die Disziplin war stark überzogen, noch verstärkt dadurch, daß diesem „Frauenkloster" ein Benediktinermönch vorstand. Dieser Pater hatte mich von Anfang an sehr beeindruckt – so muß es wohl vielen gegangen sein, sonst wären noch mehr bald wieder weggegangen – und somit auch sehr beeinflußt. „Novizenunterricht" gab er allein und – was ich in meiner ersten Begeisterung nicht einmal bemerkte – sehr diktatorisch. Fragen durften gestellt werden, aber eine andere Meinung galt es nach und nach abzubauen. Diskussionen waren nicht erlaubt und wenn, dann nur mit den Obern, also nur unter seiner Kontrolle und Aufsicht. Auch in der gemeinsamen Freizeit war es unmöglich, daß sich eine Gruppe bilden konnte, noch weniger eine persönliche Freundschaft zu einer anderen. Der Pater schien mir von allen sehr geschätzt zu sein. Als ich einmal zu einem „Seelenstündchen" bei ihm war, gab er mir – wie er es immer machte – zum Schluß den Segen, und als ich mich, nachdem ich gekniet hatte, erhob, faßte er meine Hände, drückte mich an sich – vielleicht eine Sekunde – und sagte bewegt: „Sie gutes Kind." Selten bin ich so aufgewühlt in mein Zimmer gegangen. Die Berührung mit dem Mönchsgewand hatte etwas unvergleichlich Anziehendes und Abstoßendes für mich. In dieser Nacht bin ich sehr spät eingeschlafen. Des Paters asketisches Aussehen, seine Gewandtheit im Reden und im Umgang mit Leuten und seine Ausdauer und Zähigkeit, mit denen er seine Pläne durchsetzte, hatte ich immer bewundert. In dieser Zeit hatte ich einen Traum, den ich nicht vergessen habe. Ich war gestorben und fand mich in der Ewigkeit. Statt Jesus oder ein himmlisches Wesen traf ich den Pater. Ich ging auf ihn zu und sagte ihm: Ihnen habe ich alles zu verdanken. Ich war mit dem Danken so beschäftigt, daß ich nicht weiß, ob ich vor ihm kniete oder ihn umarmte.

Je länger ich im Institut war, um so scheuer und ängstlicher wurde ich dem Pater gegenüber, aber ein „irrer Glaube" hielt mich dort fest. Nach 1 $^{1}/_{2}$ Jahren dieser „engeren" Ausbildung ging ich vom Institut aus in ein Seminar für Entwicklungshilfe mit zwei anderen Mitgliedern – Mädchen des Institutes. Ich lebte mich dort nur langsam – besser gesagt – gar nicht ein. Demzufolge wurde mir das Unterrichtspensum auch bald zu viel. Ich reagierte mit Schuldgefühlen und Grübeleien und schrieb verzweifelte Briefe an den Pater.

Der Hinweis des Paters, die Grübeleien flüstere mir der Teufel ins Ohr, legten mich darauf fest, es zu glauben, und es schien mir beinahe logisch; wenn nicht auserwählt, dann gab es nur dem Teufel verhaftet zu sein. Als ich dann zurückgebracht wurde ins Institut, „Vaterhaus" würde besser passen, wäre ich unterwegs gern aus dem Zug gesprungen, war aber zu feige. Im Institut brachte man mich gleich ins Krankenzimmer, den nächsten Tag durfte ich im Bett bleiben, und am nächsten Morgen brachte mich der Pater zum Nervenarzt. Dieser behielt mich 3 Wochen „zur Beobachtung", dann machte er mir den Vorschlag, als Krankenschwester auf seiner Abteilung zu arbeiten. Die Patienten wie die Nonnen im Haus kannten mich aber als Kranke. Die Nonnen hatten sich über solch eine fromme Kranke gewundert, weil sie mich jeden Tag in der Kirche sahen, und die Mitpatientinnen hielten mich deswegen für ein bißchen verrückt. Trotzdem nahm ich die Einstellung an, weil ich, wie ich mir sagte, meinen Angehörigen zu Hause nicht zur Last fallen wollte. Ich hatte aber mit niemandem im Haus Kontakt außer mit einer jungen Nonne, die es öfter verstand, mich zu trösten. Schrecklich war das Weihnachtsfest. Am Ende der Festtage stand mein Entschluß fest, ich wollte dieses Leben nicht mehr weiter mitmachen, die Hölle könnte niemals schlimmer sein. Einen guten stabilen Bindfaden hatte ich mir besorgt und einen Abschiedsbrief an meine Mutter und „meinen" Doktor geschrieben. Niemals hätte ich Tabletten genommen, wohl deswegen, weil ich einen schrecklichen Eindruck hinterlassen wollte. Als ich dann den Strick fest um den Hals geschnürt hatte, wurde ich unsicher. Mein Vater, so wurde mir klar, würde lieber sehen, ich säße mein Leben lang nutzlos herum, als daß ich so enden würde. Als ich den Strick los hatte, war ich so erregt, und mir schien kein anderer Ausweg, als geradewegs zu „meinem Arzt" zu gehen und ihm die Sache zu beichten. Wütend schickte er mich ins Bett – stationäre Aufnahme –, und ich bekam eine Menge Schlaf- und Beruhigungsmittel. Ein paar Tage später bekam ich einen Elektroschock verordnet, als Strafe!? für meine Undankbarkeit? Dr. X hatte meine Angehörigen verständigt, und eine Woche später brachte mich mein Bruder in ein anderes Hospital in eine geschlossene Abteilung. Das Zimmer teilte ich mit 14 anderen Patientinnen. Die einzige Therapie war Tabletten einnehmen und 4- bis 6stündiger Putzeinsatz auf der Abteilung. Meine Depressionen verloren sich erst, als ich ein halbes Jahr später in einem Kinderarzthaushalt als Kinderpflegerin angestellt war. Dort lebte ich zum erstenmal in einer Umgebung, die positiv zum Geschlechtlichen stand, natürlich im Rahmen der überkommenen katholischen Moral.

3. Abschnitt

Qualvolle, schuldbeladene Pubertät

Zur Einführung

Die Schmach der Menstruation

Seit zahllosen Generationen haben sich Mütter zu ihren heranwachsenden Töchtern bei ihrer ersten Menstruation auf dieselbe Weise verhalten. Diese Mütter schwiegen, erst als sie entdeckten, daß die Tochter ihre Menstruation erlebt hatte oder gar vor ihnen zu verbergen suchte, versorgten sie die jungen Mädchen mit dem Notwendigen und fügten meistens einen kurzen Satz hinzu, der der „Aufklärung" dienen sollte. Was berichten unsere Dokumente? „Das bekommen Frauen jeden Monat." Als eine 11jährige bei ihrer Mutter entdeckt, daß sie eine Binde trägt, weicht die Mutter verlegen aus. Sie lügt aus eigener Not: die Binde, die ihre Tochter entdeckt hat, ist ein Mittel gegen Halsschmerzen. Die Berichte zeigen: Kaum ein Mädchen wußte, was ihr bevorsteht. Manche fürchteten, sie seien schwer krank. Eine berichtet, sie hätte gemeint, ihr Bett mit Schokolade beschmutzt zu haben. Wortlos überreicht ihr die Mutter eine Binde. Die Mütter sprachen mit ihren Töchtern nicht über das Vorkommen und den Sinn der Menstruation, noch wagten die Töchter ihre Mütter zu fragen. Ein Bericht lautet: „Ich war verzweifelt, denn ich blutete, und ich hielt mich für schwer krank."

Was besagt das Schweigen der Mütter, der Ausfall nahezu jeder Vorbereitung, die kümmerliche und dürftige Hilfe, die sie ihren Töchtern bei der Menstruation angedeihen ließen?

Diese Mütter müssen die Menstruation ähnlich erlitten haben wie ihre Töchter, die sich in den Dokumenten darüber beklagen. Für diese Mütter war das Erlebnis der Menstruation eine Schmach und Schande, für die Mütter der Mütter, also für die Großmütter desgleichen, und so fort geht es zurück in die Vergangenheit. Und so fort auch in die Zukunft?

Zugleich wirkt allerdings noch ein altes Tabu: Der Angstschrei jener 12jährigen „Ich blute" war nicht so falsch. Nur war sie nicht vorbereitet, das Eigentliche zu verstehen. Das Menstruationsblut war in magischen Zeiten zauberkräftig und gefährlich, voll vom undurchdringlichen Geheimnis des Lebens. Den Frauen eigenete eine Erfahrung, die Männern fehlte.

Dieses Wissen ihrer „Klasse" suchten sie gegen die Männer zu hüten. Das Andersartige und Mächtig-Gefährliche der Frau wurde für Männer präsent in der Blutung der Frauen. Das Schweigen umhegte dieses Geschehen. Erst später trat biologisches Wissen hinzu.

Immer noch ist die Erfahrung der Frauen durchstimmt vom Geheimnis ihres eigenen Wesens, Mutter zu werden, Kinder gebären zu können. Doch diese Urerfahrung wurde unter der Geschlechtsfeindschaft des Abendlandes mißverstanden. Aus dem Wissen um die unergründlichen Vorgänge des Lebens, um das Schöpferische des weiblichen Schoßes wurde das Erlebnis von Schmach, Schande und Angst.

Gerade diese Erlebnisse der Menstruation überschatteten bei vielen die Jahre der Pubertät. Die ungelösten Konflikte der Mütter übertrugen sich auf ihre Töchter, und die Töchter wieder konnten sich nicht anders verstehen als ihre Mütter, als sie vor der Aufgabe standen, ihre eigenen Töchter in das Geheimnis des weiblichen Geschlechts einzuweihen.

Die Folgen dieses Ausfalls können wir einige Jahre später sehen. Jene jungen Frauen, die ohne Vorbereitung ihre erste Menstruation erlebt haben, können oft weder Brust noch weibliches Genitale benennen. Sie umschreiben den Geschlechtsakt, als wäre er etwas, das man nicht aussprechen darf. Diese Beobachtungen kann man auch bei jungen Frauen machen, die lange vor der Ehe den ersten Geschlechtsverkehr erlebt haben.

Das Risiko, dass mein Vater mich halbtot schlug

Männlich, kath., 26 Jahre, unverh., Handwerker

Das Erlebnis der Selbstbefriedigung bzw. des Orgasmus hatte ich zum ersten Male mit 9 Jahren. Es war nicht das Ergebnis sexueller Spielerei, sondern eine Art Abfallprodukt meines Krafttrainings. Mein Hobby war damals das Klettern. Im ganzen Ort gab es keinen größeren Baum, den ich nicht bis in den Wipfel erstiegen hätte. Da man zum Klettern am glatten Stamm Kraft braucht, führte ich ein Krafttraining durch. Es bestand darin, daß ich nicht Treppen stieg, sondern mich am Geländer mit den Armen nach oben zog. Dabei hatte ich einmal ein unheimlich schönes Gefühl, das langsam immer schöner wurde und mit nie gekanntem Wonnegefühl endete. Es war mein erster Orgasmus. Da ich damals noch nicht geschlechtsreif war, blieb der Samenerguß natürlich aus. Auch wußte ich nicht, daß es sich hier um Selbstbefriedigung handelte. Für mich war es sehr schön, und das war Grund genug, daß ich mein Training täglich ansetzte, oft mehrmals am selben Tag. Schuldgefühle haben sich nicht entwickelt, da ich das alles für normal hielt und sogar als eine Art Geschenk des Himmels betrachtete, als eine Art Ausgleich dafür, daß das Leben sonst nichts Schönes zu bieten hatte. Diesen „Trick", sich schöne Sekunden zu verschaffen, behielt ich jahrelang für mich und machte beliebig oft davon Gebrauch. An Sünde habe ich dabei nicht gedacht und habe daher mein „Training" nie gebeichtet.

Komplizierter wurde die Sache, als ich mit 14 Jahren geschlechtsreif wurde. Das merkte ich ganz einfach daran, daß nach so einer „Übung" am Treppengeländer nachher die Unterhose naß war. Da ich nicht wußte, was los war, war ich verwirrt und fragte einen Schulkameraden, den ich für „sachverständig" hielt. Meine Eltern hätte ich nie zu fragen gewagt, da ich auch nicht die Spur Vertrauen zu ihnen hatte. Das Risiko, daß mein Vater mich halbtot schlug, nachdem ihn meine Mutter entsprechend aufgehetzt und wild gemacht hatte, war einfach zu groß für mich.

Der Schulkamerad, katholisch wie ich, erklärte mir, das sei Selbstbefriedigung und schwere Sünde. Ich fühlte mich sauelend. Einerseits wollte ich Gott nicht beleidigen, erst recht nicht mich von ihm trennen, andererseits wollte und konnte ich auf die zur Gewohnheit gewordene Selbstbefriedigung nicht verzichten.

Damals ging ich regelmäßig alle 4 Wochen zur Beichte, wie es uns im Beichtunterricht empfohlen worden war. Als ich dem Beichtvater alles erzählt hatte, war ich zum ersten Male nach der

Beichte völlig niedergeschlagen. Der Beichtvater hatte mir erklärt, die Sache sei als Todsünde zu beurteilen. Ich onanierte weiter und lebte fortan noch mehrere Jahre lang in dem Bewußtsein, nicht im Stande der Gnade zu sein. Diese Jahre bedeuteten für mich die Hölle auf Erden!

Ich war so fertig, daß ich zu nichts zu gebrauchen war. Hatte ich in der Untertertia nur ein „befriedigend", alles andere besser, so geriet ich in ganz kurzer Zeit bis an den Rand des Sitzenbleibens. Da die Lehrer wußten, daß ich kein Mädchen hatte, auf das man die Schuld hätte schieben können, hielten mich die einen für faul, die anderen plötzlich für dumm und bemerkten, daß es nicht selten vorkomme, daß Schüler in der Unterstufe gut seien, dann aber, wenn das Denken erst anfange, nicht mehr mitkämen. Natürlich wurde ich auch von ihnen gefragt, wie ich selbst den Leistungsabfall erklären würde. Aber ich durfte natürlich nichts sagen. Außerdem waren die Herren so intelligent, daß sie solche Fragen mitten im Unterricht vor allen Schülern stellten! Natürlich war ich ebenso fleißig und intelligent wie vorher, aber meine Anstrengungen blieben erfolglos, da ich seelisch zu sehr belastet war. Wenig später erfuhr ich aus Gesprächen mit Klassenkameraden, daß viele andere in der gleichen hoffnungslosen Lage waren wie ich. Je öfter ich zur Beichte ging, etwa drei Jahre lang jede Woche oder 14tägig, desto schlimmer wurde es. Ich beneidete alle Mädchen, die von diesen Seelenqualen nichts wußten! Ein Trost für mich war, daß ich nicht allein stand. In der Hölle würde ich viele Kameraden wiederfinden.

Uns allen hat damals keiner geholfen, am wenigsten die Priester. Ich gestehe zu, daß sie es immer gut mit mir gemeint und mich niemals verworfen haben, aber geholfen haben sie nicht, im Gegenteil: man wurde auf diese eine „Sünde" fixiert. Eine andere Sünde gab es damals für uns gar nicht. Bei jeder Beichte hatten wir immer nur dieselbe! Kein Wunder, daß ich später diese erbarmungslose heidnisch-katholische Moraltheologie mit ihrer primitiven Kasuistik verflucht habe. Sie allein hat meine freudlose Jugend auf dem Gewissen. Wieviel psychische Kraft hat man doch damals nutzlos verplempert!

Als wir über das 6. Gebot aufgeklärt wurden

Männlich, kath., 31 Jahre, unverh., Student

Mit etwa 11 Jahren entdeckte ich die Onanie. Zwar wußte ich nicht, was diese bisher unbekannten Wonnen bedeuteten, aber ich hatte große Freude daran, wenn ich auch undeutlich ahnte, etwas Verbotenes zu tun. Das änderte sich gründlich, als meine Eltern meinten, mich nun „aufklären" zu müssen. Zwar waren sie zu sehr mit den Problemen ihrer eigenen Sexualität belastet, als daß sie es wagten, offen mit mir zu reden, aber einige dunkle Andeutungen von Todsünde und schrecklicher Krankheit genügten, ein quälendes Schuldgefühl in mir aufkommen zu lassen. Eine regelrechte Katastrophe brach aber erst durch den Religionsunterricht über mich herein, als wir über das sechste Gebot „aufgeklärt" wurden. Die Angst wurde noch größer durch eine Broschüre, die meine Eltern stillschweigend in mein Zimmer gelegt hatten, in der in nicht sehr deutlichen Worten, dafür aber um so drohender von Krankheit und sogar Wahnsinn als Folge der so schrecklichen Sünde gegen das sechste Gebot gesprochen wurde. Von nun an geriet ich in der Angst vor den Folgen der Onanie geradezu in einen Zwang, der mich trieb, weiter zu onanieren, wodurch Angst und Schuldgefühle nur um so größer wurden, so daß ich bald meine gesamte Umwelt nur noch unter dem Aspekt der Angst erleben konnte. In dieser Zeit bildete sich in mir die Vorstellung, alle Menschen würden meine Sünde sofort erkennen können, wenn sie mich nur ansähen. Ich glaubte, daß über meinem Kopf eine Art Heiligenschein schweben müßte, in dem man meine Geschlechtsteile sehen könnte. Zeitweise war diese Vorstellung so stark, daß ich mich zwingen mußte, nicht nach oben zu schauen, um mich von der Existenz dieses Stigmas zu überzeugen. Natürlich sanken in dieser Not meine schulischen Leistungen ganz rapide. Sogar bei Klassenarbeiten, für die ich mich ausgezeichnet präpariert hatte, waren meine Noten miserabel, da ich meine gesamte Energie aufwenden mußte, um die Angst zu bewältigen.

In all dieser Not wurde ich von meinen Eltern völlig allein gelassen. Sie waren mit ihren eigenen sexuellen Problemen belastet, und ich spürte das genau, so daß ich es nicht wagte, mich ihnen anzuvertrauen. So kam zu meiner Angst noch das Gefühl der Verlassenheit und des Ausgestoßenseins hinzu. Dabei war unsere Familie nach außen hin vorbildlich und bot das Bild einer glücklichen Harmonie. Aber das Verständnis und die Liebe, die ich gebraucht hätte, um mit meinen Problemen fertig zu werden, konnte ich nicht finden.

Mein einziger Trost in dieser Zeit war eine rein platonische Liebe zu einer Klassenkameradin, von der nicht einmal sie selbst etwas ahnte. Ich war so sehr verschlossen und auf mich selbst verwiesen, daß ich zu einer Begegnung mit einem anderen Menschen unfähig war.

Was hast du da! Nichts

Weiblich, kath., 31 Jahre, verh. keine Kinder, Buchhändlerin

Ich erfuhr zuerst über die Menstruation von einer zwei Jahre älteren Schulkameradin, deren Eltern ein Korsagegeschäft hatten. Meine Freundin und ich kamen aus der Schule, und die andere gesellte sich zu uns; wir gingen zum Teil in dieselbe Richtung. Diese Waltraud hatte gerade ihre erste Periode und berichtete: ... und da habe ich Blut gemacht, das ganze Klo voll, und Schmerzen habe ich gehabt, das tat vielleicht weh usw. ... und das kriegt ihr auch noch. Mir graute, Blut konnte ich nicht sehen. Anschließend beschrieb sie uns die Camelia. Eines Tages nun sah ich meine Mutter aus dem Schlafzimmer kommen. Unter ihrer Strickjacke guckte ein Stückchen Binde hervor. Ich fragte: Was hast du da? Sie: Nichts, etwas gegen Halsschmerzen. Ich trumpfte auf: Du lügst ja! Sie: Was weißt du denn? Ich erzählte ihr alles brühwarm. Sie hat mich nie wieder angelogen. Als ich mit 12 $^{1}/_{2}$ Jahren die erste Periode bekam, schaltete ich gar nicht. Ich wurde morgens wach und sah unmittelbar unter dem Kopfkissen einen braunen Fleck. Uns war es verboten, im Bett Schokolade zu lutschen, was mich nicht hinderte, es heimlich doch zu tun. Natürlich dachte ich, der Fleck kommt daher, und anstatt das Bett auszulegen, zog ich die Bettdecke hoch über den Fleck. Als ich dann meine Schlafanzughose auszog, war sie voll. Ich hörte meine Mutter kommen, rollte sie hastig zusammen und warf sie in die Wäschetruhe. Meine Mutter kam ’rein, legte das Bett aus, guckte und sagte: Was ist das für ein Fleck? Ich murmelte: Schokolade. Sie sagte: Zeig mir einmal deine Schlafanzughose. Ich sagte hastig nein und stotterte etwas von Durchfall. Sie ging weg, brachte mir eine Binde und sagte: Zieh das an. Als ich die Binde sah, ging mir ein Licht auf. Später kam mein Vater und sagte zu mir: Jetzt bist du eine richtige Frau. Ich fand das keinesfalls erstrebenswert, denn der Satz löste vor meinem inneren Auge ein Bild von Bergen von Abwasch und anderen unangenehmen Hausfrauenpflichten aus.

Ich begann, mich vor mir selbst zu schämen

Weiblich, kath., 26 Jahre, unverh., Kindergärtnerin

Sexualität, soweit es sie zu geben schien, war tabu. Meine Eltern zeigten sich nie nackt, wir Kinder badeten getrennt und vermieden – jeder von sich aus –, nackt gesehen zu werden, wir schämten uns. Wenn ich meinen älteren Bruder provozieren wollte – er war wohl damals nicht älter als 4–5 Jahre – und die Badezimmertür aufriß, weinte er. Von da ab schloß er sich auch ein.

Ich kam in die Entwicklungsjahre, ohne vorbereitet zu sein. Ich überlege, was mich damals beschäftigte. Fragen: Warum darf man sich nicht nackt zeigen, warum sind Mädchen nicht so geliebt, warum hat man die Tür zu verschließen, wenn man die Toilette benutzt, stellten sich nicht, ich hatte dies als unumstößliche Tatsache erfahren und fügte mich dem Gebot. Ich erinnere mich aber, daß mich die Frage beschäftigte, wo die Kinder herkommen. Ich wußte nichts, ich blieb auch weiterhin unwissend.

Und dann setzte meine erste Menstruation ein. Ich war verzweifelt, denn ich blutete und hielt mich für schwer krank, ich war hilflos, denn ich wagte nicht, mich meiner Mutter anzuvertrauen. Wie sollte ich es in Worten ausdrücken, was man nicht in den Mund nahm, was aber mit mir geschah? Ich wusch meine Wäsche aus, trocknete sie heimlich. Nach drei Tagen endlich nahm ich mir den Mut und fragte. Meine Mutter gab mir eine wenig ausreichende Auskunft und fuhr fort, daß ich mich jederzeit an sie wenden könne, wenn ich weitere Fragen hätte. Ich hatte Fragen, doch ich spürte, wie peinlich ihr dies Gespräch gewesen war, ich wurde rot und schwieg. – Meine Freundin wußte ebensowenig. Konnte man durch einen Kuß schwanger werden? Wir lasen heimlich ein Aufklärungsbuch, doch gab es keine Antwort, an der bewußten Stelle fanden wir: Mann und Frau vereinigen sich. Ja, aber wie???

Meine Periode kam unregelmäßig. Ich war erleichtert darum, denn ich erlebte sie jedesmal als ein unabwendbares Schicksal der Frau und als beschmutzend. Ich begann zu der Zeit, mich immer weniger zu mögen und mich vor mir selbst zu schämen, ich sah mich nie nackt im Spiegel an.

Aus dem, was ich außerhalb des Elternhauses hie und da über sexuelle Dinge hörte, setzte ich ein Mosaik zusammen. Ob noch Steine fehlten oder nicht, ich weiß es heute nicht mehr so genau, auf jeden Fall blieb eine unendliche Unsicherheit, denn ich hatte kein Vertrauen in die Richtigkeit dessen, was ich erfahren hatte, und zum anderen blieb ein Schuldgefühl, überhaupt um etwas zu wissen, was verboten war. Ein Kind – und ich habe mich lange als Kind empfunden – darf eben nicht alles wissen.

Ich begann zu verkümmern

Männlich, kath., 39 Jahre, 13 J. verh., 5 Kinder, Akademiker

Mit Kriegsende kamen für fast 2 Jahre die Russen. Für uns Kinder eine abenteuerliche Zeit, weniger für meine Mutter und die Schwestern. Sie mußten sich monatelang in Wäldern, Feldern und Holzschuppen verstecken, um den Vergewaltigungen zu entgehen. Mein Vater und mein älterer Bruder waren noch in Gefangenschaft. Ich habe – ohne es zu wissen, was geschieht – eine Vergewaltigung meiner Mutter durch einen Russen verhindert. Mir ist erst viele Jahre später bekannt geworden, daß sie trotzdem vergewaltigt worden war.

Die Ausweisung brachte uns in ein Lager mit 30–40 Personen in einem Raum. Da ist mir meine eigene Sexualität erst richtig bewußt geworden. Völlig unvorbereitet – und für mich schockierend – erlebten wir nicht nur, daß die Eheleute neben uns in den Betten Geschlechtsverkehr trieben. Die Mädchen zogen sich vor uns aus, sie empfingen ihre Freunde, behielten sie über Nacht, und wir waren immer wieder Zeugen geschlechtlicher Akte.

Diese Erlebnisse haben dann auch meine voreheliche Zeit entsprechend beeinflußt.

Wir waren arm und hatten Hunger wie die Wölfe. Was blieb meinen Eltern übrig, als uns an handwerkliche Betriebe mit Familienanschluß zu verdingen. Von weiterem Schulbesuch oder gar das Abitur zu machen war zu dieser Zeit nichts drin. Nachdem ich während der Russenzeit über einige Monate in einer Schlosserei ausgeholfen hatte, schien ich für meinen Vater als Schlosser gut geeignet. Es gab aber keine Lehrstelle, also wurde ich in eine Schmiedelehre geschickt. Es war eine trostlose und menschenunwürdige Zeit. Als Stift allein gegen sechs ausgewachsene, ungebildete und rohe Gehilfen. Ein falscher Hammerschlag, und ich flog unter die Esse. Ich rächte mich und kreuzte ihnen in ihren Werkstattaufzeichnungen ihre immensen Fehler an. Die tägliche Brotzeit habe ich selten essen können. Es hat mich einfach gestört, daß von den Gehilfen – nicht selten auch vom verheirateten Meister – „gedörrter Männersame, aufgewärmte Gebärmutter usw." als Brotaufstrich deklariert wurde.

Ich begann zu masturbieren, und das mit einer Heftigkeit, daß ich mich heute noch frage, ob ich überhaupt andere Wünsche und Wunscherfüllungen besessen hatte.

Dann versuchte ich mein Glück mit einem Mädchen. Die Gehilfen und ich schliefen zusammen in einem Dachzimmer. Täglich in der Früh kam das Dienstmädchen – ein junges, vollbusiges Mädchen, um unsere Betten zu machen. Sie wurde von Gehilfe zu Gehilfe herumgereicht, nur ich ging leer aus. Dabei hatte ich die Absicht, sie von den Schweinereien wegzubringen. Aber ich bin immer wieder abgeblitzt. Eine sehr schmerzhafte Erfahrung für einen ohnehin sehr angeschlagenen und wärmesuchenden jungen Mann. Meine Schuldgefühle, ein Versager zu sein, brannten mir tief in der Seele.

Was habe ich meinen Eltern vorgejammert, mich doch wieder zur Schule gehen zu lassen. Der Grundsatz meines Vaters: „Was man anfängt, das führt man auch zu Ende", hat alle Pläne zunichte gemacht.

So suchte ich mein Seelenheil in einer Jugendgruppe. Die Pfarrführerin war eine sehr geistvolle und hochcharmante Idealistin. Ich suchte ihre Nähe, und es entspann sich zwischen uns eine tiefe Freundschaft. Dabei sind mir meine Schuldgefühle erst so recht bewußt geworden. Die Selbstbefriedigung bin ich dabei verständlicherweise nicht losgeworden. Wir trafen uns mehrmals in der Woche, wir standen oft bis weit nach Mitternacht in einem finsteren Zwischengang zu ihrer Wohnung (einen idealeren Liebesstand habe ich nie mehr wieder entdeckt), wir saßen viele Stunden bei einer abgedunkelten Tischlampe in ihrem Zimmer. Wir diskutierten und planten für die Jugend, wir redeten und redeten und redeten. Ich hatte oft einen unbändigen Wunsch, sie zu umarmen und zu küssen. Allein mir fehlte der Mut, es auch nur zu versuchen. Unsere Freundschaft ging nach zwei Jahren auseinander. Wir haben viele Jahre später oft darüber geredet. Sie sagte mir, ich sei zu verklemmt gewesen, womit sie ja tatsächlich recht hatte.

Es kam eine Zeit, ich war noch in der Lehre, da ertappte ich mich dabei, daß mich bei den Tieren die Genitalien in besonderer Weise interessierten. Ich schob es auf den Umstand, täglich viel mit Tieren umzugehen, und vergaß es mit der Zeit.

Das Ende meiner Lehrzeit und die Möglichkeit, endlich das Abitur nachmachen zu können, wirkten sich auf meine sexuellen Wünsche höchst positiv aus. Die Selbstbefriedigung ist in kürzester Zeit unterblieben, geblieben ist mir hingegen ein etwas zu ideales Bild im Umgang mit Mädchen. Das heißt, ich ideologisierte (kompensierte) meine Angst vor dem weiblichen Geschlecht durch mir selbst auferlegte Forderungen.

Aufgeklärt wurde ich zu einer Zeit, wo andere schon Kinder haben, jedenfalls sich auf eine Ehe vorbereiten. Die Art und Weise, wie diese Aufklärung erfolgte, glich mehr einem Pornographieunterricht denn einer menschenwürdigen Hilfe. Allein die ideologisch aufgebauten Barrieren verhinderten, daß ich es nicht so ausprobiert habe, wie es mir anempfohlen wurde.

In immer maßloseren Formen

Weiblich, kath., 43 Jahre, 12 J. verh., 4 Kinder, Lehrerin

Zum Beginn meiner Pubertät hatte ich beobachtet, daß die erwachsenen Frauen an gewissen Tagen Binden einlegten, was eine wichtige Rolle in meinen sich seit jener Zeit entwickelnden Onaniephantasien spielte. Ich stellte mir vor, das sei ein Ritus, um die Geschlechtsteile auszuweiten, eine Vorstellung, die für mich großen Reiz hatte, und langsam spann ich dies aus zu Phantasiegebäuden von ganzen Organisationen und Geheimbünden, die sich mit solchen Übungen befaßten. Nach dem Tode meines Vaters nahmen diese Phantasien immer mehr zwangsartigen und hexensabbatähnlichen Charakter an, wobei es vor allem um das Gedehnt-, Geschlagen-, und Gequältwerden der weiblichen Geschlechtsteile ging, in immer maßloseren Formen und nach einem ständig besser ausgeklügelten System. Dabei identifizierte ich mich nie mit meiner Vorstellung, sondern projizierte meine sadistisch-masochistischen Phantasien auf ein völlig neutrales, entpersönlichtes Wesen, das mit anderen zusammen in geheimen, streng schulartig organisierten Staaten lebte, beherrscht von älteren Meisterinnen, von denen sie aller geschlechtlichen und persönlichen Eigenheiten beraubt wurden und gequält mit dem Ziel, immer höhere Schmerzleistungen zu erzielen, letztlich bis zur Selbstaufgabe. Diese Schmerz-Ekstasen bezogen sich im übrigen immer nur auf den genitalen Bereich, geschlechtsfremde Grausamkeit stieß mich immer ab und bedrückte mich.

Dem männlichen Geschlecht gegenüber war meine Phantasie unsicherer, da ich nach dem Tode des Vaters keine reale Erfahrungsbasis mehr hatte. Ich ergötzte mich zuweilen an der Vorstellung, Männer zu quälen durch kleine, unschädliche Foltern, nur um ihre

Standhaftigkeit zu prüfen, aber diese Phantasien hatten weit weniger Faszination als die anderen. Die biologischen Unterschiede zwischen Jungen und Mädchen waren mir schon etliche Zeit, bevor ich in die Schule kam, bekannt, denn ich erinnere mich gut an eine Szene, als ich mich mit mehreren Buben und Mädchen hinter einer Scheune auszog, um uns gegenseitig zu inspizieren, was mich noch viele Jahre lang als schwere Sünde bedrückt hat. Ich habe nie mehr ähnliches versucht; mit meinen vielen Bubenfreunden in den ersten Schuljahren raufte und kämpfte ich nur leidenschaftlich gern, und ich war sehr stolz, wenn ich siegte.

Viele Tagträume von Frauen und Mädchen

Männlich, kath., 28 Jahre, 4 J. verh., keine Kinder, Lehrer

Die ersten mir heute noch bewußten Erlebnisse mit dem Geschlecht hatte ich auf dem Land. Ich war vier bis sieben Jahre alt. Mehrmals drohten mir damals ältere Buben und auch junge Männer, mit einem frisch geschliffenen Messer in der Hand, mich zu kastrieren. Einmal liefen mir zwei Buben mit einem Taschenmesser nach; ich hatte höllische Angst. Als die beiden von mir abgelassen und sich auf die Wiese gesetzt hatten, ging ich mit einer Rute auf sie zu und schlug sie; zu meiner Verwunderung setzten sie sich nicht zur Wehr.

Ich weiß nicht mehr, ob auf Anraten meiner Kameraden oder aus eigener Erfindung – jedenfalls ließ ich vielleicht zwei- oder dreimal meine Schwester mein Glied in den Mund nehmen und den Urin trinken. Nach mehreren Jahren erzählte ich das einem Schulfreund; über dessen Mutter kam es zu den Ohren der meinen, die glaubte, das alles wäre vor kurzem geschehen; sie war mir sehr böse, und ich durfte ihr lange Zeit keinen Gute-Nacht-Kuß geben.

Aus den Kinderjahren fällt mir noch ein, daß ich einmal dem Männchen in einem Bilderbuch überall, wo es vorkam, ein Glied anmalte, zum Teil urinierend. Ich hatte großen Spaß daran. Auch damals war meine Mutter zutiefst böse; ich mußte alles wieder ausradieren und wurde irgendwie bestraft.

Später, ich muß wohl acht Jahre alt gewesen sein, bekam ich im gemeinsamen Schlafzimmer einen Geschlechtsverkehr meiner Eltern mit. Ich war sehr aufgeregt und hatte Angst, wußte ahnungsweise, was das zu bedeuten hatte, rief so lange nach meiner Mutter, bis sie kam und mich beruhigte. In dieser Zeit erfuhr ich durch Spuren und direkten Anblick von der Existenz von Menstruationsbinde und Kondom, fragte meine Mutter, was dies denn sei, erhielt aber nur ausweichende Antworten.

Mit 12 Jahren war ich das erste Mal verliebt. Ich war für zwei Wochen auf Besuch bei Verwandten, und da gab es eine gleichaltrige Kusine, die es mir angetan hatte; wir gingen sogar Händchen haltend spazieren. Von da an war ich immer wieder in irgendein Mädchen verliebt, in der Regel aus der Ferne. Mit achtzehn traf ich mich sogar einige Male mit einem Mädchen, bis es meinte, es habe doch keinen Sinn, daß wir miteinander gingen, es selbst sei doch erst fünfzehn.

Eine sexuelle Aufklärung erhielt ich von zu Hause nicht. Meine Mutter machte wenige kleine Ansätze. Als ich meinen Eltern dies später einmal vorhielt, meinten sie, sie seien auch nicht aufgeklärt worden. So begann ich in der Pubertät selbst in Lexika zu blättern und las unter Stichworten wie „Busen“ und „Glied“ nach. Es war sehr aufregend; einmal hatte ich das Bedürfnis, auch etwas von all dem zu spüren, betastete und rieb mein Glied, bis sich ein wohliges Gefühl einstellte; darauf schlief ich ein. Als ich wieder erwachte, hatte ich ein schlechtes Gewissen und nahm mir vor, dies zu unterlassen.

Was ich bis zu meinem sechzehnten Lebensjahr über das Geschlechtliche erfahren hatte, bekam ich dann in einer Aufklärungsstunde in der Schule von einem Arzt gewissermaßen offiziell bestätigt. Das völlig Tabuisierte wurde ein wenig in ein normaleres Licht gerückt, und ich konnte mich sogar mit meinem Freund ab und zu darüber unterhalten.

Ich hatte Zeiten sehr starken sexuellen Verlangens und konnte mir kaum vorstellen, wie ich die Zeit bis zur Ehe aushalten sollte; denn ich war überzeugt, daß ein Geschlechtsverkehr nur in der Ehe richtig sei. Ich träumte viele Tagträume von Frauen und Mädchen; beispielsweise entsinne ich mich, wie ich mir einmal bis fast ins Unerträgliche die Annäherung und den Verkehr mit der Schneiderin meiner Mutter ausgemalt habe.

Nach einiger Zeit bekam ich ein sogenanntes Aufklärungsbuch in die Hand und las darin, daß es ganz normal und sogar gut sei zu onanieren. Dies nahm ich bereitwillig auf, und von da an onanierte ich regelmäßig, wenn auch mit gemischten Gefühlen. Denn ich verlangte einerseits danach, genoß es auch im Augenblick, wußte aber andererseits, daß es nicht das Eigentliche war, weil es einzig auf mich bezogen war und nichts mit Liebe zu tun hatte.

4. Abschnitt

Bitterkeit und Enttäuschung der ersten Erfahrungen

Zur Einführung

Was fehlt?

Was fehlt den jungen Menschen, die zum ersten Male als Mann und Frau sich einander nähern, die ersten Versuche machen, sich geschlechtliche Lust zu spenden? Seit Beginn der antiken Christenheit ging jede Generation von Männern und Frauen unvorbereitet in die geschlechtlichen Beziehungen. Es fehlte in allen Berichten die vorgegebene Erfahrung, daß das Geschlecht und die geschlechtliche Gemeinschaft heilspendend seien. Aus Angst wurde nur eines bisher herausgestellt, das Unheil, das in geschlechtlichen Beziehungen entstehen kann. Aber wie steht es mit dem Heil? Nur unheilvoll wurden geschlechtliche Beziehungen gedeutet.

Was Männer und Frauen rückblickend über ihre ersten Versuche berichten, war eher unsicher, von Schuldgefühlen begleitet, ungeschickt. Die Vorbereitung sollte nicht nur darin bestehen, daß Männer und Frauen aufgeklärt werden. Nicht nur das genügt, daß auch Frauen Bescheid wissen über die Möglichkeiten der geschlechtlichen Gemeinschaft, was unzureichend „Technik“ genannt wurde. Vor allem brauchten sie wieder die Einweihung in ein Mysterium. Die geschlechtliche Beziehung im Mittelalter und in der Neuzeit war ohne Kultivierung und barbarisch. Statt zu einem Fest der Liebe zu werden, wurden geschlechtliche Beziehungen in den Ehen zu Ursache von Enttäuschung, Demütigung und Depression. Genau diese hören wir auch in den Berichten von den ersten Versuchen und Erfahrungen.

Vor allem aber nahten sich junge Menschen nahezu ständig mit schlechtem Gewissen. Sie wußten nie recht, was erlaubt und was verboten ist. So quälten sie sich vor allem, wenn sie jahrelang verlobt waren. Junge Frauen suchten „geistige“ Liebe und erschraken vor der „Sinnlichkeit“ der Männer. Die Dokumente vermitteln in Wiederholung dasselbe Bild der Unsicherheit und Not, der Schuld und Ekelgefühle. Nur selten findet sich ein Bekenntnis über die Schönheit und das Beglückende der geschlechtlichen Erfahrung. (In diesem Zusammenhang sei verwiesen auf die Schallplatte des Verfassers „Liebe vor der Ehe", Calig-Verlag, München.)

Im Geschlechtsverhalten unserer Tage ist ungemein viel Protest. Er entsteht aus der Geschlechtsfeindschaft der vergangenen Christenheit.

Wurde die Lust verteufelt, so soll sie nun zum einzigen Lebensinhalt werden. Utopien werden verbreitet, die wie in der Pornographie ein Leben in nie endender Lust versprechen. Auch hier fehlt die Erfahrung von der „Numinosität" der Lust. Nicht nur das Geschlecht, als Mann und als Frau zu existieren, ist ein unableitbares Geheimnis. Ebenso geheimnishaft ist die Erschütterung durch die Lust. Nachdenklich macht, wie sehr sie gesucht wird bis in die Süchtigkeit hinein und wie unfähig viele Menschen sind, an ihr sich zu freuen. Gehören doch Lust und Freude innig zusammen.

Sinnlos und nichtssagend war alles

Männlich, kath., 29 Jahre, unverh., Sozialarbeiter

Und dann kamen die Mädchen, die fast immer dem gleichen Typ angehörten: etwas größer als ich und vollbusig. Ob ich sie liebte, weiß ich nicht. Nur schlafen wollte ich mit ihnen und mir dadurch beweisen, daß ich ein Mann geworden war.

Doch plötzlich war sie da! Bezaubernd schön und etwas mütterlich. Ich verliebte mich leidenschaftlich in sie, und sie erzählte von sich und manchmal auch von ihren früheren Männern. Die waren immer stark und sicher. Ich fühlte mich unterlegen und hatte plötzlich Angst, weniger potent zu sein als sie. Doch je mehr ich mich ängstigte, um so fordernder erschien mir die Freundin. Mir bangte vor der ersten Nacht mit ihr. Als ich dann aus Angst versagte, waren mein Mut und mein Selbstvertrauen gebrochen. Ich ging in meiner verzweifelten Hilflosigkeit unter, die vor nichts haltmachte, vor allem nicht vor den Frauen. Jede ließ meine Wunde neu aufbrechen und mich fragen: Würde ich auch bei ihr versagen? Doch je weniger ich eine Antwort bekam, um so mächtiger wurde die Angst. Sie ließ mich in allen Frauen nur noch ein unstillbares Begehren nach einem erigierten Penis sehen, nach Männern mit unendlicher Potenz. Ich konnte dieses Wort nicht mehr hören.

Doch wie beneidete ich andererseits solche Männer. In ihrem Penis schienen sie mir eine sichere Garantie ihres Lebensglücks, ihres Erfolges bei Frauen zu haben, der mir versagt war. In meinen Wünschen identifizierte ich mich mehr und mehr mit diesem Typus von Mann. Doch dann geschah es! Unmerklich hatten meine Wünsche auch mich verändert. Mein Verlangen, ein Mann mit riesiger Potenz zu sein, war zu einem Verlangen nach einem solchen Mann geworden. Jetzt bist du auch noch homosexuell! durchfuhr es mich. Ich empfand Abscheu und wehrte mich verzweifelt gegen diese Wünsche. Doch sie kamen immer wieder und mit ihnen eine neue Angst. Völlig ratlos hoffte ich nun meine Sicherheit zuerst in der Onanie und dann bei einer anderen Frau wiederzufinden. Als ich jedoch ihre Brüste spürte, war auch die alte Angst, zu versagen, wieder da. Ich konnte nicht. Meinen homosexuellen Wünschen nachzugeben, davor scheute ich mich.

Ich spürte, wie mir plötzlich aller Lebenssinn entglitt und ich mit leeren Händen dastand. Sinnlos und nichtssagend war alles geworden, und immer häufiger kamen Selbstmordgedanken, die gauklerisch Erlösung versprachen.

Doch ehe ich diese letzte Konsequenz zog, wollte ich mir selbst noch einmal eine Chance geben. Verlieren konnte ich jetzt nichts mehr, und mit einer Illusion zu beginnen, dafür war mir der Einsatz zu teuer. Nur eine rücksichtslose Ehrlichkeit schien mir zu tragen. Und so versuchte ich, mich und mein Verhältnis zu Frauen ungeschminkt zu sehen. Das vergangene Erlebnis und die Angst zwangen mich dazu, diesen schmerzlichen Weg der Selbsterkenntnis zu gehen. Langsam lernte ich sehen, wie wenig wirkliches Selbstbewußtsein ich besaß und wie sehr ich deshalb den Erfolg bei den Frauen und im Beruf als Selbstbestätigung brauchte. So mußte sich notwendig mein überspannter Leistungsehrgeiz entwickeln, dem jeder Rivale unerträglich und jede eroberte Frau eine Befriedigung war. Liebe war für mich unmerklich zu einer Technik der Eroberung und Männlichkeit zur Leistung der Potenz geworden. Doch hinter dieser Männlichkeit verbarg sich ein kleines, unsicheres Männchen. Es hatte Angst vor der Begegnung mit einer fremden Frau, die nicht seine Mutter war.

Ich spürte auf einmal, daß mein Leistungs- und Erfolgsdrang solche Begegnung nur verhindern und zugleich meine homosexuellen Wünsche abwehren sollte. Jede eroberte Frau war ja der beste Beweis, daß ich keinen Mann begehrte! Doch darin lag auch der Grund meines Versagens: in dem Beweisenwollen, daß alle anderen Männer weniger leistungsfähig seien, daß ich sie alle übertreffen würde und daß ich Angst hatte, mich zu verlieren. Und der Erfolg dieser Einsicht? Langsam spürte ich in mir eine neue, doch noch zerbrechliche Sicherheit wachsen, die mich nicht mehr zwang, die Rolle des ehrgeizigen Eroberers zu spielen. Den Frauen gegenüber fühle ich mich jetzt ein wenig freier, seit ich sie mehr als Menschen sehe und nicht mehr unmenschlich als bloße Beweismittel meiner Potenz. Und ein wenig hat auch mein „Typ" an Anziehung verloren, seit mir bewußt wurde, daß ich in ihm nur die Mutter und das Bett der Mutter suchte.

Doch trotz all dieser positiven Ausblicke weiß ich jetzt mehr denn je, wie sehr ich noch Kind bin und daß ich erst am Anfang stehe, die Liebe zu lernen.

Ich liess mich sterilisieren

Männlich, kath., 32 Jahre, verh., 3 Kinder, Beamter

Etwa in der Mitte meines Studiums lernte ich meine Frau kennen. Wir waren ungefähr zwei Jahre verlobt, ohne daß es, abgesehen von dem heute sogenannten Petting, zu geschlechtlichem Verkehr gekommen wäre. Wir wollten beide nicht, wohl aus einem Bündel von Gründen heraus. Hierher gehört eine gewisse Unbeholfenheit, die uns beiden in geschlechtlichen Dingen eigen war, dann die Überzeugung von der Richtigkeit der kirchlichen Lehre (daß „das Eigentliche“ in die Ehe gehört), die Verantwortung füreinander, die Angst vor dem vorehelichen Kind und anderes mehr. Außerdem wußten wir zu unserem Glück noch nicht, wie schön und gewaltig die geschlechtliche Begegnung sein kann.

Das wußten wir auch noch nicht nach unserem ersten Zusammensein am ersten Tag nach unserer Hochzeit. Wir haben uns erst im Laufe der Jahre geschlechtlich gefunden. Freilich vollzog sich das nicht ohne große Schwierigkeiten. Nachdem sich nämlich herausgestellt hatte, daß wir beide sehr fruchtbar sind und schon unser drittes Kind geboren war, beschlossen wir, unsere Familie zu planen. Getreu der kirchlichen Lehre griffen wir zur Methode der sogenannten natürlichen Empfängnisverhütung. Da sich in der Praxis – mit drei kleinen Kindern – die morgendliche Temperaturmessung nicht durchführen läßt, hielten wir uns an die Lehre von Knaus-Ogino, die sich jedoch in unserem Fall als völlig unanwendbar erwies, einmal, weil bei meiner Frau jede Periode ungewöhnlich lange, oft bis an den Rand der fruchtbaren Tage, dauert (wogegen sich auch ärztliche Kunst als machtlos erwies), zum anderen, weil der seelische Rhythmus einer Frau und besonders meiner Frau dem körperlichen ganz und gar entgegengesetzt ist. So wurden noch zwei Kinder, davon eines auf operativem Wege, geboren.

Das hatte zur Folge, daß meine Frau bis an den Rand ihrer seelischen und körperlichen Kräfte getrieben wurde und wir beide, wenn überhaupt, dann nur voll Angst und Hemmungen zu geschlechtlicher Begegnung fanden. Daß besonders meine Frau darunter sehr gelitten hat, liegt auf der Hand. Da ich meine Frau sehr gern habe und da sie sich auf dringenden ärztlichen Rat und auch aus anderen Gründen keine weitere Geburt erlauben darf und kann und da sie auf Pillen und Tabletten oft negativ reagiert, wandte ich mich an einen Facharzt und ließ mich sterilisieren. Ich betrachte diesen Schritt als meine zweite Emanzipation von einer extremen und gegenüber der Botschaft Christi übersteigerten kirchlichen Lehrmeinung. Einen Beichtvater fragte ich nach der Operation nach seiner Ansicht zu diesem Schritt. Zu meinem Erstaunen stimmte er, ein älterer, sehr konservativ wirkender Pater, spontan zu. Das war etwa ein Jahr vor dem Erscheinen von „Humanae vitae".

Ich würde jedoch in meiner Situation auch heute zur Sterilisation greifen, ungeachtet dieser Enzyklika, die ich für einen katastrophalen Rückschritt und ein großes Unglück halte. Ich empfehle auch jedem Verheirateten, der sich in ähnlicher Lage befindet, denselben Schritt und glaube, daß meine Ehe dadurch vor unerträglichen und möglicherweise zerstörenden Spannungen bewahrt worden ist. Erst jetzt, da meine Frau und ich von der Angst vor weiteren Schwangerschaften befreit sind, ist die geschlechtliche Begegnung für uns jene Erfüllung, als die sie immer gepriesen wird. Seit meiner Sterilisation ist unsere Ehe trotz gelegentlicher kleiner Schwierigkeiten so schön und erfüllt, daß ich nicht in der Lage bin, sie zu beschreiben. Ich bete nur zu Gott, dem Geber alles Guten, daß sie so bleiben möge.

Die Sprache unserer Liebe

Männlich, evang., 34 Jahre, verlobt, Lehrer

Den Sinn der geschlechtlichen Beziehung und ihre Wirklichkeit lernte ich nur langsam und unter schmerzlichen Irrungen entdecken. Das ist an sich natürlich, aber doch nicht selbstverständlich, weil ich durch die Ehe meiner Eltern und auf Grund meiner geschlechtsfeindlichen Erziehung zu dieser Entdeckung keineswegs vorbereitet war. Denn die Möglichkeit, das Leben zu erobern und ein Mädchen wirklich zu suchen und zu gewinnen, war mir damit zunächst weitgehend genommen. So verblieben sämtliche geschlechtlichen Erlebnisse bis zu meinem 25. Lebensjahr im Vorfeld wirklicher Berührung, obwohl ich bis zu dieser Zeit zweimal des längeren mit einem Mädchen befreundet war und überdies manch andere, kurze Bekanntschaft einging. Ich gefiel mir schließlich in der Rolle des Don Juan, lebte aber in Wahrheit verlassen und verinnerlichte meine phantasievollen Regungen.

Diese Verschlossenheit in einem freudlosen Dasein brach erst auf, als ich 25jährig erstmalig mit einer älteren Frau die Geschlechtsgemeinschaft kennenlernte. Quälende und aufreibende Erlebnisse führten dazu, daß mir meine Unvorbereitetheit eigentlich bewußt wurde. Aber gerade daraus erwuchs eine tiefgreifende Veränderung meines Wesens. Es ist mir unvergeßlich, wie ich die erste Nacht noch schüchtern, aber doch glücklich mit dieser Frau verbrachte. Natürlich war ich zu einem wirklichen Geschlechtsverkehr noch nicht in der Lage. Es ergaben sich große Schwierigkeiten. Ich stand vor der Aufgabe, die innere Bindung an eine weltfremde Mutter aufzulösen und die Angst vor dem autoritären Vater zu verlieren, um in meine männliche Rolle hineinzuwachsen und für das andere Geschlecht die Augen zu öffnen. Diese Entdeckung wurde eine notwendige und ganz und gar unersetzliche Erfahrung, die ich allerdings erst in langsamen Schritten zu vollziehen begann.

Denn zuvor dienten mir die Schwierigkeiten in der Freundschaft mit denjenigen Mädchen, in die ich mich verliebt hatte, schließlich immer als Einwand gegen eine Beziehung verbindlicher Art. Am Ende stand die Trennung. Nun bemerkte ich allmählich, daß das Befremdende gerade das Belebende wurde und die Zuneigung auslöste, in der das Geheimnis des geschlechtlichen Eros beschlossen liegt. Mir wurde die uralte Wahrheit einsichtig, daß der Eros nur unter Schmerzen geboren wird. Damit meine ich die wachsende Fähigkeit, nicht unmittelbar und immer vollkommene Erfüllung zu wollen, sondern Geduld zu versuchen, wenn sich nicht alles sofort erreichen läßt. Das ist schwer, weil die Angst, die Geliebte zu verlieren, allzu leicht beirrt. Denn oft waren die Widrigkeiten, sich zu verständigen, unüberwindbar.

Und oft schien in den folgenden Jahren alles vergeblich. Aber trotz mancher Verzweiflung lernte ich, Widerstände zu meistern. So wurde auch Wirklichkeit für mich, was ich schon als Vierjähriger empfunden hatte. Immer war mir schon die Schönheit gleichaltriger Mädchen und junger Frauen aufgefallen. Das Bezaubernde ihrer Schönheit wurde mir nun um so mehr zugänglich, je weniger ich sie nur zu besitzen begehrte und enttäuschende Erlebnisse besser ertragen lernte als vordem. Ich spürte zugleich, daß ich um ein Mädchen werben müsse, wenn es mir wirklich gefiele. Und ich verstand, daß solche Werbung keine Schwärmerei ist. Sie ist von der Schwäche, die Eigenart eines Mädchens poetisch zu verkleiden, ebenso verschieden wie von der Ungeduld, die bloß zugreifen will.

Natürlich scheiterte ich mehrmals und war unglücklich. Aber mit der Zeit festigte sich meine Unsicherheit. Ich entdeckte, je stärker und bestimmter ich zu lieben begann, den hohen Sinn der geschlechtlichen Lust, wie er sich in allen Formen der erotischen Liebe bis zur tiefsten Innigkeit in der gemeinsamen Umarmung zeigt. Dabei erfuhr ich, daß die Begeisterung für die Schönheit des anderen

Geschlechts nicht von einem Idealbild herrührte. Sie entsprang der Verehrung für etwas schlechthin Unbegreifliches. Ich erlag aber auch nicht der Täuschung, daß nunmehr alle Sorgen des Daseins sich auflösen würden. Die Alltäglichkeit behielt ihre eigene Schwere und Enge.

Aber nachdem ich jahrelang mein Leben eigentlich im Zustand der Verschlossenheit verbracht hatte, empfand ich überraschend, daß es sich doch zu leben lohne. Und dies vor allem aus der Tatsache, daß die zärtliche und starke Zuneigung zu einem Mädchen eine wunderbare Antwort auf die Sehnsucht nach Erfüllung in manchen Augenblicken ist, wenn nur diese Zuneigung schließlich erwidert wird.

31jährig lernte ich Friederike kennen, mit der ich jetzt befreundet bin. Sie war anfangs sehr spröde und abweisend. Mich verlangte, mit ihr zu schlafen. Meine Geduld wurde schwer auf die Probe gestellt. Einige Zeit verging, ehe wir uns näherkamen. Die Scheu, die sie vor der wirklichen Geschlechtsbegegnung empfand, wurde nur langsam besänftigt. Und dies, obwohl ich nicht der erste Mann war, den sie kennenlernte. Es war wunderbar, daß sich ihre Verlegenheit auflöste. Sie brachte mir Tiere mit, die sie seit ihrer Kindheit besaß. Ein Bär und eine Katze waren unter ihnen. Ich unterhielt mich mit ihnen und beruhigte sie und zugleich Friederikes bisweilen bissiges Wesen. Ich gewann ihr Vertrauen.

Aus aller Spielerei entstand langsam das Spiel, von dem ich heute genau weiß, daß ich es nicht machen kann, sondern zu ihm verführt bin durch den Anblick des lebendigen Weibes. Es war ein schöner Tag, als wir das erste Mal zwei Kleider kaufen gingen. Mir gefielen die vielen Stoffe und Farben, die wir anschauten und die sie probierte, ehe wir auswählten. Ich freute mich, daß sie mir zuliebe sich schön kleidete, und konnte mich gar nicht sattsehen. Sie war mir dankbar. Und ich ihr auch. Dann aßen wir zusammen. Und sooft dies geschieht, denke ich, wie belebend diese nächsten Dinge wie Essen und Trinken zwischen uns sind. Oder wir wandern und gehen tanzen oder zum Schwimmen. Dann sitzen wir in der Sonne und lassen uns von ihren Strahlen wärmen, ohne daß ein Wort fällt.

Natürlich gibt es auch Streit. Meist sind es Kleinigkeiten, kindhafte Ansprüche, die wir aufgeben müssen und doch nicht leicht aufgeben wollen. Wird es schwieriger, dann weiß ich manchmal nicht, wer Friederike eigentlich ist. Ich versuche zu lernen, die Tatsache verschiedener Auffassungen zwischen uns, sofern sie echt sind, ernst zu nehmen. Aber ich möchte es auch nicht überschwer bewerten, wenn wir uns einmal nicht verstehen. Und die Sehnsucht zueinander keimt unverhofft wieder. Ich rufe sie unvermutet an. Oder ich finde einen Blumenstrauß auf meinem Schreibtisch. Oder ich erinnere sie, daß wir wegen der Zeit ihrer Periode kein Präservativ brauchen würden. Ich sehe dann, wie ich ihr mit einem Wort eine Freude bereite, das ich selbst vielleicht gar nicht so empfunden hätte. Es ist nicht gleich, ob ich mir dies zwar denke, aber nicht ausspreche oder ob ich es ihr wirklich spontan sage.

Solche Anfänge können uns umgreifen. Sie können uns über die gewöhnlichen, oft sehr unerfreulichen Beschränkungen erheben, mit denen jeder von uns leben muß. Plötzlich oder langsam, wie die Stunde es will, verlangt uns nach Liebe. Manchmal hatten wir ganz anderes verabredet oder wollten uns eigentlich nicht treffen.

Doch ich sehe Friederike vor mir. Verheißungsvoll zieht es mich zu ihr, indem sie sich mir öffnet. Je freier ich mich fühle, desto tiefer durchglüht mich der Wunsch, ihre Haut zu berühren und ihren lebendigen, warmen Leib zu umfassen und zu streicheln. Wir entkleiden uns, meistens ich sie. Ich schaue zu, wie sie ihr langes blondes Haar kämmt, das glänzend über ihre Schultern fällt. Wir richten unser Bett, hingerissen ein jeder, den anderen zu spüren. Gemeinsam erhebt uns der Eros in das Geheimnis des innigen Beieinander, wo jeder dem anderen die liebende Erwartung verschenkt, indem er ihn aufnimmt. Untrennbar vollzieht sich in Wort und Gebärde die Sprache unserer Liebe, die Musik einer festlich gemeinsamen Stunde. Sie spielt mit uns. Meine Worte rufen die Geliebte zu mir. Ich fühle die innere Schwere ihres Wesens. Meine Hände spielen mit ihren Haaren und liebkosen ihre Brüste. Ich spüre, wie diese im Spiel unserer Liebe fest und groß geworden sind. Meine Lippen berühren ihren Leib, sie saugen sich fest. Unser Atem umschlingt uns tiefer und heftiger. An ihrer Seite erfahre ich die gelöste Kraft meines Geschlechtes, das sie aufnimmt in ihrem Schoß. Unser Verlangen wächst, verhalten noch, dann schneller, bis es ausschwingt in der großen Erlösung. Der Geist der Liebe versinkt in ihren entrückt seufzenden Lauten. Wir sind „ein Fleisch". Die Reinheit dieser Erfahrung bezeugt sich darin, daß sie nicht erregt, sondern befriedet.

Freilich ist die Stimmung zu solchen Augenblicken nicht alltäglich. Es gibt überdies genug Müdigkeit und auch Mißverständnisse, um diese Stimmung auch zu verhindern. Aber kein Aphrodisiakum und keine Technik der Liebe kann sie ersetzen. Die Gefahr, den Eros zwingen zu wollen, kann unvermutet auftauchen. Es gibt viele versteckte Formen einer Selbstbefriedigung zu zweien. Demgegenüber hilft nur der Mut, das zur Stunde Unerreichbare unerreichbar zu lassen. Ich erfahre, daß das Beglückende der erotischen Liebe zwischen uns vergänglich ist. Darum entscheidet die gemeinsame, wahrhaftige Aussprache zwischen uns darüber, ob wir unsere Unzulänglichkeit erkennen und austragen.

Ein untrügliches Zeichen aber für eine echte, auseinandersetzende Aussprache, die nicht Sache der Gewalt und der List, sondern Sache der Klarheit ist, besteht in dem darauffolgenden tiefen Verlangen nach gemeinsamer Vereinigung. Darin – so glaube ich – erscheint die Antwort des Lebens, seine Schönheit. Sie kann uns zuweilen erlösen in unserer bleibenden Unvollkommenheit.

Ich liess allmählich den Geschlechtsverkehr über mich ergehen

Weiblich, evang., 26 Jahre, unverh., Kindergärtnerin

Während der Schulzeit konnte ich meine Unsicherheit überbrücken, ich gab mich kameradschaftlich, völlig ungeschlechtlich und unverbindlich. Erneut schwierig wurde nun die Studentenzeit. Ich begann Freundschaften und beendete sie in dem Moment, wo die Spannung zwischen uns größer wurde und es zu Zärtlichkeiten, vielleicht auch zu Petting hätte kommen können. Meine hilflose Angst, dem – was da auf mich zukam – nicht gewachsen zu sein, unterdrückte jede Freude auf einen weiteren gemeinsamen Tag oder Abend. Auf der anderen Seite aber war ich so hungrig nach Zärtlichkeit und dem Gefühl, aufgehoben zu sein. Ich hatte es zu Hause nie auskosten können. – Ich wußte überhaupt nicht mehr, wie ich mich verhalten sollte. Ich litt darunter, daß ich es nicht fertigbrachte, meine Scham zu überwinden, um andere Menschen um Rat zu bitten. Ich konnte es zu keinem Austausch kommen lassen, im Gegenteil, ich mußte vor dem Mann, der mir immer wieder so fremd, dunkel, unfaßbar und stark begegnete, auf der Hut sein. Ich durfte nicht flirten, ihn nicht reizen, denn ich machte mich schuldig, wenn ich ihn anschließend frustrierend zurückwies. Ich mußte ihn aber zurückweisen, aus Angst, mich in etwas Unbekanntes hineinzubegeben, aus Angst vor einer Schwangerschaft und aus dem Gefühl heraus, meinem zukünftigen Mann verpflichtet zu sein, unberührt ihm zu gehören.

Ich wurde älter und ließ schließlich den Geschlechtsverkehr über mich ergehen – irgendwann mußte es ja sein. Mein damaliger Freund hatte mir erklärt, ich würde krank und frigid, wenn ich mich noch länger enthalten würde. Ich glaube, er war genauso unerfahren wie ich. Ich hatte keine Freude daran, war enttäuscht und fühlte mich gedemütigt. Wir trennten uns kurz darauf. Ich begann eine neue Freundschaft, denn eine mir damals unerklärliche Unruhe ließ mich immer wieder nach einem jungen Mann suchen.

Inzwischen hatte ich „van der Velde“ gelesen und den Schluß gezogen, daß ich um den Geschlechtsverkehr nicht herumkam, ich war ihn den Männern schuldig. So versuchte ich es neu, begann mich aber mehr und mehr davor zu ekeln.

Ich wollte keine Freunde mehr, sie halfen mir nicht, ich fühlte mich eher durch sie bedroht. Und doch begegnete ich wieder einem, er half mir. Auf einmal sollte alles anders sein: er zeigte mir die Fragwürdigkeit der Moral auf, welche ich – als absolut gültig – hatte leben müssen. Ich durfte flirten, zärtlich sein, ja und nein sagen zum Geschlechtsverkehr, wie ich gerade empfand und wollte. Er wartete ab. Ich begann nachzudenken, horchte in mich hinein und begann dann ein Gespräch mit ihm. Zum erstenmal konnte ich mit einem Menschen über meine Probleme reden. Gespräche führen, sich dem anderen anvertrauen, zärtlich miteinander sein, sich im Akt vereinigen – auf einmal gehörte dies alles zusammen. Langsam kam ich zur Ruhe und legte eine Spannung ab, unter der ich irgendwie ständig gestanden hatte. Mir kam zum Bewußtsein, was für ein Leben ich bis dahin geführt hatte, eingeengt durch Regeln, Pflichterfüllung, Verzicht. Ich fand einen neuen Weg, nicht von heute auf morgen, sondern Schritt für Schritt. Mit jedem Gespräch, mit jedem Wagnis auf einen Menschen hin, möchte ich sagen, lernte ich mehr und löste sich etwas an Verkrampfung. Ich begriff – unendlich befreiend – daß ich eine Frau bin, frei und nicht dem Mann schlechthin verpflichtet und untertan. Ich begriff weiter, daß nicht die Moral und Erziehung, die mich so geschlechtsfeindlich geprägt hatten, meine Richtlinien waren, sondern mein Gewissen. Und was mein Gewissen sagt, das kommt von mir.

Ich empfand nur Schmerz

Weiblich, kath., 40 Jahre, verh., 3 Kinder, Malerin

Mit 18 Jahren lernte ich auf einer Reise meinen ersten Freund kennen, für den ich mich aber nur geistig interessierte. Als er andeutete, daß er unbedingt mit mir schlafen wolle, waren augenblicklich alle meine Empfindungen für ihn wie ausgewischt. Später ging es mir noch ein paarmal so. Vor allem war ich deswegen so ablehnend, weil ich einfach kaum Bescheid wußte, was mich da erwartete. Außerdem hielt ich mich daran, daß mir beigebracht worden war, daß man vor der Ehe keine intimen Beziehungen anknüpfen dürfe und daß das Sünde sei. An das 6. Gebot hielt ich mich strikt. Außerdem hätte ich nie riskiert, ein Kind zu bekommen.

Neben der Angst vor einer sexuellen Begegnung hatte ich aber intuitiv immer das Gefühl, daß der Geschlechtsverkehr ausschließlich zur Ehe gehört, daß ich mich also nur meinem künftigen Ehemann hingeben würde und es auch nur bei ihm könnte. Von meiner Ehe aus gesehen, muß ich sagen, daß ich es nicht bereut habe, vor der Ehe keine geschlechtliche Gemeinschaft mit einem anderen Mann gehabt zu haben.

Ich kann mich an ein Gespräch mit meiner Freundin erinnern, wir waren etwa 23 Jahre alt, in dem wir feststellten, daß wir natürlich gerne heiraten würden. Einen Geschlechtsverkehr konnten wir uns aber nicht vorstellen. Uns ekelte davor. Wir vermuteten aber, daß wahrscheinlich alles gar nicht so schlimm sei, wenn man den „Richtigen" gefunden hat.

Ich heiratete, als ich Mitte der 20 war, nachdem ich meinen Mann nur kurze Zeit näher kannte (vom Sehen kannten wir uns schon länger). Von der ersten Minute an war klar, daß wir heiraten würden. Wir verlobten uns offiziell. Wir waren uns vollkommen klar, daß wir zusammengehörten, daß es nicht mehr den einen und den anderen gab, sondern „uns zwei". Jeder hatte vorher schon nicht mehr daran geglaubt, daß es den oder die Richtige überhaupt gab. Ich hatte mich schon entschlossen, ledig zu bleiben.

Erst als ich (und auch mein Mann) einschlägige sexualkundliche Werke gelesen hatten und ich über alles Bescheid wußte (Leists „Liebe und Geschlecht" war eine besondere Hilfe, weil man da auch die personale Struktur der Liebe wiederfand), gab ich dem Drängen meines Mannes nach. Der erste Geschlechtsakt war für mich eher enttäuschend. Ich empfand nur Schmerz. Dazu kam auch noch die Angst vor einer Schwangerschaft. Ich erlebte erst später den ersten Orgasmus und auch heute selten, obwohl mein Mann unendlich zärtlich und geduldig ist. Ich liebe meinen Mann sehr, und ich bin glücklich, auch wenn ich keinen Orgasmus habe, weil mein Mann glücklich ist. Allerdings ist mein Mann über meine schwache Erregbarkeit etwas bekümmert.

Seit ich verheiratet bin, sind für mich andere Männer vollkommen bedeutungslos geworden, obwohl ich früher sehr gern flirtete. Manchmal denke ich, daß ich vielleicht auch den einen oder anderen hätte sozusagen aus Versehen heiraten können, und da kriege ich noch nachträglich einen großen Schreck. Denn seit ich verheiratet bin, weiß ich erst, wie schwierig es ist, diese gegenseitige Übereinstimmung zu pflegen, für die das Sexuelle nur Ausdrucksmöglichkeit ist und nicht etwas Eigenständiges.

Dass die Frau einen Höhepunkt hat

Männlich, kath., 39 Jahre, 13 Jahre verh., 5 Kinder, Akademiker

Mit 25 Jahren lernte ich meine heutige Frau kennen. Für sie war ich der erste und sicher ein sehr stürmischer Liebhaber. Es hat einige Wochen gedauert, ehe ich die ersten Kuß-Versuche unternahm, dabei hätte ich sie stets in meinen Armen haben wollen, so groß war mein Nachholbedarf. Mein verideologisiertes Ich wollte sich ihr gegenüber immer als Musterknaben darstellen. Allerdings stimmten meine theoretischen Normenvorstellungen nur zum geringen Teil mit meinen Wünschen und Erfahrungen überein.

Meine Frau bekam mir gegenüber bald Schuldgefühle, sie empfand ihre kleinen Liebeleien mit ihren Schulfreunden mir Musterknaben gegenüber bereits als ein Vergehen an mir. Sie hat Gott sei Dank bald gemerkt, daß meine Wünsche an sie normaler waren und drängender als meine Ideologie.

In der über zweijährigen Brautzeit kam es gegen Ende auch zu geschlechtlichen Beziehungen. Wir glaubten jedenfalls, daß es welche gewesen wären. „Aufgeklärt“, wie wir beide waren, hatten wir überhaupt nicht mitbekommen, daß der Coitus nicht richtig vonstatten ging. Das erfuhren wir allerdings erst nach einigen Monaten in der Ehe. Daß die Frau einen Höhepunkt (Orgasmus) hat, erfuhr ich eigentlich durch Zufall, obwohl wir beide von Anbeginn unserer Ehe über unser Geschlechtsleben gesprochen haben. Meine Frau gibt es ja nur teilweise zu, in der ersten Zeit nicht sehr glücklich gewesen zu sein. Ich war wohl auch viel zu egoistisch, von meinem Jungegesellenleben und von meinem Beruf so eingenommen, daß mir das Gespür, mich richtig einzuschätzen, abging.

Die ersten Monate unserer Ehe waren mehr eine Triebbefriedigung als eine gelebte Liebesbeziehung. Nachdem wir Kinder kriegen sollten – und wollten, gab es ja scheinbar keine Grenze, an diesem Zustand etwas zu pflegen. Meine Frau war noch sehr jung, sie wuchs ohne Bruder auf, ihr Vater ist früh gestorben. Sicher hatte sie auch

Angst vor mir, um gleich von Anfang an einen Erziehungsprozeß zu initiieren. Erst als sie wieder zu sich selbst zurückgefunden hatte, also mir gegenüber einen eigenen Standpunkt einnehmen konnte, lernte ich kennen, daß Liebe eine weitere Dimension menschlichen Wollens und Erfülltseins aufbauen kann, die durch und über Geschlechtsbeziehungen hinaus erfahrbar wird.

Ich verdanke meiner Frau und ihrem Verhalten meine glückliche und wie ich meine tief im Gewissen verwurzelte Einstellung zu Liebe und Geschlecht. Es ist meine große Hoffnung, daß unsere Kinder auch und gerade durch mein Verhalten mit ihrer Geschlechtlichkeit glücklich werden.

Die erste Nacht war für uns enttäuschend

Weiblich, kath., 32 Jahre, verh., 3 Kinder, Hausfrau

In diesen Wochen lernte ich meinen Mann kennen. Ich kannte ihn bereits aus Erzählungen von einer Freundin. Wir waren zusammen in der Studentenverbindung, in der mein Mann ist. Er hatte am Anfang Bedenken, ich sei zu schade. Wozu? Ich sagte ihm, die Zeit sollte uns zeigen, ob wir zusammengehören. Wir verlebten viele gemeinsame Tage und Nächte und waren glücklich, vielleicht nicht heiter. Als wir meinten, wir müßten uns Geständnisse machen, waren wir beide traurig, von – kleinen und seltenen – Intimitäten hören zu müssen. Wir glaubten beide, wir müßten ganz! (so stand es in jedem Brief, den wir einer dem anderen schrieben) und ausschließlich aufeinander gewartet haben. Meinen Mann deprimierte es sehr, als ich von der Onanie und jener Nacht gesprochen habe. Ein Vierteljahr nachdem wir uns kennenlernten, waren wir uns klar, daß wir heiraten wollten. Daß meine Eltern mit ihm einverstanden wären, war für mich sicher.

Wir verbrachten alle acht Tage zwei Tage und eine Nacht miteinander. Wir waren uns einig, daß wir das Letzte bis zur Hochzeit aufbewahren wollten. Das, was uns übrigblieb, kam mir nicht rein, d. h. objektiv nicht sauber vor. Ich glaube, er hatte mehr Bedenken (ich kann mich aber auch täuschen). Ich konnte darauf nur sagen, wenn es falsch war, was ich damals in unserem Fall nicht annahm, werden wir das später sehen ... Daß ich später einmal denken sollte, hätten wir nur damals den Mut gehabt, habe ich nicht gedacht.

Frei gemacht hat mich unsere Verbindung insofern nicht, als ich mich bis zur Hochzeit von anderen abschloß und Angst hatte, ich könnte einem anderen Mann begegnen und in meinen Gefühlen nicht standhalten, obwohl ich meinen Mann seelisch und körperlich sehr gern hatte. Diese Furcht hat mich selbst verwundert und erschreckt. Erschrocken war ich vor mir selbst und meiner eigenen Unbeständigkeit. Das Gefühl der Zusammengehörigkeit zwischen meinem Mann und mir empfand ich stark und total, alle anderen Möglichkeiten ausschließend. Was für ein Spalt klaffte dazwischen!

Zwei Jahre später haben wir geheiratet. Am Vorabend dachte ich, ich weiß nicht warum, damals doch ohne jeden Anlaß: Und wenn alles „schiefgeht", weiß ich immer noch, ich habe den besten Menschen gefunden. Dieser Gedanke war mir damals unerklärlich, denn unsere Gefühle und meine körperliche Zuneigung schienen mir groß, manchmal kompromißlos, aber intensiv.

Die erste Nacht – ich hatte Angst und wollte es überstehen, da es das erste Mal angeblich weh tut – war für uns beide enttäuschend. Ich fühlte mich seelisch und körperlich allein und war unzufrieden mit mir, daß ich ihn hatte nicht ausfüllen können. Wir beide, so glaube ich, fühlten uns fremd und gezwungen in unserer Haut. Kleinigkeiten – wie bei uns ein vergessener Paß in einem fremden Abteil – können mit dazu beigetragen haben. Der ganze Urlaub – angefangen bei einer Anämie, von der ich nichts wußte, die sich in Unausgeschlafensein und zugleich Müdigkeit äußerte, war für beide Teile strapaziös. Große, emotionsgeladene Streitereien waren, wie übrigens und natürlich auch schon vorher, nicht selten. Wir kamen aus dem Urlaub zurück mit der ziemlich sicheren Wahrscheinlichkeit, daß wir ein Kind bekommen werden. Dennoch, ich will sagen, obwohl ich mich der neuen Lage absolut nicht gewachsen fühlte, haben wir das Ereignis mit Wein und Saft für das Baby – also mit allem guten Willen – gefeiert.

Wenn ich sagen soll, was mich an unserer körperlichen, geschlechtlichen Verbindung störte? Ich vermißte das ganz Aufgehenkönnen im anderen, ein Ausgelöschtsein. Ich glaube, ich wollte an der Hand dorthin geführt werden, mit Ruhe, Sicherheit und Gewißheit.

Als ich einen gewissen Ekel überwunden hatte

Männlich, kath., 23 Jahre, 2 J. verh., 1 Kind, Student

Als ich zum erstenmal mit meiner Freundin schlief, war sie wie ich unerfahren. Ich wußte, daß ich ihr Jungfernhäutchen mit meinem Penis durchstoßen mußte und ihr dabei Schmerzen zufügen würde. Es war sowohl für sie wie für mich eine Qual. Ohne vorhergehendes Liebesspiel drang ich langsam und – wie ich glaubte – gefühlvoll in ihre völlig trockene Vagina ein. Ich spürte, daß ich ihr Schmerzen bereitete, doch wollte ich die Entjungferung um jeden Preis vollziehen. Das sogar für mich schmerzhafte Eindringen führte ich auf ein besonders zähes Jungfernhäutchen zurück. Später konnte ich jedoch feststellen, daß meine Vorhaut, die vorher noch mit der Eichel verwachsen war, sich ganz von ihr gelöst hatte. Wir blieben kurze Zeit in Umarmung still liegen, bis ich mich beinahe erleichtert wieder löste. Von Mal zu Mal gelang es mir, mich besser auf meine Partnerin einzustellen. War's anfangs nur ein zaghaftes Streicheln, das den Koitus einleitete und begleitete, so waren bald Küsse auf den Körper eine Selbstverständlichkeit. Erst als ich einen gewissen Ekel überwunden hatte, war es mir möglich, auch ihre Scheide zu küssen. Je mehr ich Scham und Ekel ablegte, desto mehr gelang es mir, meine Partnerin zu erregen, so daß sie nun ebenfalls während des Koitus zu einem, oft zu mehreren Höhepunkten kam. Auf meine Bitte hin, sie möchte doch in unseren Liebesbeziehungen auch ab und zu aktiv werden, versucht nun meine Freundin mich mit ihrer Liebeswerbung noch zu übertreffen. Als hemmend erwies sich der Umstand, daß wir meist in ihrem Zimmer zusammenkamen, wobei unsere Liebeserweise und -beteuerungen ihrer Eltern wegen nicht zu heftig werden durften. Als wir endlich unseren Trauschein besaßen, konnten wir uns eine eigene Wohnung nehmen, in der wir nun den Pegel der „Nebengeräusche" nicht mehr unnatürlich niedrig halten müssen.

Ich habe heute die Anschauung und Verhaltungsnormen, die mir die christ-katholische „Aufklärung" mit auf den Weg gab, überwunden und mit meiner wirklichen Aufklärung begonnen, deren Ziel es ist, mich selbst zum freien Gestalter meines eigenen Lebens und seiner Ordnung zu machen.

Ich hatte Schmerzen beim Verkehr

Weiblich, kath., 31 Jahre, 2 Jahre verh., keine Kinder

Er hatte vom ersten Tag, seit er mich kannte, an Heirat gedacht und verfolgte zäh sein Ziel. Vor der Hochzeit ließ ich mich untersuchen. Mir fiel ein, daß man mich beschimpft hatte, ich sei frigid. Der Arzt beruhigte mich. Hormonhaushalt usw. seien in Ordnung. In der Hochzeitsnacht tauchten entsetzliche Schwierigkeiten auf. Danach benötigte ich erst einige Zeit Pause, um meine Nerven zur Ruhe kommen zu lassen und die Angst zu vergessen. Er gab mir die Zeit, nur daß das alte Lied von vorne begann. Es ist eigentlich nicht nur der Schmerz, sondern eine furchtbare Not, wenn er sein Glied einführen will. Ein sehr schwacher Vergleich ist eine Stuhlverstopfung, wenn man drückt und drückt und der Stuhl ist so hart, daß es nicht vorwärts noch rückwärts geht. Es bricht einem der Schweiß aus, und man hat eine schreckliche Not. So etwa ist das auch beim Verkehr. Ich versuche autogenes Training, ich rede mir gut zu, daß alles vorbeigeht und gar nicht schlimm ist. Wenn es soweit ist, ist alles zum Teufel, ich bekomme meinen Willen nicht in die Kontrolle. Ich wehre mich mit Händen und Füßen, trotzdem ich das gar nicht will. Manchmal zittere ich am ganzen Körper, und mir klappern die Zähne wie beim schönsten Schüttelfrost. Dabei ist mein Mann weder brutal noch sonst etwas, nur habe ich das dumme Gefühl, er bringt mich um. Ich brauche ein langes Vorspiel, bis die Scheide das Gleitsekret ausscheidet, aber meine Nerven lieben das nicht. Oft bin ich schon erschöpft, ehe es losgeht. Mein Mann behauptet immer, er stieße mit seinem Glied wie auf Holz. Dann meinte er, sein Glied würde nicht schlüpfrig genug. Ich ließ mir vom Arzt Salbe und ein Nervenberuhigungsmittel verschreiben. Nichts, aber anderntags wurde ich überhaupt nicht mehr wach vor lauter Beruhigung. Mein Mann beschwert sich, daß ich überhaupt nicht mehr aktiv würde und vor seiner Zärtlichkeit davonliefe. Er hat nicht einmal unrecht. Ich kann nicht mehr. Wenn ich nur halb so sensibel wäre! Einmal wurde es plötzlich viel besser. Er war nicht mehr über mir, sondern versuchte es aus der Seitenlage. Ich hatte das blödsinnige Gefühl, daß sich nicht jemand auf mich stürzt, sondern auf Händen trägt. Natürlich ging es so nicht, weil man die Beine nicht richtig spreizen kann. Wir waren in dem Film „Die Technik in der Liebe" in der Hoffnung, irgend etwas zu entdecken, was wir falsch machten. Es wurden viele Stellungen gezeigt, aber ich fand diese Akrobatik einfach entwürdigend. Mein Mann schlug mir nach dem letzten Mißerfolg eine andere Stellung auf der Bettkante vor, aber ich finde es ernüchternd, genauso wie die Fummelei mit Zäpfchen und Salbe und Pillen und was wir sonst noch tun.

Ich sah nur Sex

Männlich, kath., 31 Jahre, unverh., Student

Während meiner Berufsausbildung in einer fremden Stadt war ich mehrmals verliebt. Aus einer unbewußten Angst davor, daß die Begegnung mit einer Frau geschlechtlichen Charakter annehmen könnte, gelang es mir nie, eine engere Bindung einzugehen. Alle Frauen, denen ich begegnete, bildete ich in meiner Vorstellung zu reinen Engeln um und litt jedesmal furchtbare Qualen, wenn es sich zeigte, daß diese Vorstellungen nicht zutrafen. Dadurch wurde ich immer mehr auf mich selbst verwiesen, und meine Verlassenheit und das Bedürfnis nach Liebe wurden immer größer.

Endlich glaube ich, *die* Frau gefunden zu haben. Zufällig traf ich den angebeteten Engel aus meiner Schulzeit wieder und verliebte mich sofort aufs neue. Das erste Mal in meinem Leben geschah es, daß meine Zuneigung erwidert wurde, und es dauerte nicht lange, bis es zu Zärtlichkeiten kam. Bald stellte sich heraus, daß wir beide durch unsere Erziehung derartig beeinträchtigt waren, daß sich furchtbare Schuldgefühle entwickelten. Im Laufe der Zeit steigerte sich die Spannung zwischen Begehren und Schuldgefühl auf ein so unerträgliches Maß, daß die Beziehung nach etwa einem Jahr zerbrach. Die nächsten zwei Jahre gehören mit zu den furchtbarsten, die ich erlebt habe. Ich machte mir ständig Vorwürfe, daß ich den geliebten Menschen verloren hatte, und weinte mich manche Nacht in den Schlaf.

In dieser Zeit entstand eine zusätzliche Belastung. Ich erkannte, daß ich den falschen Beruf gewählt hatte, und es wurde mir immer deutlicher, daß ich in diesem Beruf zerbrechen würde. Gleichzeitig war ich unfähig, die nötigen Konsequenzen zu ziehen und das erstrebte Studium zu beginnen, denn ich glaubte, einen derartigen Entschluß unmöglich vor meinen Eltern rechtfertigen zu können. In dieser Zeit hatte ich immer wieder den Wunsch, plötzlich von einem Auto oder von einer Straßenbahn überfahren zu werden. Ich wollte aber nicht sofort tot sein, damit ich noch Zeit hätte, meinen Eltern sagen zu können, daß ich froh sei, diese schrecklich sinnlose

Welt verlassen zu dürfen, und daß ich ihnen verzeihen wolle, daß sie mich so erzogen hatten, daß dieses Leben so sinnlos für mich werden mußte.

Bald wuchs in mir die Erkenntnis, daß ich noch nicht reif genug für eine endgültige Bindung gewesen war und daß es noch erheblicher Arbeit bedurfte, diese Reife zu erlangen. Diese Erkenntnis wirkte ungeheuer erlösend auf mich. Ich fühlte mich befreit, faßte neuen Mut, gewann neue Lebenskraft und konnte mich jetzt mit großer Freude dem ersehnten Studium widmen.

In den nächsten Jahren verliebte ich mich noch einige Male, jedoch jedesmal – wenigstens in meiner Vorstellung – in engelsgleiche, ungeschlechtliche Wesen. Allmählich sah ich jedoch ein, daß ich mich nur in solche Begegnungen eingelassen hatte, die von vornherein zum Scheitern verurteilt waren. Ich hatte mich immer in solche Frauen verliebt, die in keiner Weise zu mir paßten und die auch meine Verliebtheit bestenfalls mit geringem Interesse erwiderten. Aus dieser Einsicht entstand in mir die Furcht, zu einer dauerhaften Bindung an eine Frau unfähig zu sein. Die Angst, allein bleiben zu müssen, wurde immer größer.

Das Problem wurde immer drängender und konzentrierte sich immer mehr auf das Sexuelle und die Angst, auf diesem Gebiet unfähig zu sein. Allmählich engte sich mein Gesichtskreis ein, und ich sah nur noch Sex. In dieser Zeit lernte ich eine Frau kennen, die mich begehrte. Anfangs versuchte ich, mich gegen diese Beziehung zu wehren, da ich spürte, daß sie keine Möglichkeit zu einer echten Begegnung sein würde, aber bald wurde ich von einer Art Panikstimmung dazu getrieben, geschlechtliche Beziehungen zu dieser Frau aufzunehmen. Die Ernüchterung kam sehr bald, und die Trennung ging rasch. Zunächst hatte ich große Schuldgefühle, aber bald wurde mir klar, daß ich mich unbewußt nur aus Protest gegen meine Eltern in diese Beziehung eingelassen hatte und daß alle bisherigen Begegnungsversuche gescheitert waren, weil meine Bindung an die Eltern zu stark gewesen war. Ich hatte immer Angst gehabt, wie mein Vater zu versagen, und ich hatte mich unbewußt zu sehr an den Ratschlag aus meiner Pubertätszeit gehalten, in allen Frauen meine Mutter zu sehen, um „rein“ bleiben zu können.

Als ich das erkannt hatte, wurde ich sehr ruhig. Meine Angst, allein bleiben zu müssen, schwand, und ich wußte, daß es mir möglich sein würde, zur rechten Zeit der richtigen Frau zu begegnen. Die Sehnsucht nach dem anderen Menschen blieb, aber jede hektische Suche und die überstürzten Liebeleien waren verschwunden. Dann, völlig unerwartet, begegnete ich einer Frau, zu der meine Zuneigung sehr schnell wuchs. Heute weiß ich, daß mir diese Begegnung das dauerhafte Glück gewähren wird, das ich immer gesucht hatte.

Ich bin sicher, daß alle bisherigen schmerzhaften Erfahrungen nicht umsonst waren, sondern mir geholfen haben, mich selbst verstehen zu lernen, Ruhe zu gewinnen und Einsicht in mein Wesen zu erlangen. Nur in dieser Ruhe und Sicherheit konnte die Begegnung mit dem geliebten Menschen glücken.

Ich empfand einen Nachholbedarf im Sexualleben

Weiblich, kath., 27 Jahre, unverh., Krankenschwester

Ich empfand aber auch so etwas wie einen Jungfräulichkeitskomplex und einen Nachholbedarf im Sexualleben, so etwas wie „eine Freundschaft mit einem Mann auf jeden Fall!" Ich arbeitete wieder als Krankenschwester in einem konfessionellen Haus, und als ich nach $1^1/_4$ Jahren in eine städtische Klinik wechselte, fuhr ich vorher ein paar Tage zur Erholung. Als ich über ein Wochenende mit dem Pensionswirt allein in der Pension war, lud er mich zu einer Flasche Wein ein abends, ich nahm an, und wir vergnügten uns gut bei Tanzmusik, und unsere Stimmung wurde immer besser. Ich erfuhr, daß seine Ehe schon lange nicht mehr gutging, und weil er mir die Tage zuvor oft den Eindruck des Unterwürfigen gemacht hatte, bekam ich Mitleid mit ihm. Er gab sich ganz verliebt, und es schmeichelte mir sehr, daß ich von einem um etwa 30 Jahre älteren Mann nicht väterlich, sondern als Partnerin angesehen und behandelt wurde. Allerdings konnte er überhaupt nicht küssen. Ich sagte es ihm aber nicht, weil ich ihn nicht verletzen wollte. Zum Schluß gingen wir noch in die Sauna, und dann wurde ich ein bißchen unsicher, wenn er jetzt verlangen würde, daß ich mit ihm ins Bett gehe? Dadurch, daß er es dann verlangte, fühlte ich mich berechtigt, nein zu sagen. Mich störte auch ungemein, daß er bei seinem Versuch, mich doch noch dazu zu bringen, das Licht aushaben mußte. Als er sich dann doch in guter Stimmung verabschiedete, freute ich mich doch über den Abend, wo es doch für beide sehr schön war.

In meinem nächsten Urlaub lernte ich einen 5 Jahre älteren Junggesellen kennen. Ich ließ mich von ihm ansprechen, und nach einem Spaziergang im Park kannten wir uns so weit – und ich hatte ihn liebgewonnen, daß ich seine Einladung, ihn zum Wochenende in seiner Wohnung zu besuchen – er wohnte etwa 100 km weiter in einer Stadt im Innern des Landes – gerne annahm. Als ich zu ihm fuhr, dachte ich, vielleicht würde er mir ein Zimmer besorgen, denn er bewohnte nur ein Zimmer dort. Als ich dort war, hatte ich diesen Gedanken schnell vergessen, und es war mir wie selbstverständlich, daß ich bei ihm blieb. Seit dem ersten Zusammensein waren die Zärtlichkeiten, die wir austauschten, immer intimer geworden. Wenn ich auch öfter Gelegenheit gehabt hatte, den Penis eines Mannes zu sehen, ich hatte immer eine solche Scheu, daß ich nie gewagt hatte, ihn mir richtig anzusehen. Hier erlebte ich nun die Potenz eines Mannes als etwas sehr Imponierendes und die Triebhaftigkeit, das Überwältigtsein von den eigenen Gefühlen und den Partner genauso zu erleben als etwas ungeheuer Befreiendes. Das „Animalische", das dem Mann in unserer Gesellschaft mehr zugesprochen wird als der Frau, war ein herrliches Erlebnis für mich, und durch diese seine „Schwäche" fühlte ich mich als Frau anerkannt und bestätigt. Es war wie ein spontaner Rückzug von etwas, was ich als Diffamierung empfunden hatte. In diesen Tagen des Zusammenseins beschränkten wir uns auf Petting. Ich hatte ein Verhütungsmittel bisher noch nicht gebraucht und hatte eine Antipathie gegen Präservative oder dergleichen. Wir machten uns aber Gedanken, wie es möglich sei, daß wir uns alle 4 bis 5 Wochen treffen könnten, und wurden uns auch klar darüber, daß einer von uns beiden ins Ausland überwechseln müsse, wenn wir uns richtig kennenlernen wollten. Seitdem treffen wir uns alle vier Wochen und schreiben uns wenigstens dreimal in der Woche. Jeder von uns lernt die Sprache des anderen und so ist die Verständigung jedesmal besser. Wir mögen uns wie am ersten Tag. Nun suchen wir nach einer Möglichkeit, ohne daß einer von uns beiden beruflich zuviel aufgeben muß, näher zusammenkommen zu können.

Eine Zeitlang im letzten Jahr hatte ich besonders stark den Wunsch, einmal schön und heiß tanzen zu gehn. Ich lernte einen Nigerianer kennen, der mir nicht sehr aufdringlich schien, und ich dachte, warum sollte ich nicht annehmen, wenn er mich zum Tanzen einlud. Meine blonden Haare hatten ihn wohl am meisten beeindruckt. Nach dem Tanzen wußte ich jedoch mit keinem Argument ihn davon abzubringen, mit zu mir zu kommen. Er wußte, wo ich wohnte, weil er mich zu Hause abgeholt hatte. Es lag mir nicht, ihm eine Szene zu machen, zumal er mit seinen Boxerfähigkeiten geprahlt hatte. Ich nahm ihn also unwillig mit in meine Wohnung. Als er auf meinen Unwillen hin begann, mit seiner Potenz zu protzen, empfand ich Abneigung und Ekel gegen ihn. Jetzt konnte ich ihn aber nicht mehr 'rauswerfen – ich sagte mir, er ist ein Neger, und die Verständigung war denkbar schlecht, auch weil mir seine völlig andere Mentalität bewußt wurde. Wir schliefen Rücken an Rücken in meinem Bett. Als ich mich jedoch im Halbschlaf bewegte, lag er über mir, und ich konnte nicht mehr weg von ihm. Gut, sagte ich mir, so soll er befriedigt nach Hause gehen, doch meine Abneigung wurde eher noch stärker. Ich hatte das Gefühl, mir wächst ein Schwanz, und war froh, als es Morgen war und mein Schwarzer aus dem Haus! Seitdem halte ich nichts mehr von Sex ohne freundschaftliche Beziehung und werde mich auf solche Abenteuer nicht mehr einlassen.

Am Hochzeitstag war ich keineswegs eine glückstrahlende Braut

Weiblich, kath., 31 Jahre, 1 Jahr verh., keine Kinder, Buchhändlerin

Am Hochzeitstag war ich keineswegs eine glückstrahlende Braut, trotzdem ich mir alle Mühe gab. Mein Mann kam mir plötzlich vor, als ob er der erste seiner Gattung wäre, den ich sähe, so fremd. Der Hochzeitsnacht stand ich etwas skeptisch gegenüber. Als ich dann heftige Schmerzen empfand, war ich beruhigt. Ich hatte gelesen, das gehörte dazu, daß es nun eintraf, beruhigte mich. Ich war nervös, und mir klapperten die Zähne, ich kam mir ungewohnt vor. Als wir hinterher essen gingen – wir hatten den Spätnachmittag gewählt, weil ich leicht ermüdbar bin –, genierte ich mich ein bißchen, kicherte albern und glaubte, es müsse mir jeder sofort ansehen, was los war. Ich sagte meinem Mann, er wäre ein wunderbarer Liebhaber. Er hatte ja auch noch keine praktische Erfahrung, und wenn bei den Studenten die Rede darauf kam, hieß es immer: Was, du warst noch mit keiner Frau im Bett? Du bist ja gar kein richtiger Mann usw. Damals sagte er immer: Ich möchte eine Frau ganz allein für mich haben, und darum will ich dasselbe meiner Frau schenken. Praktisch hätte es mir Sicherheit gegeben, wenn er Erfahrung gehabt hätte, aber so wußte ich, er war noch nie bei einer anderen Frau und denkt jetzt nur an dich. So versuchte ich ihm Mut zu machen, den er wahrscheinlich gar nicht brauchte, so wie immer, wenn ich glaube, ich kann ihm helfen oder er braucht mich, gibt es für ihn gar kein Problem.

An einem Abend geschah es dann

Weiblich, evang., 35 Jahre, unverh., keine Kinder, Modezeichnerin

An einem Abend, nach einem sehr angeregten Gespräch und dem dabei reichlich zugesprochenen Wein, geschah es dann: Zum erstenmal kam mir zu Bewußtsein, daß ich diesen Mann sehr liebgewonnen hatte. Trotz aller Schwierigkeiten, in die er mit seinem ganzen Wesen getaucht schien. Als er gehen wollte, strich ich ihm zärtlich über sein viel zu früh ergrautes Haar und hauchte einen Kuß auf seine blassen Wangen. Ich hatte ihn in diesem Moment so lieb und wollte es ihm auf diese Weise verständlich machen.

Mit einer Vehemenz, die ich niemals erwartet hätte, warf er sich auf die Couch, zog mich mit und stellte fest, daß er sehr müde wäre. Ich war derart verdutzt, da ich mit dieser Situation noch nicht gerechnet hatte, daß ich nicht einmal bemerkte, daß er bereits völlig entkleidet, während ich noch ganz angezogen war.

Ich spürte seine heiße Leidenschaft, aber auch die Unerfahrenheit im Umgang mit Frauen. Seine Genitalien waren wundervoll ausgeprägt. Noch nie hatte ich soviel Schönheit gesehen. Ich empfand keinerlei Ekel, nur die Lust und immer wieder einzig und allein die Lust, sein Glied und alles was dazu gehört, in bewundernder Hingerissenheit und Erschütterung zu küssen. In diesem Moment war alles für mich zu einer einzigen Einheit geworden. Es gab keine isolierte und unwirkliche „reine geistige Liebe", aber auch keine böse und zu verdammende „niedrige sinnliche Lust" mehr.

Dringend bat ich ihn, daran zu denken, daß wir in diesem Augenblick große Verantwortung auf uns nehmen. Jeder Geschlechtsverkehr trägt die Möglichkeit einer Konzeption in sich. Da ich keinerlei empfängnisverhütende Mittel verwendet hatte, möge er Vorsicht walten lassen. Er beruhigte mich und meinte, daß dies wohl eine Selbstverständlichkeit wäre.

Ich spürte seine Sehnsucht nach Geborgenheit und nahezu verglühende Leidenschaft, die wie eine Urgewalt aus ihm herausbrach, und gab mich ihm restlos hin. Es schien mir, als hätte diese Nacht – es war die glücklichste, die ich jemals erlebt habe – nicht Anfang noch Ende. Ich war völlig wie in Trance. Zwischendurch kamen mir die Tränen, weil ich glücklich, dankbar und wie erlöst war. Zum erstenmal in meinem Leben war ich froh darüber, daß ich überhaupt eine Frau geworden bin und nicht mehr gegen mein eigenes Geschlecht ankämpfe. Die Umgebung war wie ausgelöscht und beinahe unwirklich. Es gab nur noch ihn und mich auf der ganzen

Welt. Nur uns beide. Sekundenschnell blitzte ein Gedanke auf: Ich wünschte mir, ein Kind von ihm zu empfangen.

Als er gegen Morgen gegangen war, blieb ich den ganzen Tag über, immer noch auf meiner glückseligen Woge schwebend, im Bett und genoß die Erinnerung mit allen ihren Details.

Zwei Tage später riß mich ein Brief von ihm in die Wirklichkeit zurück. Er teilte mir mit, daß er den Hinweis auf die Verantwortung nicht ernst genommen hätte und daß es immer sein Wunsch gewesen wäre, eine erste Vollbegegnung nicht durch Vorsichtsmaßnahmen zu behindern. Für ein von ihm gezeugtes Kind würde er voll und ganz einstehen.

Ein nicht zu beschreibendes Glücksgefühl

Zunächst erschrak ich, holte meinen Kalender und stellte fest, daß jene Nacht genau mit dem Zeitpunkt des Follikelsprungs zusammentraf. Nachdem die erste Schrecksekunde überwunden war, machte ich mich mit dieser für mich völlig neuen Situation vertraut. Es war für mich so gut wie sicher, daß eine Konzeption stattgefunden hatte. Ein nicht zu beschreibendes Glücksgefühl durchströmte mich. Ich war unsagbar froh, diesen zwar etwas wunderlichen, aber doch mir liebenswert erscheinenden Mann gefunden zu haben. Alle Liebe, deren ich fähig war, wollte ich ihm geben. Mein Leben schien für mich nun endlich seinen Sinn gefunden zu haben. Ich träumte, daß dieses Kind ein Mädchen sein würde. Später, irgendwo am Land, würden wir dann in einem Pfarrhaus leben. Vielleicht kämen noch, trotz unseres vorgerückten Alters, ein oder zwei Kinder dazu. Vielleicht würden wir auch welche adoptieren. Immer wieder kreisten meine Gedanken um eine helle, moderne Kirche und ein von fröhlichem Kinderlachen erfülltes Pfarrhaus. Die Mitarbeit in der Gemeinde würde mich sehr froh machen, denn es wäre eine meinem Wesen gemäße Aufgabe.

Ich ahnte nicht, daß unser nächstes Zusammentreffen für mich zur bösesten Enttäuschung werden sollte. Er war wie umgewandelt. Ich spürte instinktiv den Druck seines Schuldgefühls, das sein ganzes Denken zu verdunkeln schien. Zunächst erklärte er mir, daß eine Ehe mit mir für ihn nicht in Frage käme, da er mit mir nur unglücklich werden würde. Dann brachte er das Gespräch auf den Alkohol, den wir an jenem denkwürdigen Abend mehr, als gut war, genossen hatten. Er war der Ansicht, daß ich damit rechnen müßte, ein mißgestaltetes und geistig gestörtes Kind zur Welt zu bringen, und machte sich und mir bittere Vorwürfe, daß es überhaupt zu jener Nacht und den „körperlichen Intimitäten" gekommen war, und daß wir diese Angelegenheit aus der Welt schaffen müßten. Es wäre besser, ein Kind käme erst gar nicht zur Welt, als daß es als Krüppel oder Idiot herumlaufen müßte. Vor Entsetzen schrie ich, daß ich das, was er jetzt von mir verlangt, niemals tun würde. Denn es wäre doch Mord. Er wies darauf hin, daß überall in der Welt, sei es in Biafra, Vietnam oder Indien, täglich Tausende Kinder an Hunger sterben und er sich nichts dabei denke, einem schwer geschädigten Kind erst gar nicht das Leben zu geben. In meiner Erstarrung konnte ich nichts darauf erwidern. Doch die Frage ließ mich nicht mehr los: Sehe ich nicht alles zu übertrieben und überbewertet? Wenn ein Theologe sich schließlich nichts bei einer Abtreibung denkt, noch dazu, wenn es sich dabei um ein von ihm gezeugtes Kind handelt, dürfte doch wohl eine Abtreibung nicht so tragisch sein.

Seine dauernden Vorwürfe, Beschuldigungen und Kränkungen

Es folgten die schwersten Wochen, die ich, abgesehen von meiner Kindheit und Ehe, erlebte. Im Gegensatz zu früher setzte er mich nun bei jeder Gelegenheit herab. In den Briefen, die ich täglich von ihm erhielt, beschuldigte er mich, daß sein künftiges Leben, sofern er mich heiraten müßte, nur noch eine einzige Resignation sein würde. Ich hätte, nachdem ich schon einmal verheiratet gewesen wäre, darauf achten sollen, damit nichts „passiert". Unter einem fingierten Vorwand hätte ich ihn damals an jenem Abend zurückgehalten und nicht gehen lassen. Die Verantwortung trage folglich ich und nicht er. Niemals hätte er mich geliebt, würde nie dazu fähig sein, da ich nun einmal nicht sein „Typ" wäre. Der Gedanke war ihm entsetzlich, mit mir geschlafen und ohne Liebe wahrscheinlich ein Kind gezeugt zu haben. Eine Ehe mir mir käme einer Aufgabe seiner selbst gleich, er würde seine innere Freiheit verlieren und nur noch in „freundlicher Resignation" dahinleben. Er setzte mir Vorbilder vor, an denen ich mir ein Beispiel nehmen sollte, die ich jedoch niemals anerkennen konnte. Er kreidete mir mangelnden Ehrgeiz schwer an.

Noch hatten wir keine Gewißheit, ob es tatsächlich zu einer Empfängnis gekommen war. Seine dauernden Vorwürfe, Beschuldigungen und Kränkungen trugen dazu bei, daß ich mich immer öfter mit dem Gedanken, „diese Angelegenheit aus der Welt zu schaffen", befaßte. Es war mir bekannt, daß durch hormonelle Steuerung die Nidation verhindert werden kann. Voraussetzung ist, daß die Hormonspritze spätestens zwei Tage vor Einsetzen der fälligen Menstruation injiziert wird. Vorläufig spielte ich nur in Gedanken mit dieser Möglichkeit.

Täglich, bis in die späten Nachtstunden, diskutierten wir darüber, wie es nun später werden sollte. Er kam jeden Tag mit einem anderen Vorschlag. Der schmerzlichste aber war jener, daß er heiraten würde, jedoch keineswegs mich, sondern irgendeine junge Frau, die er noch kennenzulernen hoffte. Er würde jedoch eine Frau nur unter der Voraussetzung heiraten, daß ich ihr sympathisch wäre. Dann dürfte ich ihn mit meinem Kind im Pfarrhaus besuchen, oder aber das Kind würde in seiner Familie aufwachsen, denn für die Entwicklung benötige es geordnete Verhältnisse. Über so viel sadistische Grausamkeit war ich zunächst sprachlos, dann schrie ich ihm ins Gesicht, daß ich niemals im Leben sein Pfarrhaus betreten würde. Was er nicht verstehen konnte.

Er schickte mir ein Hormon-Präparat, damit sich die Periode auf keinen Fall verzögern sollte. Verzweifelt habe ich diese Pillen auch noch geschluckt. Ich liebte ihn immer noch und glaubte alles tun zu müssen, um ihn doch noch zu gewinnen. Ich merkte damals nicht, daß ich ihm hörig geworden war.

Ein Gebetstext

Mit dem nächsten Brief kam ein Gebetstext:

> „Gib mir die Gelassenheit, Dinge hinzunehmen, die
> ich nicht ändern kann, gib mir den Mut, Dinge zu
> ändern, die ich ändern kann, und gib mir die
> Weisheit, das eine vom andern zu unterscheiden."

Fassungslos starrte ich den Text an und konnte nicht glauben, was hier geschrieben stand. Namenlose Verzweiflung, aber auch ohnmächtiger Zorn ergriffen mich: Noch konnte ich ändern. Noch blieben mir zwei Tage Zeit bis zum Eintreffen der normalen Menstruation. Ich glaubte, begriffen zu haben, was er von mir durch den Text forderte. Jetzt war ich entschlossen, es zu tun. Er sollte seine Freiheit wieder haben. Zu oft hatte ich von ihm hören müssen, daß er seine Zukunftspläne niemals verwirklichen könnte, wenn er durch eine plötzliche Ehe an mich gebunden wäre bzw. wenn überhaupt ein Kind zur Welt käme. Er schrieb gerade an einer längeren wissenschaftlichen Arbeit und hatte mehrmals erklärt, daß er Kindergeschrei im Augenblick auch nicht ertragen könnte.

Ich suchte einen Arzt auf, dem ich meine ganze Misere erzählte. Er bestätigte mir, daß es tatsächlich eine hormonale Beeinflussung gäbe. Die Menstruation würde termingerecht eintreten, die Blutung sehr stark sein. Meine Frage, ob sich feststellen ließe, ob eine Gravidität bestanden habe, verneinte er. Ich bat um die Spritze. Als er zögerte und mich fragte, ob mir bewußt wäre, was ich verlange, und ob ich mir im klaren wäre, was Verantwortung ist, versicherte ich ihm mit Nachdruck, daß ich in diesem Moment jegliche Verantwortung auf mich nehmen würde und mir sehr genau bewußt wäre, worum ich gebeten hatte.

Doch in welche Tragik hatte ich mich im Augenblick meiner Entscheidung, bei der ich alle Schuld auf mich nahm, verstrickt! Wegen meines völlig unterentwickelten Uterus und einer Ovarial-Cyste hatte ich eine sehr lange Hormon-Behandlung hinter mir, die erst kürzlich zum Abschluß gebracht worden war. Denn gerade in den letzten Jahren hatte ich mir sehnlichst eine Ehe und Kinder gewünscht.

Es darf nicht sein

Im Moment des Einstichs der Hormonspritze schrie ich innerlich auf: Nein! Es darf nicht sein! Es ist doch Wahnsinn. Es muß ungeschehen bleiben!

Wenige Stunden danach schmerzte die Einstichstelle und wuchs zu einer Beule heran. Mir war entsetzlich übel. Ich blieb im Bett und begann angstvoll nachzusinnen: Unter keinen Umständen wollte ich jetzt das Kind, wenn es tatsächlich zu einer Konzeption gekommen sein sollte, verlieren. Selbst wenn es infolge embryonaler Störungen schwer geschädigt sein sollte. Ich dachte dabei nicht nur an den Alkohol, sondern auch daran, daß der Vater meines Kindes einen ziemlichen Tablettenmißbrauch trieb.

Ich hatte es aus der Toilette herausgefischt

Vier bange, von schweren Schuldgefühlen beladene Tage waren bereits vergangen. Ich war sehr froh, daß eine Blutung sich noch nicht gezeigt hat. Aus Vorsicht und Angst verbrachte ich den ganzen Tag im Bett. Von der Spritze hatte ich ihm nichts gesagt und wollte ihn mit diesem schrecklichen Wissen nicht belasten. Denn nun war er auf einmal sehr froh darüber in der Meinung, daß ich nichts unternommen hätte und wir somit nicht – schuldig würden am werdenden Leben – wie er sich auszudrücken pflegte.

Ich war überglücklich, daß die Spritze keinerlei Wirkung zeigte. Bereits spürte ich die Veränderung in meinen Brüsten. Sie wurden größer, und ein bisher mir unbekanntes Spannungsgefühl machte sich bemerkbar. Meine Schwangerschaft war mir jetzt zur Gewißheit geworden.

Ungefähr 10 Tage waren nach jener verhängnisvollen Spritze vergangen, als ich ein leises Ziehen in der Gebärmutter spürte, ähnlich wie es sich zu Beginn der Periode einstellt. Zugleich trat eine geringfügige Blutung ein.

Zwei Tage später geschah das Grauenhafte: Ich hatte es aus der Toilette herausgefischt. Dieses winzige kleine Etwas. Gallertartig, orangenfarbig, in der Größe etwa einer Erbse. Bisher kannte ich es nur von Bildern. Ich sah alle Details, die um diese Zeit der Entwicklung bereits zu erkennen sind. Es war der schrecklichste Augenblick meines Lebens. Ein Schock, den ich bis heute, wahrscheinlich mein ganzes Leben nicht überwinden werde.

Ein unsagbares Grauen erfaßte mich: Wie selbstherrlich ist doch der Mensch geworden. Er spielt sich auf zum Herrn über Leben und Tod. Eine Spritze – und die Betätigung der WC-Spülung. Leben ist fortgeschwemmt, als hätte es nie bestanden. Mir schauderte vor mir selbst. Erst jetzt wurde mir das Ungeheuerliche bewußt, das ich getan hatte.

Innerhalb einer Woche mußte dann zweimal hintereinander die Curettage – ohne Anästhesie – durchgeführt werden. Nicht zu beschreiben der Weg danach, die wenigen Schritte, mit denen ich mich zum Taxistand schleppte. Alles in mir war leer, still und tot. Mein Leben schien für immer seinen Sinn verloren zu haben.

Ich schwieg, als der immer noch von mir geliebte Mann abends kam und mich völlig erschöpft vorfand. Ausgerechnet an diesen beiden Abenden fing er wieder mit seinen Spöttereien an, setzte mich herab und quälte mich mit höhnischen „Feststellungen". Wieder erklärte er mir, daß er mich niemals heiraten würde, da er eine Ehe ohne Liebe nicht eingehen könne. Mit einem Kind „dürfte" ich jedoch später in sein Pfarrhaus kommen. Im übrigen würde er in Gedanken immer nur von meinem, niemals aber von seinem Kind sprechen. Er hätte keine Beziehung dazu. Ich sollte mich freuen, denn nun hätte ich doch alles erreicht, was ich mir gewünscht hätte.

Mir kamen die Tränen. Traurig, resigniert dachte ich: Ach, wenn du alles wüßtest! Ich habe dich so unsagbar liebgehabt, daß ich zu allem fähig war. Ich muß jetzt bitter dafür büßen. Schuld habe ich mir aufgebürdet, nämlich jene Schuld dem Leben gegenüber, damit du frei bist. Es war dir ausschließlich um deine Karriere gegangen. In keiner Weise hat es dich interessiert, was aus einem von dir gezeugten Kind wird.

5. Abschnitt

Die Ausweglosigkeit auswechselbarer Beziehungen

Zur Einführung

Mit leeren Händen. Nichts bleibt

Die folgenden Berichte könnten verschieden gelesen und aufgenommen werden. Manche Leser möchten das Berichtete, vor allem diejenigen – die solche Erlebnisse darstellen, völlig ablehnen und als moralisch „unmöglich" herabsetzen. Andere mögen die Berichte mit einem gewissen Neid lesen: „Merkwürdig, warum ist mir derartiges nie passiert? Ich führe eine langweilige Ehe. Wie gern erlebte ich solche wechselnden Beziehungen, wie sie geschildert werden." Berichte wie die folgenden können, wenn sie zugelassen werden, zur Möglichkeit einer größeren Wahrhaftigkeit gegen sich selbst werden. Die offene Beantwortung der Frage: Wie empfinde ich diese Berichte?, könnte helfen, daß ich mir über meine Einstellung zu dem anderen Geschlecht auch dort klarer werde, wo ich mir bisher manches vielleicht verheimlicht und nicht eingestanden habe. So könnte die „moralische" Entrüstung ebenso wie der Neid ein Zeichen sein, daß ich in meinem geschlechtlichen Verhalten, vor allem zum anderen Geschlecht, noch der Nachreifung bedarf.

Nun jedoch zu den Berichten selbst. Es scheint wichtig, daß vor allem Frauen so ausführlich über wechselnde Beziehungen berichtet haben. Wenn wir diese Berichte genau studieren, erkennen wir, wie wenig diese wechselnden Beziehungen Zeichen eines besonders reichen und gesteigerten Lebens sind. Nahezu alle stehen am Ende mit leeren Händen da. Wunden bleiben zurück aus Beziehungen, die sinnlos endeten. Wechselnde Beziehungen sind Zeichen, daß der Suchende bei keinem anderen findet, was er sucht. Zugleich vermag er bei keinem zu bleiben. Zuerst treiben Neugier und Protest gegen Eltern und religiöse Traditionen zu verschiedenen Menschen des anderen Geschlechts. Die Ideologisierung schien zu rechtfertigen, man sollte das Leben genießen, um so mehr Genuß durch Eltern und Erzieher verboten oder wenigstens mißtrauisch beobachtet wurde.

Wechselnde Beziehungen wie die geschilderten sind heute sehr häufig. Verbreitet sind die Versuche, sie schicksallos hinzustellen. Immer öfter treffen wir auf die Meinung, Männer und Frauen könnten und sollten sich nach Belieben trennen und treffen, nur um sich eine Zeitlang Lust zu spenden.

Was Magazine und Illustrierte als schicksalloses Geschlecht und „Genuß ohne Reue" propagieren, ist eine Verzeichnung der Wirklichkeit des Geschlechts und geschlechtlicher Beziehungen. „Sex" und nur „Sex", wie die Pornographie propagiert, ist nur verkümmertes Geschlecht. Es ist das geschlechtliche Verhalten, in dem der eigentliche Sinn geschlechtlichen Verlangens unterdrückt oder abgespalten „nebenher"läuft. Der Sinn der geschlechtlichen Gemeinschaft und der Lust ist und bleibt die wesenhafte Liebe, auch wenn Ungezählte dazu nicht fähig sind. Die Berichte zeigen deutlich, wie sehr in diesen Beziehungen nach Bleiben und nach Liebe gesucht wird.

Verkümmertes geschlechtliches Verhalten wird heute gefeiert. Und die Liebe? Sie geht leer aus. Oft so leer, daß viele gar nicht mehr auszusprechen wissen, was ihnen fehlt. Die Krankheiten sprechen bald um so unüberhörbarer aus, jedoch nur für jene, die auf diese Zeichen zu achten gelernt haben. Was auch immer an Schicksalen zu Gesicht kommt, die sich in wechselnden Beziehungen verloren haben, ohne das Bleiben in der Liebe endlich zu finden, am Ende standen Sinnlosigkeit, Depression. Unerhelltes Strafbedürfnis könnte diese Feststellung als Strafe mißverstehen. Wie früher der Onanie mit der Hölle gedroht wurde, so werden heute Gruppensex und Promiskuität mit Sinnlosigkeit und Krankheit bedroht. Nun, eine Feststellung ist keine Drohung. Nur Liebe kann Sinn spenden. Es ist leider so: am Ende in auswechselbaren Beziehungen steht Sinnlosigkeit, um so mehr, je weniger diese Menschen darauf vorbereitet wurden, alt und älter zu werden. Die Lust gehört zu den tiefsten Erfahrungen im Menschendasein, wenn sie ihren Sinn verschenken kann. Sie wird zerstörerisch, sie verkümmert und versandet, wenn sie aus leerem Wiederholungszwang heraus nicht mehr zur Weise erschütternder Begegnung von Mann und Frau wird.

Die vorgelegten folgenden Berichte sind zugleich als Hinweis zu lesen: sie zeigen, es ist möglich, aus jeder Irrung hindurch zu sich selbst zu finden.

Was nun die christliche „Erziehung" betrifft, so kann sie widersprüchliche Folgen haben: Sie konnte und kann einen jungen Menschen dazu „erziehen", daß er Angst vor dem eigenen und anderen

Geschlecht empfindet, kontaktarm und begegnungsunfähig wird. Diese Erziehung kann auch das Gegenteil bewirken: aus Protest, wie die folgenden Berichte zeigen, läßt sich ein Mensch in wechselnde Beziehungen treiben. Am Anfang stand Neugier, dann brach das schweifende Verlangen nach Lust und die Sehnsucht nach Liebe auf. Man muß sehen: Das Verhalten zum Geschlecht ist dialektisch gebaut. Wer infolge seiner Erziehung geschlechtsfeindlich wurde, mußte sein geschlechtliches Verlangen in die Tiefe abdrängen. Wer von diesem Verlangen überfallen wird und sich in auswechselbaren Beziehungen verliert, ist aber nicht deshalb geschlechtsbejahend, sondern seine unbewältigte Geschlechtsfeindschaft ist ins Dunkel verdrängt. So dürfen wir nicht nur vermuten, sondern annehmen, daß Promiskuität oder Gruppensex, die vor allem in der Pornographie angeboten werden, als Schatten eine unbewältigte Geschlechtsangst und Feindschaft mit sich führen.

Willenlos vom Wind umhergewirbelt

Weiblich, evang., 27 Jahre, ohne sonstige Angaben

Dann begegnete mir der Mann, bei dem ich bleiben wollte. Es war, als gehörten wir seit Anbeginn der Zeiten oder schon vor aller Zeit zueinander; als liebte ich nun erst wirklich, und alles zuvor sei nur Verliebtheit, Täuschung gewesen und als sähe ich jetzt erst den Sinn der Welt und des Lebens. Ich war selig, als er sich mir zuwandte. Ihm untreu zu werden, wäre mir nie in den Sinn gekommen, und ich meinte nun zu wissen, daß man gar nicht untreu werden kann, wenn man wirklich liebt.

Wir zogen zusammen und führten eine „wilde Ehe". Obwohl er viel älter als ich war, lebte er in einer ähnlichen Traumwelt wie ich. Es war das, was man einen puer aeternus nennt, und sah auch aus wie ein Prinz aus einer Märchenwelt, in der man nicht altert. Er sagte oft, daß er und ich wie die Kinder seien und in einer Welt lebten, zu der die Erwachsenen keinen Zutritt hätten. Wir lebten, als sei jeder Tag ein Festtag. Den Alltag ignorierten wir, indem wir das Notwendige, Nüchterne und die Arbeit in ein Spiel verwandelten. Wir spielten „Geldverdienen", „Abwaschen", und „Studieren". Unsere Wohnung sah aus wie ein Mittelding zwischen Bohèmebude und Schloß, und nie fehlte es an Blumen, Kerzen, Wein und indischem Räucherwerk, auch wenn wir dafür an notwendigeren Dingen sparen mußten.

Bei all dem aber muß ich früh geahnt haben, daß das nicht genügte, daß wir es uns zu leicht machten. Nach wenigen Monaten des Zusammenlebens schrieb ich, als wir einmal für kurze Zeit getrennt waren, einen Brief an ihn, den ich nie absandte:

„Schatten in der Nacht, Lieber, und Gedanken und Gestalten. Ich habe Angst, Angst, weil ich nicht bei Dir bin, und Angst, bei Dir zu sein ... Du, ich, stumm, nichts zu sagen, das nicht Wunden schlägt, keine Berührung zu wissen, die nicht zerstört, keine Zärtlichkeit, die nicht schmerzt. Wir wissen ja beide, was kommt, wir können ihm nicht entgehen, aber wir können es auch nicht beschleunigen. Wenn man nichts mehr wagt, ist man schon tot – aber stimmt es, daß wir noch etwas wagen könnten, da wir alle Ergebnisse schon vorher wissen? Gibt es wirklich noch nie geöffnete Türen voller Geheimnisse? Ich weiß, ich werde versuchen zu schweigen, und dann werde ich das bewegungslose Warten nicht mehr ertragen und Dinge sagen, die nicht stimmen und die Dich verletzen, nur um zu spüren, daß wir noch leben; ja, so weit wird es kommen, daß nur durch den Schmerz, den wir uns zufügen, wir uns noch als lebendig empfinden."

So kam es auch. Aber wie das mehr als zwei Jahre später in Wirklichkeit aussehen sollte, ahnte ich damals noch nicht.

Gemeinsames Grundthema seiner und meiner Existenz war, daß wir beide versuchten, der Schwere der Wirklichkeit in eine poetische Traumwelt hinein auszuweichen. Auf geschlechtlichem Gebiet hatten wir je verschiedene Fluchtwege beschritten: er hätte sich am liebsten vor seiner Männlichkeit und dem Geschlecht überhaupt gedrückt und nur auf „seelisch-geistige Weise" geliebt und wollte seine sehr lebendige Sinnlichkeit nicht wahrhaben; ich dagegen hatte das Geschlecht nicht abgelehnt, aber bisher seine Macht mißbraucht zum Protest gegen die Schranken meiner bürgerlichen Erziehung und mich dadurch auch um das Eigentliche gebracht.

Zudem hatte er homoerotische Züge. Das wußte und akzeptierte ich damals fraglos. Seine Scheu vor der Sinnlichkeit zeigte sich darin, daß er mir gegenüber äußerte, er habe Angst vor dem Weib in mir, er suche eigentlich den Kameraden, den Freund in mir. Wenn wir uns vereinigt hatten, entschuldigte er sich manchmal bei mir und sagte, er liebe mich „trotzdem" auf unkörperliche Weise. Er erlaubte sich auch fast nur, wenn er zuvor getrunken hatte, sich ganz dem Orgasmus zu überlassen. Das Trinken gab ihm die Möglichkeit, „nichts davon zu wissen". Manchmal hatte er tatsächlich am nächsten Morgen vergessen, was in der Nacht geschehen war – was mir leid tat, denn dadurch wurden die gemeinsamsten Erlebnisse wie halb, nur von mir bewußt erfahren und erinnert. Er sagte, im Orgasmus würde alles so anonym. Ich hatte erst später die Erfahrung gemacht, daß vielmehr das Gegenteil der Fall sein kann und daß es dann kein Zufall ist, wenn man im Augenblick der höchsten Lust den Namen des Geliebten ruft. Damals war ich noch zu unsicher in mir selbst und zu abhängig von ihm, als daß ich das hätte wissen können.

Statt dessen versuche ich aus dem Wunsch, ihm zu gefallen, alles spezifisch Weibliche in mir nicht zur Erscheinung kommen zu lassen. Ich war zum Beispiel stolz auf meine schmalen Hüften, auf meinen knabenhaften Hintern und hätte lieber kleinere Brüste gehabt, ich trug einfache sportliche Unterwäsche und selten Büstenhalter, war kameradschaftlich und gar nicht kokett. Er hatte meinen natürlichen Körpergeruch auch lieber als das Parfum, und so ließ ich selbst das weg. Diese Versuche, mich in sein geschlechtsloses erzengelhaftes Idealbild zu verwandeln, geschahen aber nicht so bewußt, wie ich sie nachträglich sehen kann, sondern vielmehr so, daß dieses Bild zu meinem eigenen Ideal meiner selbst wurde und so gewissermaßen von innen her meine Verwandlung in ein knabenhaftes Mädchen bewirkte.

Im Bett waren wir oft zusammen. Aber es herrschte keine erotische Spannung zwischen uns, sondern eher eine auch sinnlich getönte, aber mehr vertraute Zärtlichkeit. Wir wurden bis in die Haut hinein einander vertraut. Ich hatte übrigens am Beginn unseres Zusammenlebens den Gebrauch des Pessars aufgegeben und benutzte ein spermatizides Gelee statt dessen.

Er akzeptierte die Sinnlichkeit, solange sie „poetisch" in seinen Augen war. Wurde sie „geschlechtlich", so scheute er sich vor der Massivität und Ausschließlichkeit. Er sagte, dort werde es „humorlos", und damit hatte er in gewisser Weise recht, denn ich vertrug auf diesem Gebiet weder Witze, noch wenn er den Geschlechtsakt oder irgend etwas daran lächerlich machte. Er schämte sich auch seines Gliedes und hätte lieber ein so knabenhaft-rosenknospiges Glied besessen, wie man es bei den griechischen Statuen sehen kann. Ich aber mochte sein Glied, wie es war, und sagte das auch oft. Im Lauf der Zeit begann er, sich und sein Geschlecht lieber zu haben.

Von verzehrender Eifersucht gepackt

Als ein junger Mann seines früheren Bekanntenkreises auftauchte, konstellierte ich die Situation so, daß er mit ihm ins Bett ging. Ich konnte in dieser Nacht nicht schlafen. Zuerst erlebte ich mit, wie die beiden Männer miteinander spielten, sah, wie der eine den anderen mit dem Mund befriedigte. Ich hörte ihr Toben und ihr stoßweises Atmen. Dann waren sie eingeschlafen. Ich rauchte eine Zigarette nach der anderen und sagte mir immer wieder, daß es gut so sei, daß dies genau das sei, was ich gewollte hätte. Aber ich zitterte am ganzen Körper, mir tat das Herz weh, und ich hatte Angst. Ich versuchte zu schlafen, aber es ging nicht. Ich rauchte, ging auf und ab, sah den Morgen dämmern.

Als die beiden in der Frühe aufgestanden waren, bemühte ich mich, ein harmlos-frohes Gesicht zu machen, um meine Absicht, meinem Geliebten ein homosexuelles Erlebnis ohne Gewissensbisse zu verschaffen, nicht selbst zu vereiteln. Aber ich hatte meine Züge nicht mehr unter Kontrolle. Er erschrak, als er den Riß von Verzweiflung durch mein Gesicht gehen sah. Ich lächelte mühsam, aber das machte es schlimmer.

Ich war zum erstenmal im Leben von verzehrender Eifersucht gepackt und hatte doch früher immer geglaubt, wahre Liebe schlösse

Eifersucht aus. Blasse Theorie! Wenn ich heute überdenke, wie widersinnig es scheint, daß ich gerade das heraufbeschwor, was mich dann vor Schmerz fast den Verstand kostete, dann sehe ich, daß dies nur die ins Äußerste getriebene Zerstörungslust ist, die ich gut in mir kenne. Der Unglaube, der in meinem Innern sitzt, daß jemand mich wirklich lieben könnte, bringt mich in Gefahr, die jeweilige Beziehung bis über die Grenzen ihrer Tragfähigkeit hinaus zu prüfen. Ich habe oft mehr zur Zerstörung als zur geduldigen und zuversichtlichen Pflege einer Liebe getan. Zerbrach sie daran, so erlebte ich den bitteren Triumph der Verzweiflung.

Den Tag drauf mußte mein Freund fortreisen. Ich tat meine Arbeit. Am Abend, als ich in die dunkle Wohnung kam, die ich leer wußte, rief ich dennoch seinen Namen, weil ich hoffte, er sei gegen sein Vorhaben aus dem Wissen um meine Verlassenheit nicht weggefahren. Aber ich war allein. Er hatte mir zum Trost ein Heiligenbild auf den Nachttisch gestellt, das ihm viel bedeutete.

Ich wollte mich von keinem der beiden trennen

Dann besuchte mich jener junge Mann, der zum Anlaß des Ganzen geworden war, und sagte mir, er liebe mich. Ich fand die Situation absurd und degoutant und schickte ihn weg.

Am Abend drauf sah ich ihn wieder. Er saß bei einer Gesellschaft zwischen lebhaft Sprechenden und schwieg. Ich hatte Muße, ihn anzusehen. Und ich sah ihn auf einmal mit anderen Augen. Ohne mein Zutun war etwas Entscheidendes geschehen. Eine starke Macht in mir sehnte sich nach ihm. Alles war plötzlich einfach und klar. Es war eine Leidenschaft, die ihr eigenes Gesetz hatte.

Ich nahm ihn mit zu mir. Der Mann, mit dem ich zusammenlebte, würde für drei weitere Tage verreist sein. Diese Zeit verbrachten wir unzertrennlich fast immer im Bett. Nie zuvor in meinem Leben hatte ein Mann mich mit solcher Freude empfangen. Ich empfand das Geschehen zwischen uns wie einen Lichtsturz von Glückseligkeit, so strahlend, daß ich gegen alles Wissen um die Unmöglichkeit der Situation tiefer wußte, daß hier etwas unendlich Richtiges geschehe. Als der andere einmal anrief und fragte, ob er früher zurückkommen solle, sagte ich, das sei nicht nötig und mir ginge es gut.

In den folgenden Monaten kam ich mir vor wie ein Blatt, das willenlos vom Wind umhergewirbelt wird und nicht weiß, wohin. Vielleicht in den Abgrund. Ich wollte mich von keinem der beiden trennen. Das Zusammenleben mit dem ersten aufzugeben, kam mir nicht in den Sinn, und von dem zweiten wollte und konnte ich auch nicht lassen. Ich wollte sie beide haben. Ganz im Anfang nach der Rückkehr des alten Freundes hatte ich versucht, noch einmal Liebesfeste zu dritt zu feiern. Es ging aber nicht, die Unschuld der Anonymität war uns allen bereits verwehrt.

Ich wußte dann lange nicht, was zu tun richtig sei. Ich schlief zunächst mit beiden, dann konnte ich es mit dem ersten nicht mehr. Mit ihm aber lebte ich noch zusammen. Wollte ich meinen neuen Geliebten treffen, so mußte ich fortgehen, und der andere sah mich zurückkommen mit noch von der Liebe glühendem Gesicht, oder ich schlief mit ihm in meinem Zimmer und wußte den anderen nebenan in ähnlichen Qualen, wie ich sie gerade erlebt hatte. Auch mein neuer Geliebter geriet so dauernd in demütigende Situationen. Einige Male nahmen wir uns vor, uns nicht mehr zu sehen, aber das hielten wir nicht aus. Es war schrecklich für mich, täglich das immer mehr von Leid geprägte Gesicht des Mannes zu sehen, mit dem ich insgesamt drei Jahre zusammengelebt hatte. Schließlich wurde ich ihm insgeheim sogar böse, daß er so offensichtlich litt und daß er dadurch und durch seine Gegenwart die Freude meiner Leidenschaft trübte. Einmal war ich seiner so überdrüssig, daß mir sogar der Wunsch in den Sinn kam, ihn umzubringen.

Schließlich trennte ich mich von ihm. Ich hatte in jener Zeit begründete Angst, er werde Selbstmord machen. Ich tat uns allen weh, ihm, dem anderen und mir. Es ist eine fürchterliche Erfahrung, aus dem, was man tut, nur Leiden entstehen zu sehen und doch nicht zu wissen und nicht die Kraft zu haben, anders zu handeln. Selbst die Kraft, das Leiden des anderen zu begreifen, hatte ich nicht mehr – ich sah die Qual mit steinernem Gesicht. Wahrscheinlich ist das ein Schutz, damit man überhaupt weiterleben kann.

Nach der Trennung blieb ich mehrere Monate mit meinem neuen Geliebten befreundet. Er war wenig jünger als ich. Bisher hatte ich immer nur ältere Männer gekannt. Und wenn seine Jugend auch kaum ein Grund dafür gewesen war, daß ich mich in ihn verliebt hatte, so entzückte sie mich jetzt sehr. Er war in der Liebe zärtlich, sehr behutsam, kraftvoll und leidenschaftlich zugleich. Eine starke erotische Spannung war zwischen uns, wie sie in meiner Beziehung zu dem anderen Mann nie gewesen war. Oft genügte ein Blick von ihm, daß mir ganz heiß wurde und ich innerlich wie zerfloß vor Freude und Verlangen. Ich hatte immer Lust, mit ihm im Bett zu sein, und kann mich nicht erinnern, jemals seiner Liebe überdrüssig geworden zu sein. In seiner Umarmung war ich aufgehoben und doch wie in der äußersten Hingabe über die Grenzen meiner selbst hinausgestoßen. Er freute sich auch immer so, wenn er mich sah, daß sein Gesicht wie die Sonne leuchtete, und ich bemühte mich, in diesem Leuchten das Zucken der Qual im Gesicht des anderen zu vergessen.

„Als hätte ich kein Geschlecht"

Allerdings verstanden wir uns nur im Bett so gut. Nicht daß wir uns sonst gestritten hätten, aber Herkunft und Bildungsniveau waren bei uns so verschieden, daß es einfach zu wenig Berührungspunkte gab. Sein Verhältnis zur Realität war eindeutiger und fragloser als meines und sein Urteil oft klarer, aber weite Bereiche des geistigen Lebens waren ihm verschlossen. Er war vielleicht zum Teil durch dieses Empfinden, ausgeschlossen zu sein von etwas, was mir wesentlich war, rasend eifersüchtig und mißtrauisch, obwohl ich ihm treu war, bis wir uns trennten, und noch Monate darüber hinaus.

Ich war diejenige, die schließlich auf einem endgültigen Schluß bestand, und doch brach mir fast das Herz dabei. Der Mann, mit dem ich zuvor zusammengelebt hatte, hoffte immer noch, daß er und ich wieder zusammenkommen würden. Ich sah ihn dann und wann und verstand mich ganz gut mit ihm, aber mein Verlangen nach ihm, nach seiner Haut, nach seinen Händen, das war endgültig erloschen. Nur in der Wohnung, die groß und leer war ohne ihn, fehlte er mir manchmal, wenn ich heimkam und er nicht mehr da war und mich schon erwartet hatte.

Ich war nach diesen beiden Trennungen so erschöpft und wie leer, daß ich mir vornahm, mich lange Zeit nicht mehr zu verlieben. Ich wollte leben, als hätte ich kein Geschlecht. Ganz allerdings gelang das nicht, denn ich verliebte mich doch – geschickterweise aber in einen katholischen Geistlichen, so daß ich im voraus sicher sein konnte, meine Liebe nicht an der Verwirklichung prüfen zu müssen.

Ich konnte bei keiner Frau bleiben

Evang., 38 Jahre, unverh., Kaufmann

Ja – so ist es, ich hatte nie eine Mutter, und doch bin ich an sie gebunden. Ich bin ein uneheliches Kind. Meine Mutter hat meinen Vater nach der Empfängnis nie mehr gesehen. Sie weiß nicht einmal, wie er heißt. So hat sie mich nach der Geburt weggegeben. Meine Mutter mußte Geld verdienen und hatte keine Zeit für mich. Fünf

Jahre kam ich zu den Großeltern. Ein wenig Wärme erlebte ich bei der Urgroßmutter, die selbst ein verachtetes und kümmerliches Leben auf einem großen Hof führen mußte.

Sie können sich vorstellen, wie es mir mit den Frauen ergangen ist. Wenn ich zurückdenke, ich habe immer aktive Frauen gesucht. Doch bei keiner konnte ich bleiben.

Die erste Frau verführte mich: ich hatte Angst vor dem Geschlechtsakt. Ob sie zu einem Orgasmus kam, weiß ich nicht. Jedenfalls mir gelang es erst nach großen Schwierigkeiten.

Ehe wir uns trennten, „baute“ sie einen Autounfall. Wir kamen zwar mit dem Leben davon, aber an den Verletzungen trage ich noch heute – nach 15 Jahren.

Dann machte ich einige Bekanntschaften mit Mädchen beim Tanzen. Die Mädchen ließen es zu, daß ich mit ihnen schlief. Ich hatte keine große Freude daran. Ich zog mich zurück, wenn ich merkte, sie schliefen nur deshalb mit mir, um geheiratet zu werden. Vor der Ehe graust mir auch heute. Ich fürchte mich, immer mit derselben Frau zusammen zu sein, das halte ich nicht aus.

Nach fünf, sechs flüchtigen Begegnungen lernte ich Christine kennen. Sie war ein liebes Mädchen, Tochter eines evangelischen Pfarrers. Wir haben uns oft getroffen, ich habe sie sehr gemocht. Auch sie war aktiv wie ihre Vorgängerinnen ... Wir waren sehr zärtlich zueinander; den Geschlechtsverkehr vor der Ehe lehnte sie ab. Ich war sehr hungrig nach Lust. Damals mußte ich einen längeren Dienst im Ausland antreten. Wir schrieben uns alle zwei Tage. Unterdessen lernte ich eine andere Frau auf meiner Reise kennen. Wir gingen zweimal miteinander aus. Da nahm sie mich mit auf ihr Zimmer. Wieder war sie die Aktive. Wir haben dann täglich miteinander geschlafen. Am anderen Tag schrieb ich meiner Verlobten Briefe, in denen ich natürlich nichts davon erwähnte. Ich war zerrissen und gespalten. Ich empfand Schuldgefühle gegenüber beiden Frauen. Nach drei Wochen schickte Vera – so hieß die neue Freundin – mich einfach weg. Ich konnte sie im Bett nicht befriedigen. Ich war wütend und schrieb ihr zornentbrannte Briefe. Aber nun stand der Besuch meiner Verlobten bevor. Wir waren zwei Wochen zusammen, zu einem Verkehr kam es wieder nicht. Ich war sehr enttäuscht. Als sie abgereist war, lernte ich in dieser südlichen Stadt eine Dirne kennen. Ich ging regelmäßig zu ihr, bis diese Beziehung unterbrochen wurde. Eine frühere Bekannte, mit der ich mehrere Monate befreundet war, tauchte plötzlich in unserem Betrieb auf. Wir verliebten uns erneut ineinander. Kurz entschlossen schrieb ich meiner Braut und löste die Verlobung. Heute – nach Jahren – kann ich selbst nicht mehr verstehen, was ich getan habe. Denn nach zwei Monaten trennte sich Gudrun von mir. Es ging einfach nicht. Nun stand ich allein da. Zuerst ging ich nach diesem Abschied wieder zu meiner alten „Freundin“ im Hafenviertel. Aber ich konnte nicht mehr mit ihr; ich war impotent. Wieder mußte ich dienstlich verreisen, unterwegs lernte ich eine Einheimische kennen. Sie gefiel mir gut. Meinetwegen kam sie öfter an meinen Arbeitsort. Es war schön, mit ihr zusammen zu sein, doch sie wollte mich heiraten. Ich hatte Angst, und so kam es nach einigen Monaten auch mit ihr zur Trennung.

Ich übergehe die nächsten Beziehungen. Aufgefallen ist mir, daß es immer wieder zwei Frauen waren. Während ich mit einer Frau befreundet war, tauchte wie zufällig eine andere auf, in die ich mich ebenfalls verliebte. So kam es meistens zu einer Trennung mit der ersten.

Auch bei meiner jetzigen Freundin war es so. Sie lebte mit mir in derselben Wohnung. Sie hofft wohl auf Ehe; ich kann aber nicht. Als ich meine jetzige Freundin kennenlernte, war ich zum drittenmal verlobt. Meine dritte Verlobte war ein aktives Mädchen. Ich hatte oft Angst, ich kann sie wie so manche andere im Bett nicht befriedigen. Da lernte ich Karin kennen. Durch einen Zufall erfuhr meine dritte Verlobte davon. Brüsk schickte sie mich weg.

Nun lebe ich seit 1½ Jahren mit Karin zusammen. Doch irgend etwas stimmt mit uns nicht. Immer wieder spüre ich das Verlangen, mich mit einer anderen Frau einzulassen. Auch fällt mir auf, daß wir selten miteinander verkehren, manchmal vierzehn Tage oder 3 Wochen überhaupt nicht. Öfter nähert Karin sich mir, aber ich wehre ab, weil ich zu müde bin.

Ich schreibe Ihnen diesen Brief, weil ich Sie um Rat bitten möchte. Werde ich denn nicht selbst mit mir fertig? Wie soll ich eine Frau finden, bei der ich bleiben kann? Ich hatte schon daran gedacht, eine Psychotherapie zu beginnen. Was meinen Sie dazu?

Ein braunes Mädchen und ein dunkler Knabe

Weiblich, evang., 28 Jahre, ohne weitere Angaben

Liebe zu dritt erlebte ich zweimal. Einmal waren es zwei Männer, mit denen ich nur eine einzige Nacht verbrachte. Hier aber war die Konstellation anders, nicht ein Mann in der Mitte, geliebt von einem

Knaben und einem Mädchen, sondern in der Mitte war ich. Die beiden Männer, miteinander durch ein gemeinsames Studium befreundet, vereinigten sich abwechselnd mit mir, tauschten miteinander aber keine Zärtlichkeiten aus. Eigentümlich ist darum der Moment in meiner Erinnerung, da die beiden sich zwischen meinen Schenkeln begegneten und Glied an Glied aneinanderstießen. Sie liebten mich ganz verschieden, der eine war heftig und fröhlich, der andere scheu und zärtlicher, bald aber mitgerissen von dem Feuer, das sich da entfachte. Ich hatte es gern, mich von einem zum anderen zu wenden, den einen im Arm zu halten, während der andere mich besaß, und abwechselnd beiden meinen Schoß zu öffnen. Es war dunkel, und mit Licht wäre es wohl nicht so gut gegangen, denn ich kannte die beiden eigentlich kaum.

Ein andermal war ich mit einem Mann, Jacques, und seiner Freundin Heike zusammen. Er war wenig älter als ich, hatte sadistische Züge, sie war ihm in ähnlicher Weise unterworfen wie ich derzeit noch dem „König". Sie war so schön, daß man einen Augenblick erschrak, wenn man sie sah. Obwohl sie ein Jahr jünger war als ich, schien sie mir fertiger, als ich es war, mehr fraglos eins mit sich selbst. Neben ihr kam ich mir so ungeschlacht vor wie ein Haflinger Ackergaul neben einem Lipizzaner. Sie besaß in reichlichem Maß, was mir fehlte: Charme, Grazie und die Fähigkeit zur Koketterie.

Zunächst war ich mit Jacques zusammen gewesen, aber ich würde mich heute vermutlich nicht mehr an ihn erinnern, wenn er nicht sie dazugeholt hätte. Damals fragte ich nicht, warum er das arrangierte; jetzt denke ich, um sie zu demütigen. Er vereinigte sich mit mir vor ihren Augen, und sie litt es, während ihr die Tränen über das Gesicht strömten. Später schlief er mit ihr, ließ mich derweil auf dem Bettvorleger liegen und schnippte mir Zigarettenasche auf die Brust. Ich bin etwas masochistisch, auch der „König" hatte im gleichen Zeitraum einmal seine glühende Havanna langsam meiner Haut genähert und gewartet, daß ich zurückzucke. Aber ich zuckte nicht, sondern sah ihm fest und trimphierend in die Augen. Es wurde eine Verbrennung dritten Grades, man kann die Narbe heute noch sehen. Aber was mit Jacques und Liliane geschah, stand ich wohl trotzdem nur durch, weil ich uns zusah, als sähe ich einen Film. Jacques hatte mich auf dem Parkett knien lassen, mit über den Kopf erhobenen Armen, lange Zeit. Wenn mir die Arme sanken – und nach zwanzig Minuten sanken sie von selbst, weil das Blut nicht mehr zirkulierte, ich verlor einfach die Muskelgewalt –, dann peitschte er mich. Er peitschte auch das Mädchen, das er derweil mit einem merkwürdig geflochtenen Hanfgürtel und dann mit dicken Kerzen bis zum Orgasmus onanieren ließ. Ich war sehr betroffen, als ich sah, welchen Umfang die Kerzen hatten, die in ihrer Scheide Platz fanden, und daß ihr das offensichtlich Lust vermittelte. Ich glaubte, ich würde zerreißen, wenn ich ähnliches versuchte.

Das Peitschen machte mir nichts aus; aber als Jacques mir, während ich kniete, Wäscheklammern auf die Brustknospen klemmte, da wehrte ich mich. Ich habe sehr empfindliche Brustknospen, und das tat unerträglich weh. Auch erinnere ich mich, daß er verlangte, ich solle ihm nachsprechen, daß ich so sinnlich sei, daß ich sogar das Glied eines Hundes in meiner Scheide haben wolle, wenn ich auf einer einsamen Insel sei und kein Mann da wäre. Diese Vorstellung fand ich widerwärtig und weigerte mich, so etwas zu sagen.

Heike erzählte mir, im vergangenen Sommer habe er sie so gepeitscht, daß sie immer eine Bluse mit langen Ärmeln hätte tragen müssen, selbst am Strand, sonst hätte man die blutunterlaufenen Striemen auf ihren Armen gesehen. Sie sagte das mit Stolz und Schamhaftigkeit zugleich. Bevor unser Zusammensein mit Jacques begann, lächelte sie mir aus den Augenwinkeln zu und kramte aus ihrer unergründlich großen Handtasche, in der sie unweigerlich alles parat hatte, was sie jeweils benötigte, eine Flasche mit Eau de Toilette de Sortilège, schüttete etwas davon in ihre hohle Hand und parfümierte sich Bauch, Gesäß und Brust mit hinreißender Grazie.

Ich denke heute noch mit einer dunklen Zärtlichkeit an dieses Mädchen. Sie blieb die einzige, mit der ich nach jenen vorpubertären Erfahrungen lesbische Beziehungen hatte. Wenn wir miteinander Zärtlichkeiten tauschten, dann dachte zumindest ich nicht an Jacques, der dabei war und zusah. Für mein Gefühl war er überhaupt überflüssig. Heike und ich, das genügte. Wir wußten so gut, wie wir auf unsere gegenseitigen Liebkosungen reagieren würden, weil wir die eigenen Empfindungen kannten. Wenn ich sie von den Schultern bis zu den Hüften streichelte, wenn ich ihre Brüste liebkoste und wenn ich meine Zunge mit ihrer Klitoris spielen ließ, dann wußte ich genau, was sie spürte. Einmal fragte Jacques sie, was sie empfände, wenn sie mit mir war, und in ihrer Antwort kam „plus de tendresse“, mehr Zärtlichkeit, vor.

Obwohl sie mir so gut gefiel, zog ich mich von den beiden bald zurück. Ich fürchtete mich vor Jacques' Grausamkeiten, fand es zudem unangenehm, stundenlang mit erhobenen Armen nackt auf kaltem Boden knien zu müssen, und Heike allein traf ich leider nicht.

Dies blieben bis auf eine Ausnahme, die Jahre später aus einer anderern Vorgeschichte erwuchs, meine einzigen Erfahrungen zu dritt. Ich hatte daraus gelernt, daß dabei nicht einfach gleichmäßig jeder jeden liebt, sondern daß meist einer der drei im Mittelpunkt steht und von den beiden anderen geliebt wird. Daraus ergeben sich in der Theorie mannigfaltige Konstellationen, von denen ich drei in praxi erlebt hatte.

Natürlich widerfuhren mir zu der Zeit auch „normalere“ Begegnungen. Mit großer Zuneigung erinnere ich mich an einen Mann, der mich heiraten wollte. Er war leidenschaftlich mir gegenüber, ganz ohne jene homosexuellen oder sadistischen Züge, die mich sonst an Männern in jener Zeit fesselten, und zugleich war er zärtlich wie ein großer Bruder. Er gab mir Ratschläge zur Empfängnisverhütung, was mich tief rührte, denn darum hatte keiner zuvor sich gekümmert. Auch er vereinigte sich mit mir, indem er ein Präservativ benutzte; aber bei ihm störte mich das fast nicht. Er war der erste Mann, den ich mir als Vater meiner Kinder vorstellte. Er war im übrigen auch der erste, der mit mir verkehrte, indem er nicht nur meine Scheide, sondern auch meinen After benutzte. Anfänglich tat das etwas weh, aber dann war es schön, von ganz anderem und etwas weniger intensivem Lustempfinden als in der Scheide. Das ging überhaupt nur, weil sein erigiertes Glied keinen sehr großen Umfang aufwies. Er schämte sich übrigens unnötigerweise dieses geringen Umfanges ein wenig und entschuldigte sich mit der Bemerkung, „schmale Schwerter stechen tief“.

Ich war ihm nicht treu und er mir auch nicht, das wußte ich. Aber dennoch schwebte zwischen uns etwas wie ein halbes Versprechen, eine Erwartung, ein „vielleicht später einmal für immer“.

Die Beziehung zu diesem Mann markierte bei mir die Übergangszeit in eine andere Weise zu lieben. Ich ahnte allmählich, in welche Trugwelt eigener Traumgebilde ich eingeschlossen war. Daß mir bewußt wurde, wie ich in anderen Menschen immer nur Spiegelbildern meiner eigenen Seele begegnete, davon spricht eine Tagebucheintragung aus meinem 21. Lebensjahr unter dem Bilde der Statue, die toter Stein war, solange nicht mein Blick, meine Berührung ihr Leben verlieh:

„Jeder Mensch, den ich bisher geliebt habe, war für mich eine Statue, ein schönes Bild, aus der Vollkommenheit eines Augenblicks geboren und eben darum von um so strahlenderer, schmerzhafter Schönheit, weil ich wußte, daß sie nur für einen Augenblick lebte. Ich wußte zwar, daß jeder dieser Menschen ein Leben hatte – aber das war auch alles. Ich wußte darum abstrakt, weiter drang dieses fremde Leben nicht in meines ein, es besaß für mich einfach keine Realität. Und wenn ich manchmal glaubte, ich trüge eine Verantwortung für die Menschen, die ich liebte oder die mich liebten, dann stimmte das tatsächlich, nur wäre es voreilig gewesen, daraus den Schluß zu ziehen, daß hier meine reine egozentrische Selbstbespiegelung in anderen ein Ende hätte – im Gegenteil. Ich war zwar verantwortlich, aber immer nur für das Bild des anderen in mir, niemals für ihn, wie er außerhalb meiner bestand.

Und nun frage ich mich, ob ich überhaupt lebe oder ob vielleicht dies die einzig mögliche Form des Lebens ist? Werden der andere, die Welt, die Dinge und Situationen einmal aufhören, nur Statuen für mich zu sein, oder bin ich selbst eine Statue? Das möchte ich wissen.

Ein Bild: Zwei sehr schöne Körper, ein braunes Mächen und ein dunkler Knabe, eng umschlungen. Das Mädchen löst sich aus der Umarmung und wendet sich um – der Knabe ist ein Standbild, Bronze, kalt und sehr schön. Aber sie lebt – sie hat mein Gesicht. Lebt er? Lebt sie?“

Einen Orgasmus habe ich nicht erlebt

Weiblich, evang., 32 Jahre alt, 8 J. verh., 2 Kinder, Hausfrau

Zwei Jahre nach unserer Hochzeit besuchte mich ein Mann aus unserem heimatlichen Bekanntenkreis während der Abwesenheit meines Mannes. Ich war mir nicht klar, zu welchen Konsequenzen das führen würde. Ich habe es auf mich zukommen lassen. Und ich war gern mit ihm körperlich verbunden. Einen Orgasmus habe ich nicht erlebt. Ich wußte, daß das das Normale ist, und hatte einfach Angst. Vorwürfe machte ich mir erst lange Zeit danach. Ich dachte jahrelang sehr intensiv und in vielen Wachträumen an ihn.

Wieder zwei Jahre später besuchte mich ein anderer Mann aus jenem Bekanntenkreis an einem Ferienort, wo ich mit den Kindern (jetzt sind es zwei) jährlich die Sommerferien, die längste Zeit ohne meinen Mann, verbringe. Es war eine sehr glückliche, harmonische Woche mit tiefem Verständnis füreinander. Der Orgasmus blieb bei aller Zärtlichkeit aus, ich hatte Angst, es wurde erwartet.

Vor einem Jahr, ich war wieder an jenem Ferienort, diesmal sind es drei Kinder, erlebte ich einen Zusammenbruch, der sich so äußerte: ich hatte Wochen vor der $^1/_4$ Jahr zurückliegenden Geburt und die Zeit danach wenig geschlafen. Selbst Medikamente, die ich vorher ablehnte, um nicht abhängig zu werden, konnten nicht helfen. Die Menstruation blieb noch immer aus. Ich hatte große Angst vor allem und einfach keine Kraft mehr, z. B. für den Spaziergang mit den Kindern. Jeder Tag stand in der Nacht drohend mit seinen Aufgaben vor mir. Ich dachte an mein Versagen meinem Mann gegenüber und wollte nur noch mit ihm sprechen, um alles zu „bereinigen". Es wurde uns von einer Schwester meines Mannes die Möglichkeit gegeben, die Kinder unter ihrer Betreuung dort zu lassen. Ich selbst konnte zurück nach M... zu meinem Mann fahren. Ich habe ihm von den Begegnungen berichtet. Er wollte mir helfen, seinen Abscheu und Ekel, seine Enttäuschung konnte ich mir vorstellen und begreifen, auch spüren. Er hat mir gesagt, daß er es z. T. gewußt oder geahnt habe. Mit Hilfe eines guten Freundes, der Internist ist, bin ich von meinen Ängsten, es könnte etwas mit meiner Gesundheit nicht stimmen, losgekommen und habe seitdem mehr oder weniger regelmäßig zu Hilfsmitteln gegriffen, um zu Schlaf zu kommen.

Während meines diesjährigen über 2 Monate dauernden Urlaubs, die längste Zeit mit den beiden kleineren Kindern an dem erwähnten Ferienort, lernte ich einen beinahe 20 Jahre älteren Mann kennen. Wir unterhielten uns des öfteren im Schwimmbad, und er lud mich ein, an einem Abend ein Glas Wein mit ihm zu trinken. Ich erzählte meinem Mann davon und fragte ihn, ob ich das nicht machen könne, ob es für eine Frau denn nicht möglich sei, mit einem Mann in menschlich-freundschaftliche Beziehungen zu treten(?). Er ließ mich zögernd gewähren. Ich bin mir meiner geheimen Wünsche, aber auch der „Prüfung", die eine solche Situation darstellen kann, bewußt gewesen, glaube ich.

Ich schob das Treffen um eine Woche bis acht Tage vor seiner Abreise hinaus. Nach diesem Abend, den ich bewußt mit Abstand bestehen wollte, kam es auf einem anschließenden Spaziergang zu Zärtlichkeiten. Wir setzten die Spaziergänge jeden Abend fort. Nach einigen Abenden kam es zu einem körperlichen Zusammensein. Ich hatte damit gerechnet, wäre jedoch froh gewesen, wenn ich es in mir hätte vermeiden können, ohne die Illusion oder den Zauber solcher Abende vermissen zu müssen. Zwei Tage danach bekam ich, wohl wegen der kühlen, abendlichen Ausflüge, eine hartnäckige Angina. Wir trafen uns daraufhin die nächsten und letzten zwei Abende in dem Ferienhaus. Er war einfühlend, ruhig und verständnisvoll, ich konnte ihn nicht mit seinem Vornamen anreden. Einen Orgasmus konnte ich nicht erleben, ich hatte Angst. Er fuhr weg am selben Tag, als mein Mann ankam, um den ältesten Sohn zu bringen. Ich hatte große Angst, meinen Mann wiederzusehen.

Nach dieser glutvollen Episode

Weiblich, evang., 39 Jahre, unverh., ohne sonstige Angaben

An den zweiten Mann meines Lebens, der mich zwar nicht heiratete, mit dem ich jedoch eine einmalige Nacht erlebte, denke ich noch heute in Dankbarkeit zurück.

Ein ganzes Jahr hindurch hat dieser sehr viel ältere Mann mich mit unendlicher Behutsamkeit auf dieses Erlebnis vorbereitet. Viele Gespräche, Fragen meinerseits, Erläuterungen und Erklärungen von seiner Seite, waren dieser einzigen Nacht mit ihm vorausgegangen.

Als ich ihm Jahre später noch einmal begegnete, erinnerte er sich seines Erschrockenseins in jener Nacht über mich, als ich unter Tränen immer wieder die gleiche Frage stellte: „Ist es möglich, daß ein Mann auch so sein kann wie du?"

Eine namenlose Angst vor der Ehe war mir geblieben. Instinktiv wählte ich daher Männer zu Freundschaften, die manchmal sogar mehr als ein Jahrzehnt jünger waren als ich. Trotzdem wußte ich, daß diese Freundschaften zum Teil Schwärmereien, die wohl einem jungen Mädchen, nicht aber einer bereits verheiratet gewesenen Frau gemäß waren.

Unvergeßlich wird mir eine Begegnung immer bleiben: Der ausnahmsweise gleich alte Freund, den ich schon längere Zeit kannte, fragte mich eines Tages unvermittelt, ob ich mit ihm schlafen wolle. Erschrocken über so viel Direktheit, wehrte ich zunächst ab und meinte traurig, daß mit mir in dieser Hinsicht nicht viel los sei und er sicher enttäuscht wäre. Da ich ihn jedoch sehr liebhatte, war das Verlangen stärker als meine immer noch vorhandene prüde Auffassung dem Geschlechtlichen gegenüber. Ich war sehr glücklich, als er mir erklärte, sich meine Frigidität schlimmer vorgestellt zu haben.

Wir waren zwei Jahre engstens befreundet. Viel habe ich ihm zu verdanken. Vor allem, daß er mir den richtigen Weg gewiesen hat. In meinem Denken und Handeln wurde ich freier. Meine geschlechtsfeindliche Erziehung verblaßte mehr und mehr, um der Freude und Lust im Zusammensein mit einem Mann Platz zu machen. Als der geliebte Freund die Beziehung zur mir abbrach, um sich einer Jüngeren zuzuwenden, versank ich in eine Welt von Schmerz. Lange brauchte ich, um darüber hinwegzukommen. Denn mit diesem Mann wäre ich gerne verheiratet gewesen.

Freude und Lust in der Beziehung zum anderen Geschlecht hatte ich wohl gewonnen, meine Angst und Schuldgefühle nahezu abgebaut. Doch latent war immer noch der Ekel vorhanden, den ich so gut als möglich zu verbergen suchte.

Anläßlich eines Kongresses lernte ich einen der Referenten kennen. Dieser Mann übte eine ungeheure Faszination auf mich aus, noch dazu, als ich erfuhr, daß er der Autor eines interessanten Buches war.

Die überwältigende, doch bereits den Abschied in sich tragende Begeisterung war auf beiden Seiten vorhanden. Wir fieberten danach, einander wiederzusehen. Ich war nur noch von dem einzigen Wunsch, der mich Tag und Nacht nicht mehr losließ, besessen, mit diesem Mann, obwohl ich wußte, daß er verheiratet war, zu schlafen. In allen Variationen malte ich mir diese Möglichkeit in Gedanken aus. Früher einmal hätte ich voller Abscheu derartige Ideen entsetzt von mir gewiesen.

Schon bald trafen wir uns in einer anderen Stadt wieder. Niemals werde ich dieses mittelalterliche Städtchen an der Romantischen Straße vergessen, genausowenig wie das herrliche große „Himmelbett" unseres exklusiven Hotel-Appartements, nie die Gespräche, die wir miteinander führten.

In meiner Hingerissenheit erlebte ich einen Orgasmus nach dem anderen, äußerst verwundert über die Möglichkeiten, die in mir lagen und allmählich zum Leben erweckt worden waren. Ihm, dem Erfahrenen, vertraute ich mich an und gestand resigniert meine Ekelgefühle, die ich wohl niemals im Zusammensein mit einem Mann verlieren würde. Nicht einmal bei ihm war es mir gelungen. Trotz aller gegenseitiger Faszination. Ich zweifelte an seinen Worten, als er mir immer wieder versicherte, daß bestimmt einmal der Tag käme, an dem ich meinen Ekel überwunden haben werde.

Nach dieser glutvollen Episode folgten weitere Begegnungen. In jeder neuen Beziehung steigerte sich Freude und Lust. Vergleichbar einer Leiter, auf der ich Stufe um Stufe höherstieg. Die Bezauberung, die das andere Geschlecht auf mich ausübte, ließ mich nie mehr los. Angst und Schuldgefühle kannte ich nicht mehr. Nur der Ekel war noch nicht so ganz von mir gewichen.

Aus Lust heraus wollte ich immer meinem jeweiligen Freund die Freude vermitteln, die ich selbst in der Gemeinschaft mit ihm empfand. Um die Lebensfreude noch zu steigern, bereitete ich am Morgen, der einer lustvollen Nacht folgte, meistens ein phantasievolles Frühstück mit diversen Mixgetränken zur Stärkung und einer Auswahl appetitanregender Speisen.

Unauslöschlich in Erinnerung wird mir jene Begegnung mit einem jüngeren, etwas korpulenten Mann bleiben. Begeisterung riß uns zueinander hin. Die Lust aneinander überwältigte uns immer wieder von neuem. Unzählige Nächte oder auch Tage haben wir miteinander verbracht. Zu jener Zeit war ich vom Ekel endlich geheilt und empfand ein ungeheures Lustgefühl, seinen Samen zu trinken. Beseligt schlief ich dann immer mit meinem Kopf an seinen runden Bauch gelehnt ein und hatte dabei das wunderbare Gefühl, am warmen, weichen Leib einer Kuh eingeschlafen zu sein.

Es folgten neue Beziehungen und andere Männer. Es wurde mir jetzt die Erfahrung der Schönheit gegeben. Gab es eigentlich etwas Schöneres und Liebenswerteres als die hüllenlose Nacktheit des Mannes, wenn sie mit Reife und Geist gepaart war, die sich wiederum in Kraft und Stärke manifestierte?

Wie oft war es geschehen, daß ich aus heller Begeisterung oder hingerissener Verzauberung Tage und Nächte mit einem Mann nicht mehr aus dem Bett herauskam. Niemals möchte ich diese Stunden missen. Sie waren voller Glückseligkeit und Lebensfreude.

Voll Dankbarkeit denke ich an meinen mit Erfahrungen und Erkenntnissen so reichen Lebensabschnitt zurück. Jede einzelne Begegnung brachte mich ein Stück weiter, ein Stück mir selbst entgegen, ließ mich Angst und Ekel, meine geschlechts- und leibfeindliche und damit allem Männlichen gegenüber ablehnende Einstellung überwinden.

Die Zeit der wechselnden Freundschaften, die keineswegs sinnlos vergeudet war, ist zu Ende gegangen. Viele einsame Nächte gibt es nun, in denen ich mir sehnsüchtig einen Mann als Ehegefährten wünsche. Denn erst jetzt bin ich zur Ehe reif geworden. Niemals werde ich die Hoffnung aufgeben, dem entsprechenden Gefährten für eine gelingende Ehe zu begegnen.

Ekstasen von Sinnlichkeit

Weiblich, evang., 31 Jahre, verh., keine Kinder, Journalistin

Damals erfüllte mich eine ungeheure Sehnsucht, die sich in „Briefen an den unbekannten Prinzen“ in meinem Tagebuch niederschlug. Zugleich war in mir ein Hunger nach Menschen, nach vielen Menschen, und ich glaubte, ich müsse nur mit jemandem ins Bett gehen, um den Schlüssel zu seinem Wesen zu besitzen, das sich ja in der Leidenschaft wie nirgendwo sonst offenbart. Immer mal wieder glaubte ich, nun endlich hätte ich in einem Mann den unbekannten

Prinzen getroffen, nach dem ich mich sehnte. Dann liebte ich ihn mit brennender Hingabe (und muß doch aus der Rückschau sagen, daß ich damals weder wußte, was Liebe, noch, was Hingabe ist).

Zuerst liebte ich einen jungen Adligen mit großen sanften Augen, der in einer noch stärkeren Spannung stand als ich zwischen der Fassadenhaftigkeit der Welt seiner Gesellschaft und der Faszination durch die Nachtseiten des Lebens. Er führte mich in jene glitzernde Welt von Flitter und Schminke der Homosexuellenlokale, die uns beide gleichermaßen bezauberte, jene Welt, in der nichts echt ist, aber selbst die falscheste Geste und die Paraffinbrüste der Transvestiten beim Striptease noch von einer verzweifelt pathetischen Poesie überglänzt wird.

Bei diesem Mann erlebte ich zum erstenmal die Verwendung von Präservativen. Ich hatte sie gar nicht gern, sie wirkten auf mich abstoßend hygienisch, ähnlich wie seine kühle, teure Bettwäsche, die nie recht warm wurde.

Dem Mann, der mir in jener Zeit am meisten bedeutete, begegnete ich wenig später. Schon kurz nachdem wir uns kennengelernt und einige Worte miteinander gewechselt hatten, ahnte ich, aus der Art seiner gleichsam hinter meine Masken schauenden Blicke, daß wir miteinander zu tun bekommen würden. Ich lieferte mich ihm aus, wie man sich einem Abgrund ausliefert. Mir wurde nichts so wichtig, wie von ihm angenommen zu werden, vor seinen Augen zu bestehen. Was mich wahrscheinlich so an ihm fasziniert hat, war, daß er sich restlos außerhalb der geltenden Normen gestellt hatte. Für ihn galt nicht, was „man" üblicherweise tat, dachte oder sagte, und er schien sich vor nichts mehr zu fürchten, was ihm eine seltsame Macht verlieh. Er war durch die Hölle der nationalsozialistischen Konzentrationslager gegangen und hatte Furchtbares überlebt. Nun nahm er nichts mehr so ganz ernst. Er spielte, und es kam ihm auf nichts anderes mehr an, als gut zu spielen.

In seinem Blick war etwas Ruhiges, Spöttisches und Unbestechliches. Diese klare Unbestechlichkeit, die einen Zug von Grausamkeit hatte, fesselte mich, und ich unterwarf mich ihm wie einem König und Gebieter. Diese Faszination erstreckte sich aber nicht so sehr auf geschlechtliches Gebiet. Ich war damals noch relativ unerfahren in der Fähigkeit, selbst Lust zu empfinden, und sein Glied war so groß, daß ich, wenn er in mich eindrang, oft eine leichte Übelkeit empfand.

Das größte Geheimnis, sagte er einmal zu mir, ist die Bisexualität – und danach lebte er. Er hatte einen Geliebten, der wenig älter war als ich, und bald ergab es sich, daß wir unsere Liebesfeste manchmal zu dritt feierten. Dieser Knabe war schön und zärtlich, und ich freute mich an den Vereinigungen mit ihm. „Schlaf du mit ihr, mit mir geht es nicht so gut“ hatte unser gemeinsamer Gebieter zu ihm gesagt. Er sah uns zu, gab uns Anweisungen, liebkoste uns. Ich geriet in Exstasen von Sinnlichkeit, vor allem dann, wenn sein Knabe von hinten in meine Scheide eindrang und zugleich meine Klitoris reizte und die Brüste streichelte. In solchen Liebesspielen entwickelte sich nun eine starke Erregbarkeit meiner Klitoris. Wurde ich dort längere Zeit gestreichelt, so geriet ich in einen Zustand jenseits aller Kontrolle und zuckte unwillkürlich und bäumte mich auf bei jeder weiteren Berührung dieser zu brennender Empfindsamkeit gereizten Stelle. Von der jetzigen Erfahrung her ist allerdings zu sagen, daß diese Ekstasen doch flach blieben. Die Tiefe des Empfindens erschloß sich mir erst später.

Dann wieder waren wir lang nur zärtlich miteinander, lagen einander in den Armen, unser „König“ in der Mitte, berührten einander leise und sagten uns, wie gut unser Zusammensein sei und wie schön wir uns gegenseitig fänden, oder ich erzählte den beiden orientalische Märchen, bis irgendwo wieder die Erregung aufflammte oder wir einschliefen.

Für den Geliebten meines Herrn empfand ich fast wie für einen Bruder. Es war keine Eifersucht oder Konkurrenz zwischen uns, sondern wir hatten uns gern, weil wir beide *ihm* ergeben waren. Wir hatten nicht unmittelbar miteinander zu tun, außer wenn wir beide unseren „König“ liebkosten und uns mit einem Blick verständigten, wer von uns eine bestimmte Liebkosung ausführen solle. Aber auch solche Blicke lächelnden Einverständnisses waren um des „Königs“ willen, und selbst wenn wir uns an unseren Vereinigungen freuten, so war auch unsere Freude für den „König“, der zusah und lachte. Dabei war zwischen uns eine wortlose Vertrautheit wie zwischen Menschen, die unter dem gleichen Schicksal stehen. Auch in der Nacht, in der ich beide für immer verließ, spürte ich, daß der Knabe mich verstand, der „König“ nicht. Was in jener Nacht geschah, verletzte mich so, daß ich mit einem Schlage frei war von dem Bann, der mich in der Macht dieses Mannes gehalten hatte.

Ich hatte die beiden lang nicht gesehen. Im Anfang war alles wie sonst, der vertraute Raum war von Kerzenlicht erhellt, und wir freuten uns aneinander, nachdem wir so lange getrennt gewesen waren. Da, beim Liebesspiel, fiel dem „König“ ein, er wolle zusehen, wie ich mich selbst befriedigte. Ich sagte nein. Er bestand auf seinem Willen, ich auf meiner Weigerung. „Dann geh ’raus, wenn du nicht tust, was man dir sagt.“ Ich hatte noch nie onaniert und wäre, obwohl ich das Mädchen Liliane – mehrfach – gesehen hatte, wie sie sich selbst befriedigte, ratlos gewesen, wie ich das anfangen solle. Der eigentliche Grund meiner Weigerung und Empörung aber war, daß ich mich durch diese Forderung entwürdigt, gedemütigt und zum Objekt gemacht fühlte. Ich ging, legte mich in einem anderen Zimmer auf die Couch, verzweifelt. Dann besann ich mich, kehrte in den Schlafraum zurück, sah die beiden Männer noch einmal an, die sich umarmt hatten und miteinander sprachen, sammelte meine Sachen zusammen, machte die Tür hinter mir zu, zog mich an und ging hinaus in die Nacht, frei.

6. Abschnitt

Die widersprüchliche Gestalt der Ehe

Zur Einführung

Wie können wir die Ehe bestehen?

Je genauer man Ehen kennenlernt, so wie sie wirklich sind, desto nachdenklicher wird man. Ist die Ehe nicht ein widersprüchliches Gebilde? Einerseits sieht es so aus, als sei sie für alle da, als sollte und könnte jeder heiraten. Es sieht so aus, als brauchten Mann und Frau nur die Hand nacheinander auszustrecken, und schon beginnt das nie endende Glück. Statt dessen beginnt spätestens nach einiger Zeit das Unglück zu zweit und bald, wenn Kinder da sind, zu viert und zu fünft.

Dagegen ergibt sich ein anderes Bild: Ehe für alle und zugleich, soll Ehe gelingen, fast nur wie für die Ausnahme. Solange man in der Ehe nur die Institution der Kinderzeugung sah, die Ehe Angelegenheit von Familie und Sippe war, schienen jene Vorschriften zu genügen, wie sie eine frühere Moral anbot. Jedoch in dem Augenblick, da im Abendland die Ehe als Liebesehe entdeckt wurde, war der Täuschung in gegenseitigen Sehnsuchtsbildern Tür und Tor geöffnet. Die Ehe hielt nicht, was sie versprach. Zugleich bot sich die Möglichkeit an, vor der wir heute stehen: tatsächlich das einzuholen, was die Bibel als Bund der Liebe eigentlich gemeint hat. Ehe sollte werden Dialog der Liebe. Wo sie das wird, gelingt sie über Krisen und mancherlei Not hinweg. Wo der Dialog verkümmert, muß auch Ehe verkümmern und zerfallen. Ehe als Dialog – das ist das Bild der biblischen Ehe. Doch die Christenheit der späten Antike und des Mittelalters sah in der Ehe allein eine rechtliche Institution, in der die Legitimität der Kinderzeugung, des Besitzstandes und die Rechte des Mannes über die Frau gewahrt werden sollten. Immer lief nebenher eine andere „Moral“, die dem Mann Freiheiten gestattete, die der Frau versagt blieben.

Das Widersprüchliche und Zwiespältige der heutigen Ehen läßt sich aus den vorgelegten Dokumenten ablesen. Sie scheitern zutiefst an der Begegnungsunfähigkeit des einen oder der beiden. Aus der

Unfähigkeit zur Begegnung kann auch die Geschlechtsgemeinschaft ihren schöpfungshaften Sinn nicht erfüllen, muß Lust überdrüssig und langweilig werden. Um so hungriger werden beide und um so ungestillter.

Zugleich aber gibt es Ehen, die aus denselben Nöten der Kindheit und Jugend kommen, die wir aus den Dokumenten kennengelernt haben. Doch sie gelingen. Mögen wir abrechnen, daß da und dort manches idealistisch überzeichnet sein kann, so sind doch diese Berichte vom Gelingen in der Ehe wie eine Hoffnung, daß es künftig mit Ehen besser bestellt sein könnte, wenn die alte Geschlechtsfeindschaft in der Christenheit endgültig überwunden sein wird.

Mein ganzes Problem ist der Geschlechtsverkehr

Ohne Angaben

Ich bin 30 Jahre alt, seit einem Jahr verheiratet. Mein großes Problem ist der Geschlechtsverkehr. Sie schreiben in Ihrem Buch (ich glaube es war: Liebe, Geschlecht, Ehe), wie wunderbar er sein kann. So hatte ich immer gehofft, daß er sein müßte, aber statt dessen ist er voll Not und eine einzige Misere. Mittlerweile wehre ich mich innerlich so dagegen; ich will einfach nicht mehr, aber mein Mann ist so geduldig und lieb gewesen; das hat er nicht um mich verdient, und ich will mir Mühe geben, daß er wenigstens etwas davon hat.

Ich habe mich interessehalber schon oft mit Pädagogik und Psychologie befaßt und will Ihnen nun alles schreiben, was vielleicht in irgendeinem Zusammenhang mit meiner Misere stehen könnte, auch wenn ich ihn nicht sehe.

Wir verfluchten unsere Erziehung

Männlich, kath., 35 Jahre, 10 J. verh., 2 Kinder, Abteilungsleiter

Kurz vor dem Abitur begegnete ich meiner jetzigen Frau in einem kirchlichen Verein. Sie war ungefähr dreieinhalb Jahre älter als ich, eifersüchtig verfolgt von einem leicht neurotischen Freund, stammte aus gutem, aber verarmtem Haus (Vater früh gestorben), war gerade wieder Tbc-krank geworden, war ausnehmend zart und schön. Ihre Mutter (hätte ihre Großmutter sein können) war opferwillig bis zur Selbstaufgabe (Glucke) und kirchentreu bis zum Fanatismus.

Nach 6 Jahren heirateten wir. Unsere der Hochzeit vorausgegangenen geschlechtlichen Beziehungen würde man heute „Petting" nennen. Es kam mir gar nicht in den Sinn, darüber hinauszugehen. Gründe für diese Enthaltsamkeit: die Erziehung, die bei uns beiden mit gleicher Ignoranz und Prüderie betrieben worden war, die religiöse Haltung, bei mir die Überzeugung, daß am Geschlechtsverkehr nur der Mann seinen Spaß habe, während sich die Frau lediglich ihm „hingebe" und sich dabei erniedrige, was ich nicht wollte. Außerdem die Angst, es könnte etwas passieren, oder auch davor, daß die Vereinigung gar nicht gelingen könne. Es fehlte nämlich beiderseits, wie sich in der Hochzeitsnacht herausstellte, jede konkrete

Vorstellung, geschweige denn Erfahrung, wie der Geschlechtsakt zu vollziehen sei. Heute lachen wir darüber, aber damals bedeutete das für uns einen nicht geringen Schock.

Wenn ich mich recht erinnere, brachten wir die Vereinigung erst nach vielen Wochen und mehr aus Zufall einigermaßen zustande. Dabei fehlte es weder an der Potenz noch an der Bereitschaft. Aber die Scham war beiderseits so groß, daß weder ich es wagte, die Scheide meiner Frau anzuschauen, um den für die Einführung geeignetsten Punkt zu finden, noch wagte meine Frau, mein Glied zu berühren und einzuführen. Vom „Vorspiel", von der notwendig eintretenden Einfeuchtung der Vagina keine Ahnung. Kein Wunder, daß der Geschlechtsakt, falls er überhaupt gelang, über Jahre hinaus für die Frau schmerzhaft, für den Mann unerfreulich war. Daher wurde die etwa mit dem 16./17. Lebensjahr entdeckte Selbstbefriedigung weitergeführt. Ob sich meine Frau ebenfalls dieses Auswegs bediente, weiß ich nicht, bezweifle es aber. Selbstbefriedigung war Ventil für unerfüllte und ist heute Hindernis für ganz erfülltes Eheleben.

Wir verfluchten unsere Erziehung. Auch Bücher, die wir uns jetzt anschafften, halfen kaum weiter. Erst nach Jahren, ich darf sagen, erst seit dem Anrollen der gegenwärtigen Aufklärungs- und Sexwelle, erst auch nachdem unser zweites Kind geboren war, kam mehr Freiheit in unsere sexuellen Beziehungen. Die Vereinigung gelang immer spielender, die Freude an wechselnden, selbstentdeckten Stellungen kam, der Gebrauch des Präservativs trat an die Stelle des ängstlich eingehaltenen Knaus-Ogino-Kalenders.

Waren die Freude am Sexuellen und der Gebrauch eines Verhütungsmittels Sünde? Die Frage beschäftigte uns in der „vorkonziliaren" Zeit öfters, obwohl wir keine ängstlich Gesetzestreuen waren. Das Problem belastete vor allem meine Frau. Mit der Zeit kam es dahin, daß wir auf die Sakramente verzichteten und bis heute nicht mehr zurückfanden.

Daß man sich gegenseitig betrachten und dadurch die Lust steigern kann, entdeckten wir im 8. Jahr der Ehe, nach einer schweren Krise, die fast zum Auseinanderbrechen geführt hätte.

Als ich dreißig wurde und sieben Jahre verheiratet war, bäumte ich mich gegen die fortschreitende Verbürgerlichung auf. Ich wollte mir eine neue Zukunft öffnen, eine pubertär-romantisch empfundene. Ein wenige Jahre jüngeres Mädchen spielte dabei eine Rolle. Aufgewühlte Gefühle, neue schöpferische Kraft, alles sehr ich-bezogen. Daher blieb es auch beim Petting. Der entscheidende Schritt einer sexuellen Vereinigung wurde nicht vollzogen, als die Stunde dafür da war. Gründe: mangelnder Mut zum Außergewöhnlichen, Außerbürgerlichen, soziale Treue zu Frau und Kindern.

Ich führe heute eine mäßig gute Ehe. Ich empfinde Genugtuung darin, in selbstgewählter Arbeit zu ertrinken. Ich werde wegen meiner Dynamik und gesellschaftlichen, wirtschaftlichen und beruflichen Erfolge beneidet und von manchen Frauen im Bekanntenkreis offen bewundert. Ich beziehe solche Frauen in masturbatorische Phantasien ein. Aber nur der *Gedanke* des Ehebruchs ist mir vertraut. Er belastet mich manchmal, meistens dient er eher als Stimulans. Gelegentlich tätschelt man sich, küßt sich auch einmal im Jahr, wirft sich Blicke zu: alles muffig-bürgerlich. Ein Hauch von Geheimnis, von Gefahr und Männlichkeit.

Ich empfinde es als schön, wenn ich mich entschließe, mit meiner Frau sexuell zu verkehren. Ich kann sie befriedigen. Sie lechzt danach, öfters Verkehr zu haben. Ich empfinde aber zu wenig Antrieb dazu. Entweder schütze ich vor mir selbst berufliche Überlastung vor, oder ich verspüre eine innere, oft auch zur Explosion führende Gereiztheit, weil ich mich in meinen Unternehmungen und Bestrebungen zu wenig verstanden fühle.

Vielleicht aber schlägt auch Familienerbe durch. Zwei Brüder meines Vaters sind geschieden. Wenn ich es richtig sehe, auch deswegen, weil sie ihren Frauen gegenüber zu wenig sexuelle Initiative entwickelten.

Die Erkenntnis, dass Liebe zur geschlechtlichen Erfüllung drängt

Männlich, kath., 72 Jahre, verh., 5 Kinder, Akademiker

Ich bin als sechstes von 7 Kindern in einer kleinen Stadt zur Welt gekommen. Meine Eltern waren gut bürgerlich und sehr religiös. Das Sexuelle war in unserem Familienkreis tabu. Meine Mutter sagte oft: „Von dem, was unter dem Tisch ist, spricht man nicht." So haben wir nie aneinander etwas vom Geschlecht gesehen, und die Begriffe von Unanständigkeit, Schamlosigkeit und Sündhaftigkeit gingen bei uns sehr ineinander über. Auch in der Wanne habe ich mit meinem 1 Jahr jüngeren Bruder immer in der Badehose gebadet und mit meinen Schwestern überhaupt nicht. Die Verschiedenheit der weiblichen Scham von der eigenen kam mir das erstemal zum Bewußtsein bei einem Nachbarmädchen, das ohne Schlüpfer war.

Mit etwa 9 Jahren litt ich an den unteren Klassen des Gymnasiums an Schulangst, da unsere Lehrer dort brutale Schläger waren. In den Tagen der Angst flüchtete ich zu meiner Mutter, da auch mein Vater solchen Ängsten nur mit Schlägen zu Leibe ging. In dieser Zeit fing ich an, mich im Klo einzuschließen, um mich zu verstecken. Dabei kam es zum Spielen mit meinem Glied, und ich merkte, daß dies ein Lustgefühl erzeugte.

Wegen meiner Schulangst taten mich meine Eltern mit 10 Jahren in eine Klosterschule zu menschlich guten Lehrern, unter deren Erziehung ich mich wohl fühlte und meine Angst verlor. Eine Aufklärung gab es dort nicht. Es wurde nur vor den sexuellen Sünden gewarnt.

Der große Druck meiner Entwicklungsjahre

Als ich dort – ich glaube, es war mit 12 Jahren – Scharlach bekam und in einem Krankenhaus auf der Isolierstation lag, erschrak ich sehr, als ich gegen Ende der Krankheit die erste Pollution bekam. Ich hielt sie zunächst für eine Folge der Krankheit und empfand sie als sehr unangenehm und peinlich.

An dem Fenster meines Zimmers führte ein Gang vorbei, von dem aus die Besucher durch das geschlossene Fenster mit den Patienten sprechen konnten. Der Raum neben dem meinen war mit jungen Mädchen belegt, die etwa in meinem Alter sein mußten. Als diese aufstehen durften, schauten sie einmal kichernd zu meinem Fenster herein. Ich schämte mich sehr und verkroch mich unter meiner Bettdecke. Von da ab beschäftigten diese Mädchen meine Phantasie. Ich sah sie nicht mehr. Damit war aber jedenfalls der Reiz des anderen Geschlechts von mir entdeckt worden, etwas Geheimnisvolles, Andersgeartetes.

Mit Homosexualität kam ich in der Klosterschule nicht in Berührung. Ich hatte auch keine Ahnung, daß es so etwas gab. Wann ich zu onanieren anfing, kann ich mich nicht mehr entsinnen. Die Onanie wurde aber für mich der große Druck meiner Entwicklungsjahre. Nicht so sehr, weil ich es als eine Entwürdigung empfand, immer wieder, trotz Kampf dagegen, zu versagen, sondern weil ich sie nicht zu beichten wagte aus Angst, von der Klosterschule verwiesen zu werden. So litt ich unter dem Bewußtsein, unwürdig zur Kommunion zu gehen, die wir jeden Tag bei unserem Morgengottesdienst empfingen. Der Glaube an meine Verworfenheit steigerte andererseits die Intensität meiner Reue und meines Flehens zu Gott um Vergebung. Erst als mich meine Eltern aus der Klosterschule herausnahmen, hatte ich den Mut, das Ganze einem fremden Priester zu beichten. Von da ab beichtete ich regelmäßig jedes Versagen. Wenn ich heute zurückdenke, so glaube ich, daß bei der Onanie meine Phantasie eine große Rolle spielte und daß jeder Kampf dagegen meine Phantasie neu anreizte. Schließlich gab ich dann nach, damit das Kreisen der Gedanken um sexuelle Dinge endlich aufhörte. Das Schuldbewußtsein hat mich dabei nie verlassen.

Kurz vor meinem Abitur fand ich meine erste Liebe, und ihr folgten andere. Es waren scheue Zuneigungen, bei denen Küsse die einzigen Zärtlichkeitsbezeugungen blieben. Heute habe ich den Eindruck, daß diese ersten Lieben für mich etwas so Erhebendes waren, daß ich sie mit dem Sexuellen, das ich von der Onanie her als etwas Erniedrigendes kannte, gar nicht in Verbindung bringen konnte.

Sündhafte Vorwegnahme der Ehe?

So hatte ich meinen ersten Geschlechtsverkehr mit einem Straßenmädchen. Was mir davon blieb, war nur Ekel. Aber ich war mit einem großen Lebenshunger aus dem ersten Weltkrieg zurückgekommen, und bald war ich unter dem Einfluß von Freunden daran, bei Mädchen sexuelle Befriedigung zu suchen, wo und wann sie sich mir bot. Da lernte ich im Frühjahr 1919 meine spätere Frau kennen. Es war Liebe auf den ersten Blick. Sie wurde zugleich der Beginn eines religiösen Miteinander, als wir nach einer durchtanzten Nacht auf einem geschlossenen Faschingsfest zusammen in den Morgengottesdienst gingen. Sie war katholisch wie ich und ein Mädchen, das innere Sauberkeit und Wärme ausstrahlte. Das Keimen dieser Liebe war wiederum so scheu, daß es Wochen dauerte, bis wir uns das erstemal küßten. Zu mehr kam es nicht. Doch nach einiger Zeit spürte ich doch, daß es mich nach sexueller Vereinigung zog. Auf unseren ausgedehnten Spaziergängen kam es immer häufiger vor, daß wir verstummten und schweigend nebeneinander hergingen, weil wohl keines den Sprung zum Sexuellen wagen wollte, um nicht etwas zu zerstören, was für beide schön und erhebend war. Dieses Steckenbleiben im Unausgesprochenen und die Angst, etwas Schönes zu zerstören, waren jedenfalls die Gründe dafür, daß ich auswich und am Ende des Semesters wegging, um anderswo zu studieren.

Als wir uns dann später wiederfanden und ich in einem neuen Aufblühen der Liebe meine Geliebte auch sexuell umwarb, widerstand sie erst einige Zeit, gab aber doch schließlich nach, wenn vielleicht auch nur, um mich nicht zurückzustoßen.

Für mich war diese erste geschlechtliche Begegnung in wirklicher

Liebe mehr als ein beglückendes Erlebnis. Sie brachte mir die Erkenntnis, daß Liebe und Sexualität zusammengehören und daß Liebe zu geschlechtlicher Erfüllung drängt und darin ihre beglükkende Bekrönung findet.

Die Frau, die ich liebte, war völlig altruistisch eingestellt. Schon als Mädchen war sie ausgesprochen mütterlich. Sie hat nie Wünsche für sich geäußert und noch weniger etwas für sich gefordert. Ihrem Wesen, das nur selbstlose Hingabe war, gelang es, mich von der materialistischen Auffassung der Sexualität mit der Zeit zu heilen, denn es gab trotz unserer Liebe in diesen vorehelichen Jahren Zwischenzeiten,wo ich abzugleiten drohte und aufgeben wollte. Noch hatte ich vereinzelten Geschlechtsverkehr mit anderen Frauen ohne seelischen Kontakt, aber ihre Liebe half mir, davon loszukommen und auch das Onanieren einzuschränken.

An eine Heirat konnte ich damals noch lange nicht denken, da ich einen freien Beruf anstrebte, der nicht so bald eine Grundlage für eine Ehe abgeben konnte. So bemühten wir uns, den Geschlechtsverkehr vor der Ehe zu meiden. Trotz der Beglückung war es für uns ein sündhaftes Vorwegnehmen der Ehe. Neun Jahre kannte ich meine Frau, bis wir heiraten konnten. So wurde dies ein langes Sich-Abplagen. Aber wir freuten uns gemeinsam, wenn wir wieder einmal im Verzicht der Situation Herr geworden waren. Vielleicht klingt es paradox, aber ich glaube, daß dieser gemeinsam ausgetragene Kampf um Enthaltsamkeit mit mehr Niederlagen als Siegen unsere Liebe intensiver und fester gemacht hat.

Meine Mutter wußte von dieser Liebe viele Jahre nichts. Sie glaubte immer noch im geheimen, ich würde vielleicht doch ins Kloster gehen. Und so war sie in Korrespondenz mit einem Lehrer aus der Klosterschule geblieben, und dieser vermittelte mir einen Studienaufenthalt in dem Kloster meiner Jugendjahre, um mich beeinflussen zu können. Aber ausgerechnet hier hatte ich mein erstes und einziges Erlebnis mit einem Homosexuellen, das ich als äußerst widerlich empfand. Und dies gab bei mir endgültig den Ausschlag, so rasch wie möglich meine geliebte Frau zu heiraten. Ich habe diese Heirat nie bereut.

Ich habe es nicht bereut, meinem eigenen Gewissen gefolgt zu sein

Man kann immer wieder die Behauptung hören, nach dem sexuellen Rausch der Flitterwochen werde die Liebe zur Gewohnheit. Sie stumpfe ab und erkalte früher oder später, sie ende in Gleichgültigkeit oder sogar Haß, wenn man sich nicht in die Lüge flüchte und dem anderen vorspiele, man liebe ihn noch wie zuerst. Solche Besorgnisse hegte ich wohl noch zu Beginn unserer Ehe. Aber es hat sich nichts davon bei uns bewahrheitet. Wir sind nach 42 Jahren Ehe noch so glücklich wie zu ihrem Beginn. Zwar streiten wir uns oft um kleine Dinge, denn wir sind beide keine Jasager auf Anhieb. Aber alle Differenzen sind spätestens bis zum Einschlafen beglichen. Und in entscheidenden Lebensfragen waren wir uns immer einig.

Sexuell hat sich meine Frau mir nie verweigert, aber ebensowenig aufgedrängt. Persönlich glaube ich, daß das Sakrament manchmal schwierige Situationen überwinden hilft, auch wenn man mit der Auffassung der Kirche nicht in allem einig ist. In den Jahren, da unsere 5 Kinder auf die Welt kamen, machte uns die Einstellung der Kirche zum sexuellen Akt in der Ehe viel zu schaffen. Die Pille gab es noch nicht, aber auch der Coitus interruptus war schwere Sünde.

Ich glaube nicht daran, daß ein Mann, der seine Frau wirklich liebt als seelisch-leibliche Einheit, den sexuellen Verkehr mit ihr meiden kann – ich meine auf längere Sicht –, ohne daß die Liebe in Brüche geht, daß die Partner in qualvollen Versuchen, den religiösen Forderungen gerecht zu werden, sich aufreiben oder zu Auswegen kommen, die alles andere als natürlich sind. Wir haben es oft versucht, sind lange den Sakramenten ferngeblieben und haben wieder von neuem begonnen. Man kann aufeinander nicht sexuell verzichten, wenn man Tag und Nacht beisammen ist. So glaubte ich nicht mehr an die Sündhaftigkeit der Kinderbeschränkung und beichtete es doch immer wieder.

Am meisten machte mir zu schaffen, daß ich nach der katholischen Auffassung in der Frau, die mir vor dem Priester angetraut war, nur noch die Gelegenheit zur Sünde sehen sollte, die man ja zu meiden hatte, und daß der ohne Willen zum Kind vollzogene Geschlechtsverkehr mit ihr genauso schwer sündhaft gewertet wurde wie der Verkehr ohne Liebe mit einer Hure. Ich sträubte mich gegen diese Erniedrigung der Frau durch die Auffassung der Kirche. Solche Unnatur konnte nicht von Gott gewollt sein. Ich empfand es beschämend, daß man als Mann schließlich froh sein mußte, als die Frau keine Kinder mehr bekam.

Ich habe es nicht bereut, meinem eigenen Gewissen gefolgt zu sein. Denn weil ich das Einssein von Liebe und Sexualität zweier Ehepartner als den höchsten Wert des Lebens empfand, blieb meine Frau immer der Mittelpunkt meiner sexuellen Sehnsüchte, auch wenn ich lange Zeit von ihr getrennt war.

Im zweiten Weltkrieg war ich zwei Jahre meiner Frau fern und anschließend ein halbes Jahr in russischer Kriegsgefangenschaft. Drei Jahre nach der Rückkehr aus der Gefangenschaft wurde ich beruflich in eine Stadt berufen, die 6 Bahnstunden von unserem Wohnort entfernt liegt. Die Möglichkeit eines Umzugs der Familie bestand nicht, und ich konnte die Stellung nicht aufgeben, weil sie uns alle in der schweren Nachkriegszeit ernährte. 14 Jahre dauerte diese Trennung von meiner Familie durch den Beruf. In dieser Zeit kam ich nur alle zwei oder drei Wochen übers Wochenende nach Hause.

In all diesen Jahren der Trennung gab es keine andere Frau in meinem Leben, auch nicht vorübergehend, da sich meine ganze sexuelle Sehnsucht auf meine Frau konzentrierte. Wir schrieben uns wie im Krieg regelmäßig alle zwei Tage, und dieses Gegenwärtigsein in der brieflichen Aussprache verband uns eng. Es hielt auch die sexuelle Sehnsucht nacheinander wach. Und so wurden meine Wochenenden der Heimkehr zu Hochfesten unseres sexuellen Beisammenseins. Vielleicht war es diese geistige Spannung des Getrenntseins und doch Verbundenseins, die in unserer Ehe keine Krisen aufkommen ließ. Sicher waren diese Jahre der Trennung für meine Frau schwerer als für mich, denn die Erziehung der Kinder lag in dieser Zeit fast ganz in ihrer Hand, und sie mußte auch mit den täglichen Schwierigkeiten der Familie fertig werden.

So gab es in unserer Ehe wohl Abschnitte, in denen sich das Schwergewicht der Liebe einmal mehr auf das Sexuelle oder auf die geistige Zusammengehörigkeit verlagerte, aber eins war nie ohne das andere. Und so ist uns auch heute noch das eine wie das andere geschenkt, nachdem wir beide im 42. Ehejahr 72 Jahre zählen. Und wenn ich sagen müßte, welche Zeit der ehelichen Liebe schöner sei, die frühe oder die späte, dann fiele es mir schwer, eine der anderen vorzuziehen.

Der Anfang vieler schmerzlicher Irrwege

Weiblich, kath., 43 Jahre, 12 Jahre verh., 3 Kinder

Verzweifelt klammerte ich mich an den Gedanken, es werde einst ein strahlender junger Held kommen und mich aus dem Kerker meiner selbst befreien; ich suchte ihn aber nicht aktiv, sondern verschloß mich immer mehr in mich selbst, da ich mich ausgesperrt fühlte aus der Gemeinschaft der anderen, die mir immer ganz „normal“ und problemlos vorkamen. Daher führte ich ein sehr zurückhaltendes Leben, auch als junges Mädchen am Ende der Schulzeit, einer Zeit, die sowieso verdüstert war vom Ende des Krieges und den bitteren Nachkriegsjahren.

Ihn traf ich erst, als ich an der Universität studierte, und er war fast so, wie ich ihn mir vorgestellt hatte, oder sogar noch schöner. Für mich war er die Liebe auf den ersten Blick, und bei seinem ersten Händedruck meinte ich wie im Feuer zu vergehen. Dabei war sein Wesen eher kühl, unnahbar und abweisend, aber ich begehrte ihn mit allen Fasern und war schrecklich eifersüchtig auf alle anderen Mädchen, für die er sich interessierte. Diese Qualen überlagerten meistens mein Bewußtsein und raubten mir die Konzentration beim Studieren, das ich ansonsten mit Eifer betrieb.

Die schönste Zeit meines Lebens brach an, als auch er sich nach einiger Zeit mir verliebt zuwandte und wir uns nun verzückt umschwärmten und andichteten. Jetzt eröffneten sich mir geistige Dimensionen, die bisher verschlossen gewesen waren, und das erstemal empfand ich voll Entzücken eine große Allharmonie, die Gott, Welt und Mensch mit Leib und Seele umfaßt. Das Sexuelle allerdings war in diesem Kosmos nicht aktuell. Ich war trotz heftigen Verlangens meiner Leidenschaft meinem Freund dankbar, daß er die sexuelle Hingabe aus religiösen Gründen nicht forderte, solange wir miteinander studierten; als wir aber das erstemal miteinander fortfuhren, war ich innerlich maßlos enttäuscht, daß er mich nicht einfach zur Seinen machte.

Die Zeit ersten konkreten Experimentierens

Nun begann die Zeit ersten konkreten Experimentierens mit dem sexuellen Vollzug, zugleich mit einem eifrigen Studium medizinischer Aufklärungswerke. Für meinen Freund war ich die erste Frau, wie er für mich der erste Mann war, eine Vorstellung, die mich beglückte. Aber ich merkte bald, daß wir zwar leiblich gut zueinander paßten, nicht so sehr dagegen in unserer Einstellung zur Sexualität. Mein Freund war wohl neugierig, aber im Grunde seines Wesens sehr gehemmt; seine Mutter hatte ihn fast gar nicht aufgeklärt, ihm das Geschlechtliche aber verekelt. Daher empfand er mein heftiges Begehren, das sich oft leidenschaftliche Ausdrucksformen suchte, als hemmungslose Triebhaftigkeit, die ihn abstieß. So überkam uns beide nach all den Jahren des Wartens eine große Enttäuschung, ihn, weil er erkannte, daß ich nicht so „heilig" war, wie er mich in seiner Vorstellung gesehen hatte, und mich, weil ich spürte, daß meine Leidenschaft kein Echo fand. Ich hätte meine Triebhaftigkeit zwar besser kennen müssen, aber alle früheren Ausdrucksformen der Libido waren abgefallen von mir; schon in den Jahren unserer platonischen Verliebtheit hatten masochistische Phantasien sowie Onanie ihre Macht über mich verloren und waren mir uninteressant geworden. Andererseits hatte mich die frühe Beschäftigung mit dem Erotisch-Sexuellen ziemlich aufgeschlossen gemacht, so daß mir die sexuelle Anpassung an die jeweiligen Eigenheiten des Partners und das Erreichen des Höhepunkts nicht schwerfiel. Überhaupt fiel mir alles leicht, was mit der Verwirklichung der Funktionen des weiblichen Organismus zusammenhängt; ich hatte nie über besondere Schmerzen oder Störungen zu klagen, und die späteren Schwangerschaften waren die sinnträchtigsten und am meisten mit Energie, Beweglichkeit und Lebensfreude geladenen Zeitabschnitte meines Lebens, drei meiner Kinder sind mit einer sozusagen „schmerzfreien" Geburt auf die Welt gekommen.

Dies war also nicht unser Problem, sondern die verschiedene psychologische und soziologische Einstellung zur Sexualität war es, die uns unbewußt entzweite, ein Faktor, der mir immer mehr Angst vor einer möglichen Ehe einjagte und der später noch gravierende Folgen nach sich ziehen sollte. Als ein Kind unterwegs war, heirateten wir dennoch auf Drängen meines Freundes und seiner Mutter – ich tat es mit ziemlich schlechtem Gewissen, weil ich eine Heirat nie beabsichtigt hatte –, aber dies war nicht das happy end, sondern der Anfang vieler schmerzlicher Irrwege.

Der spießige Alltag einer bürgerlichen Ehe

Nun begann genau das, was ich immer gefürchtet hatte, der kleinliche, spießige Alltag einer bürgerlichen Ehe, wobei ich mich von meinem Mann, der sich Familienbildung in ganz patriarchalisch-traditionellen Normen vorstellte, immer mehr in die Rolle der Mutter und Haushälterin gedrängt fühlte. Dennoch beging ich den Kardinalfehler, innerlich bitter resigniert, auf meine berufliche Karriere zu verzichten und mich ganz auf die haushaltlichen Dinge zu stürzen, in denen ich keine Erfahrung hatte und die mir auch keine Erfüllung bedeuteten. Soviel an Frustration konnte auf die Dauer nicht durchgehalten werden, und so wurde es mir vielfältig zur Versuchung, anderweitig die Selbstbestätigung zu suchen, die mir zu Hause nicht zuteil wurde, und die zurückgehaltenen Kräfte auszuleben. Es wurde mir zu einer Art rauschhaften Bedürfnisses, mich von Zeit zu Zeit, besonders auf Auslandsreisen, der unberechenbaren

Macht des allumfassenden Eros auszuliefern, wenn ich auch im Grunde meines Herzens nicht glücklich war über diese Grenzüberschreitungen, da ich nur meinen Mann wirklich liebte. Aber ich hätte es sonst nicht ertragen können, mich daheim in unerfüllter Sehnsucht zu verzehren und noch dazu mit ansehen zu müssen, wie mein Mann sich für fremde Frauen begeisterte, die seinem Weibchenideal näherkamen. Ich konnte eben meine Triebenergien noch ebensowenig bezwingen wie in der Kindheit, vielleicht war es aber auch der gleiche Mangel an Anerkennung als Frau, der mich ruhelos umhertrieb; zur schwierigen Kunst der Sublimation hatte ich jedenfalls noch keinen Zugang.

Erkundungsfahrten in eroticis

Bei meinen Erkundungsfahrten in eroticis ging ich zunächst nach dem Prinzip vor, möglichst vielfältige Erfahrung zu sammeln und keine Bindung entstehen zu lassen, um mich nicht zu verlieren. Es war wie ein Rausch, die begehrenden Blicke der Männer zu fühlen und zu vergehen unter dem süßen Schmerz des Begehrens und Gewährens. Dabei achtete ich darauf, daß ich niemand gefühlsmäßig an mich band, vor allem aber auch selbst nicht meine innere Freiheit verlor. Und die Erfahrung, daß ich das vermochte, war wie Rauschgift und ließ mich von Zeit zu Zeit immer wieder nach Abenteuerserien verlangen. Dabei ging ich oft bodenlos leichtsinnig mit mir selbst um, wenn ich mich in der Fremde Fremden anvertraute, und ich muß mich heute noch wundern über meine Arglosigkeit und zugleich mein Glück – einmal wäre ich beinahe von Mädchenhändlern nach Südamerika verschleppt worden, einmal fast um eine Anzahl Kamele an einen reichen Orientalen verkauft worden, ein andermal entrann ich mit knapper Not einer Schar von Grenzsoldaten, die mich vergewaltigen wollten! Aber ich kam doch überall gerade noch glücklich durch, und um so mehr wuchs die Versuchung, das Äußerste zu riskieren.

Da ich dabei die erhabene, allverbindende Macht des Eros spürte, empfand ich keine Scham über das, was ich tat; ich interessierte mich allerdings auch nie für Männer, für die das Erotische etwas Obszönes, zynisch zu Behandelndes war; jeder aber, der mir in menschlicher Unverhülltheit und Liebesbedürftigkeit nahte, galt mir der sachgemäßen Hingabe und der Ehrfurcht wert. Dennoch blieb immer ein Schmerz in meinem Inneren wach, der mir sagte, ich tue etwas gegen die Ordnung meines Lebens und verletze den innersten Sinn.

Die Liebe nämlich, in der wir ja unsere Sinnerfüllung suchen, ist freilich etwas anderes, sie kann nicht willensmäßig und auch nicht triebmäßig erzwungen werden, und vielleicht wird sie überhaupt nur einmal oder höchstens ein paarmal im Leben dem Menschen vom Schicksal zugemessen. Diese Möglichkeit wäre bei mir in der Ehe angelegt gewesen, doch gerade hier führte sie nicht zur Erfüllung. So versuchte ich eben, es meine anderweitigen Partner nicht spüren zu lassen, daß ich für sie keine oder höchstens eine sehr begrenzte Liebe empfand, sondern mich auf den selbstlosen Standpunkt der antiken Hetären oder Tempelpriesterinnen zu stellen. Freilich merkte ich bald, daß ich es in deren Kunst der Selbstlosigkeit nicht allzuweit gebracht hatte, denn mit den Jahren wurde es mir immer mehr zur Last, all den Männern dienen zu müssen, die mir ihre Liebesnot offenbarten. Da ich selbst so viel Lieblosigkeit und Kälte in meiner Ehe erfahren mußte, hatte ich freilich Verständnis für diese Not, war aber doch irgendwie erleichtert, wenn ich ein Argument wußte, mich dafür nicht zuständig zu fühlen, so etwa, wenn ein Mann verheiratet war.

Meinem Mann gegenüber empfand ich Schuldgefühle

Meinem Mann gegenüber empfand ich wohl Schuldgefühle, obgleich er selbst mich aufforderte, mich an anderen schadlos zu halten; ich gab ihm jedoch dafür nie eine Bestätigung oder einen sichtbaren Grund zur Eifersucht. Ich bemühte mich vielmehr, durch unverminderte Leidenschaft die Liebe am Leben zu erhalten, und versöhnte mich immer wieder mit ihm, wenn ich auch wußte, daß er seinerseits irgendwelchen Seiteninteressen nachging. Allerdings war er dabei nicht so diskret wie ich, sondern immer gerade achtlos genug, mir genügend Hinweise auf seine Fremderfolge zu geben, daß ich mir den Rest zusammenkombinieren und darunter leiden konnte. Er tat dies, außer aus einem gewissen sadistischen Motiv heraus, wohl in der Hoffnung, daß ich es dennoch nicht übers Herz brächte, mich von ihm zu scheiden, was ja bei unserer wachsenden Kinderschar kaum durchzuführen war, und in der naiv-männlichen Berechnung, mich dadurch eifersüchtig zu machen und zu einer Wesensänderung nach seinen Wünschen zu zwingen. Denn seine Flammen waren (so, wie er sie sah!) immer das gerade Gegenteil von mir: zahme, nur häusliche, unselbständige, leicht beherrschbare Weibchen.

Leider war diese Strategie von Grund auf verkehrt, denn die ständige Gewöhnung an den Gedanken, daß er andere liebend verehrte, mich aber vernachlässigte, ließ mich mit der Zeit innerlich erkalten – vor allem, als ich sah, daß er seine seelische Freiheit dabei nicht behaupten konnte – und entpflichtete meinen Hingabewillen. Demgemäß wuchs in mir das Verlangen, nach einem ehrenhafteren Ausweg aus meiner Existenznot zu suchen, als es das Hetärentum war; aus der Sucht nach dem vielen wurde so eher ein Auswählen vom Qualitativen her, und zuletzt blieben nur ein paar menschlich wertvolle Freundschaften mit freien Männern übrig. So hatte ich im Lauf der Zeit viele Abstufungen der Erotik kennengelernt und im Grunde begreifen müssen, daß die eigentliche Liebe nichts durch äußeres Experimentieren dazulernen kann, sondern daß sie schon alle Möglichkeiten in sich birgt, die sie nach und nach entfalten kann, und daß das Phänomen der sexuellen Liebe doch bei vielen Menschen, vielleicht beim größten Teil, recht ähnlich ist. Vor der Erkundung von Irrwegen allerdings, wie z. B. abartiger Sexualität und Gruppensex, hielt mich der Freiheitsinstinkt zurück, der sich immer stärker in mir Bahn brach. Dieser Trieb und die Schlüsse, die ich aus meinen Erfahrungen ziehen mußte, bauten mir Brücken zum rettenden Ufer. Dazu gehörte auch die Erfahrung der paradoxen Tatsache, daß eine Frau mehr an Wert gewinnt – in den Augen der Männer – durch distanzierte Erotik als durch massive Sexualität.

Brücken zum rettenden Ufer

Den eigentlichen Heilsweg aber fand ich vom Geistigen her, vor allem, als es mir gelang, nach vielen Jahren unbefriedigten Hausfrauendaseins wieder meinen Beruf aufzunehmen, der mich geistig immer neu anspornt und der meine ganze Energie anfordert. Ich habe in meinem Beruf viel mit Männern zu tun, aber das Verhältnis bleibt natürlich ein distanziertes, das gerade durch die Schwingungen vergeistigter, kaum merklicher Gegengeschlechtlichkeit eine reizvolle Spannung erhält. Meine Triebenergien sind durch die schwere Doppelbelastung des Berufes und der Haushaltsarbeit für eine große Familie genügend ausgelastet, so daß ich endlich bewußt eingesehen habe, daß ich kein weiteres Kind mehr verkraften kann. Der Zwang zur Absage an den Fortpflanzungstrieb gibt mir die Möglichkeit, die Energien des Geschlechtlichen, die ich in ihrer ganzen positiven Kraft kennengelernt habe und die ich nicht durch chemische Manipulation meines Organismus abwürgen möchte, zu sublimieren und zu gebrauchen zur Selbstwerdung, für die es mit 40 Jahren allerhöchste Zeit ist.

Freilich muß ich auch heute noch durch Hoch- und Tiefpunkte

gehen wie früher auch, vor allem durch die Belastungen, die der Ehe- und Familienalltag mit sich bringt, aber durch den Halt, den mir meine Schaffenswelt gibt, wird doch die Wucht vieler Sorgen und Enttäuschungen abgefangen. So ist auch unsere Ehe letztlich nicht zerbrochen trotz aller Differenzen und Machtkämpfe; wir haben einander sachlicher sehen, aber auch geduldiger und umfassender akzeptieren gelernt, wobei fast zu sagen ist, daß unsere Ehe sich um so mehr humanisiert hat, je mehr sie sich desexualisiert hat. In meiner Jugend hätte ich den Gedanken weder verstanden noch ertragen, daß ich gerade durch die Ehe von der Übermacht des Geschlechtstriebes kuriert werden sollte, aber heute glaube ich in diesem Paradox einen Sinn zu erahnen. Deshalb muß ich meinem Mann, trotz allem Leid, das mir sein Verhalten zugefügt hat, eigentlich dankbar sein, daß er mir dadurch – ganz unwillentlich – zur Voll-Emanzipation verholfen hat, einem Ziel, das in mir wesensmäßig wohl schon immer angelegt war.

Eine religiöse Erfahrung

Weiblich, kath., verh., 54 Jahre, 3 Kinder, Hausfrau

Wie es eigentlich zuging, daß aus mir eine trotz allem sehr glückliche Ehefrau wurde, wundert mich sehr.

Als uneheliches Kind war der schlechte Start sozusagen schon in die Wiege gelegt. Der Tod meiner Mutter bei der Grippeepidemie 1918 konnte zwar nicht meinem Vater angelastet werden, dennoch – ich hörte als Kind immer wieder von der Schlechtigkeit der Männer und was sie den Frauen antun. Als sehr frühe Kindheitserinnerung ist mir noch in gutem Gedächtnis: eine junge ledige Muter – sie war mit mir verwandt – weinte Tag und Nacht, alles war in hellem Aufruhr. Es mußte also etwas Schreckliches sein, ein Kind zu bekommen. Dabei hörte ich von dem Mann, der das Mädchen sitzenließ, er war natürlich unheimlich und böse in meiner Vorstellung.

Über das Geheimnis des Lebens wurde nie gesprochen, es waren „Schindeln auf dem Dach“; das ließ mich zwar neugierig werden, aber weder Fragen noch Gespräche folgten. Später sorgte das Treiben der Buben und Mädchen in der Schule und auf dem langen Heimweg für Aufrechterhaltung der Neugierde und Spannung und dann auch für die Aufklärung. Es war eine schlechte Sache; auf der einen Seite wuchs die Begierde, was zu erfahren, auf der anderen Seite stand das 6. Gebot. So entstanden in mir Schuldgefühle und auch Ängste, ob und was denn Sünde sei. Daß „so was“ mit Liebe verbunden sei, kam mir nicht in den Sinn, wie hätte das auch sein können.

Als mit 14 Jahren die Menstruation begann und ich ganz entsetzt meine Tante fragte, erfuhr ich: dieses „Zeug“ bekäme ich jetzt jeden Monat. Punkt! Mehr nicht. Ansonsten berührte mich dieses Thema eigentlich in dieser Zeit wenig. Die Schule interessierte mich ungemein, mein Bestreben war, dem Vater mit guten Noten mich dankbar zu zeigen, daß ich als uneheliches Kind eine höhere Schule besuchen durfte. Mochten Mitschülerinnen mit Jungen herumspazieren, für mich gab es nur Lernen, der Rest Freizeit gehörte einer Jugendgruppe, in der ich mitarbeitete. Dort ließ ein Gruß von der „Gegenseite“ zwar das Herz höherschlagen, als ich älter wurde, aber die Lager waren sehr streng getrennt, ein Gespräch fand nicht statt. In weiter Ferne standen der Wunschtraum nach einem katholischen Jungmann und einer idealen Ehe.

Erst der Tanzkurs und das Tanzengehen brachten Bekanntschaften, die sehr bald beendet wurden, wenn es begann, „gefährlich“ zu werden. Unterdessen hatte eine Bürokollegin mir auch einige Bücher zum Lesen gegeben, sie vermutete wahrscheinlich eine mangelhafte Aufklärung. So brennend interessierte mich das aber gar nicht, denn ich wollte mit keinem Mann eine engere Bindung eingehen aus panischer Angst vor einer Schwangerschaft und auch aus starken Bedenken, meine inzwischen gewonnene Freiheit aufgeben zu müssen. Ich tanzte leidenschaftlich gerne, ging mit meiner Freundin aus und wimmelte alle Freunde ab. Die dann allmählich beginnende Sehnsucht nach Zärtlichkeit brachte zwar manchmal das Gedankengebäude ins Schwanken, die Angst überwog aber.

Noch mit schlechtem Gewissen

Da begegnete ich meinem Mann, ich war 23 Jahre alt, er 20. Er hatte eine wundervoll unbefangene Art, und komischerweise hatte ich meinen inneren Widerstand bei dieser Begegnung abgelegt. Das heißt, so komisch war es gar nicht; er war etwas kleiner als ich, auch jünger, also schien es harmlos, denn die Konvention verlangte es ja ganz anders. Wir konnten uns sofort bestens unterhalten, und ich merkte: so einem jungen Mann bin ich noch nie begegnet. Das wäre der Mensch, den ich mir vorstellen könnte als Partner. Soviel Interesse, solche Fähigkeit, auf einen anderen einzugehen, ihm zuzuhören! Es begann der Dialog zwischen uns, in dem wir seither leben. Zwischen Hoffen und Ängsten erlebte ich diese Zeit, es wurde mir immer klarer, nur er könnte mein zukünftiger Mann werden.

Als ich meinen späteren Schwiegereltern gegenüberstand, kam mir zum Bewußtsein, daß hier eine Atmosphäre der Toleranz und Freiheit, eine Unbefangenheit miteinander herrschten, die ich nicht kannte. Abschieds- und Empfangskuß, Höflichkeit gegen seine Frau von seiten meines Schwiegervaters fielen mir sehr auf.

Allmählich stellten wir fest, wir gehören einfach zusammen. Mein Mann hatte es nicht leicht, die Prägung der Vergangenheit stand immer da. Das Wartenkönnen in Geduld und Liebe, dieses Aufmicheingehen, das war es, was meine Liebe und Zuneigung so sehr wachsen ließen. Ich spürte, es ging ihm um mich als Menschen, er verstand mich.

Nach über einem Jahr war es soweit, wir erlebten das Glück liebender Umarmung – ich noch mit schlechtem Gewissen, aber überwältigt von der Art, mit der mein Mann über all die Dinge der Sexualität dachte und sprach. Ja auch sprach, denn wir redeten immer über alle unsere Empfindungen und Gefühle, anfangs noch schüchtern und zaghaft, im Laufe der Jahre mit wachsender Vertrautheit. Wir konnten uns die Bedürftigkeit nacheinander zusprechen. Unsere geschlechtlichen Begegnungen geschahen nie im Dunkeln oder stumm, sie sind uns der Ort tiefster Aussagen, weil man sich nie näher ist.

Nach und nach beruhigte sich auch mein Gewissen, denn ich konnte mir nicht mehr denken, daß dieser Ausdruck der ganzheitlichen Hingabe aneinander Sünde sein könnte. Diese Liebe, die ich erleben und schenken durfte, mußte ein Funke der großen Liebe Gottes sein.

Dieses große Fest der Liebe und des Ineinanderverschmelzens

Nachdem wir uns in vier Jahren immer nähergekommen waren, heirateten wir. Es war Krieg, jedes Zusammensein war für mich überschattet von Sorge, Kummer und Angst, ob wir uns wiedersehen werden. Der Dialog bestand jetzt größtenteils im täglichen brieflichen Miteinandersprechen. In dieser Zeit empfing ich unser erstes Kind. Wir hatten es nicht gewollt, aber trotz allem waren wir glücklich darüber.

Dann kam mein Mann aus dem Krieg nach Hause. Über unserer gelebten Geschlechtlichkeit lag der Schatten des vergangenen Jahres, für meinen Mann die Gefangenschaft, für mich die Zeit der Ungewißheit, der Verzweiflung. Es dauerte einige Monate, bis wir den

Schleier der Fremdheit, den jeder irgendwie spürte, überwinden konnten. Wir wissen den Tag noch genau und fühlen in uns noch das Empfinden des Glücks über dieses große Fest der Liebe und des Ineinanderverschmelzens. Bei dieser Vereinigung empfing ich unser zweites Kind. Danach war mir ein geschlechtlicher Verkehr nicht mehr möglich, vielleicht weil ich so ausgehungert war. Ohne Anzeichen von Ungeduld oder Gereiztheit verzichtete mein Mann lange Monate auf die Erfüllung und umhüllte mich mit seiner Zärtlichkeit. Ich erlebte in unserer Ehe, daß es keine Frage der Techniken oder Stellungen ist, sexuelles Glück zu erfahren, das gehört auch dazu, aber für ganz entscheidend halte ich vor allem von seiten des Mannes seine Behutsamkeit der Frau gegenüber und seine Phantasie im Liebesspiel, wodurch er erwecken kann. Über allem empfinde ich als Frau, bei der doch Sexualität nicht von Liebe getrennt wirklich erlebt werden kann, daß das Aufgehoben- und Angenommensein, das Vertrauen, das Wissen, als Mensch geliebt zu werden, Dinge sind, auf die es ankommt. Da bestand die Frage der Treue in keiner Stunde des Lebens. Ich war von Kindheit an mißtrauisch. Daß ich befähigt wurde, Vertrauen zu geben, und zwar restloses Vertrauen meinem Mann gegenüber, verdanke ich ihm. Wenn in diesem Dialog miteinander immer wieder das Zeichen der leiblichen Liebe zugesprochen wird, kann es keinen Menschen mehr geben, der dazwischentreten könnte. Es kann nur eine gelebte Fülle des Daseins geben, ein Offensein für alle ringsum, aber als zwei in einer Einheit.

Ich habe nie auf den Orgasmus verzichten müssen

In meinem ehelichen Leben habe ich nie auf den Orgasmus verzichten müssen, das bereitete mir von Anfang an keine Schwierigkeiten. Ich glaube, das ist wesentlich auch eine Frage des Egoismus des Mannes, der sich zuwenig um seine Frau bemüht. Mir ist so viel Behutsamkeit, Geduld und Liebe entgegengebracht worden, daß ich trotz meiner schlechten Vorgeschichte und meiner Belastungen zur vollen Freude kam.

Was mich mein Leben lang interessierte, ich aber natürlich nie erfragen konnte, war die Sexualität der älter werdenden Frau. Wie wird das sein, wenn die Wechseljahre vorbei sind? Hat nur der Mann in dieser Hinsicht die „ewige Jugend“ gepachtet? Ich mußte also mit der Antwort auf diese Frage warten, bis ich es jetzt selbst erlebe.

Unsere geschlechtliche Begegnung empfinde ich heute tiefer als früher, es verbindet uns das gemeinsame Leben, und bei jeder liebenden Umarmung ist die Fülle der erfahrenen Liebe gegenwärtig. Freilich die Kräfte werden geringer, wir sind öfters müde, ein Fest zu feiern, aber die Glückseligkeit der Begegnung ganz ohne Hemmungen und Ängste ist einfach wunderbar. Wir erfahren es beglückt.

Für mich waren die Höhepunkte der leiblichen Vereinigung auch eine religiöse Erfahrung, eine Ahnung davon, was Seligkeit und Vollendung sein könnte.

Wenn ich in meiner Kindheit Angst vor Gott und seiner eventuellen Strafe hatte, sie ist gewichen einem Vertrauen auf seine Liebe, von der ich einen Teil in meinem Leben erfahren durfte.

Wir wurden in unserer Ehe vom Schicksal nicht verschont, aber es war keiner allein, wir trugen und tragen es miteinander, und ich konnte die Fülle menschlicher Liebe erleben, dafür bin ich unendlich dankbar.

Ich wünsche mir nur eines, daß ich noch viele, viele Jahre jeden Tag, wie ich es schier 30 Jahre erlebe, im Arm meines Mannes einschlafen darf, entweder nach einem lieben Gute-Nacht-Kuß oder erfüllt von einer zärtlichen liebenden Begegnung.

Eine undurchdringliche Mauer von Fremdheit und Schweigen

Weiblich, evang. 31 Jahre, 4 Jahre verh., keine Kinder, Assistentin

Obwohl ich mit vielen Männern geschlafen und dabei Freude empfunden hatte, bevor ich meinen zukünftigen Mann kennenlernte, hat erst er mich wirklich zur Frau gemacht. Vorher war ich trotz meines unbekümmerten Lebenswandels ein junges Mädchen geblieben mit sogar einigen männlichen Zügen. Er aber hatte mich gerade in meinen weiblichen Seiten gern, und ich blühte auf, ich verfleischlichte mich gewissermaßen. Es war eine Erleichterung, eine Frau sein zu dürfen und als Frau geliebt zu werden. Ich bekam in kurzer Zeit größere und viel empfindlichere Brüste, nahm auch sonst sehr zu (das aber nur kurzfristig, nach einem halben Jahr war ich schlanker als zuvor), und der Einfluß meines Menstruationszyklus auf meine Stimmungen wurde mir bewußter. Zuvor hatte ich mich eher leicht und schlank gefühlt, jetzt kam ich mir sinnlich und schwer vor, bis sich mein neues Körpergefühl eingependelt hatte. Wenn ich an das harte junge Geschöpf dachte, das ich noch vor wenigen Monaten gewesen war, begriff ich nicht ganz, wie mein Leib so schnell anders geworden war, auf neue Weise lebendig, sensibler, sinnenhafter. Alles in mir war aufgerührt, verändert und beim leisesten Anstoß zum Schwingen zu bringen. Ich dachte an ihn, den ich liebhatte, mit solcher Stärke, daß in mir alles dahinschmolz zu Glut und Offenheit und Zärtlichkeit und ich mich einmal fühlte, als sei ich schwanger von ihm, so übermächtig war dieses neue Glück in mir. Um diese Veränderung in mir zu erreichen, hatte es nur zwei Monate gebraucht und, daß er sich wirklich über mich und mein Geschlecht freute.

Entscheidend war für mich zum Beispiel eine Bemerkung, die er machte, als er zum erstenmal zu mir ins Bett kam. Wir sahen uns nackt und liebkosten uns, ohne uns noch miteinander zu vereinigen. Indem er mich streichelte, spürte er, daß meine Schamlippen weit geöffnet und feucht waren. Ich hatte bis dahin nicht gewußt, daß das von Hingabebereitschaft zeugt und sogar notwendig ist, wenn man geschlechtliche Gemeinschaft haben möchte; vielmehr hatte ich mich dieses Feuchtwerdens immer sehr geschämt, so als hätte ich in die Hose gemacht, und oft versucht, mich unbemerkt wieder trocken zu wischen. Er aber sagte: „Ganz feucht und weich bist du" mit einer Stimme, in der solche Freude darüber und Zärtlichkeit schwang, daß ich von dem Moment an von meiner unsinnigen Scham geheilt war.

Das war im Anfang. Unsere ersten zwei Jahre des Zueinanderfindens wurden dann schwierig – für ihn, weil unsere Absicht zu heiraten für ihn Abschied hieß von der Fülle möglicher Begegnungen mit immer wieder anderen Frauen; für mich, weil ich bisher in einer unverbindlichen Welt von Traum und Spiel gelebt hatte und nun schmerzhaft plötzlich in die Wirklichkeit geworfen wurde. Ohne mir das eigens bewußtzumachen, hatte ich bisher angenommen, die Erde sei ein Paradies und ich ein recht liebenswerter und begabter Mensch. Nun stand ich vor der Aufgabe, die Härte der Realität und mich in meiner Armseligkeit und Begrenzung anzunehmen. Ich hatte und habe damit so zu kämpfen, daß ich ihn oft vernachlässige und kaum seine Konflikte und Probleme bemerke, weil ich mit eigenen Schwierigkeiten zu tun habe. Dabei empfinde ich es aber als selbstverständlich, daß er mich immer versteht...

Oft denke ich, er muß sich doch ähnlich fühlen, aber es ist wie eine undurchdringliche Mauer von Fremdheit und Schweigen zwischen uns, so daß wir nebeneinander am Frühstückstisch sitzen und ich nicht einmal weiß, ob er ebenso verzweifelt ist wie ich. Vielleicht ist er weniger abhängig von mir als ich von ihm – oder er verbirgt seine Enttäuschung besser.

Herrscht Einverständnis zwischen uns, so bewirkt meine Übersensibilität vor Menstruationsbeginn, daß ich mich mit großem Bedürfnis nach ihm sehne, danach, ein wildes zärtliches Fest der Liebe mit ihm zu feiern. Vereinigen wir uns zu so einer Zeit, so bin ich ungemein lustempfänglich und sehr leicht erregbar.

Diese übergroße Empfänglichkeit für Liebkosungen und Zärtlichkeiten kommt aber auch sonst manchmal über mich, plötzlich und scheinbar ohne Grund. Ich habe in mir dann eine wilde Sehnsucht nach ihm und würde ihn am liebsten umarmen, wenn ich ihn sehe. Oft aber habe ich das Gefühl, das geht nicht, ich bin dann mit meinem eigenen Schweigen wie geschlagen, und wenn dazu er noch gleichgültig an mir vorbeigeht, fühle ich mich wieder wie verstoßen. Ich habe lang gebraucht, ehe ich lernte, nicht aus jedem Moment, wo ich zufällig einen lieben Blick von ihm erwartete und er zufällig den Kopf mit andrem voll hatte, den Beweis zu ziehen, er liebe mich nicht mehr und ich sei überhaupt das verlassenste Geschöpf dieser Erde.

So gern ich mit ihm schlafe, so wenig gelingt das, wenn wir uns am Tag nicht gut verstanden haben. Ich denke dann, es sollte doch gehen, ich bin manchmal auch bis zu einem gewissen Grad erregbar, aber dann hört es einfach auf, und ich kann zu keinem Orgasmus kommen und erlebe, wie er allein den Höhepunkt erreicht. Ein wenig fühle ich mich dabei wie schuldig, als sei es ein Verrat von mir, ihn dabei so allein zu lassen.

Meine schlimmste Schwierigkeit ist die Eifersucht

Meine schlimmste Schwierigkeit aber ist die Eifersucht. Schon von Anfang an war ich eifersüchtig auf seine früheren Freundinnen und glaubte, er habe diese mehr geliebt als mich. Als ich merkte, daß er jungen Mädchen nachschaut, wurde es ganz schlimm. Ich kann keine hübsche junge Frau und kein Mädchen mehr sehen, ohne daß ich mir vorstellen muß, er würde lieber mit ihr als mit mir sein, wenn er sie sähe. Schließlich gab er mir tatsächlich Grund zur Eifersucht. Er hatte sich in ein Mädchen verliebt, sie geküßt und hätte mit ihr auch geschlafen, wenn die Situation es ergeben hätte. Zuerst litt ich unbeschreiblich, wollte es aber überwinden und ihm verzeihen und glaubte auch, ich hätte es schon geschafft. Aber dann kamen gegen meinen Willen Vorstellungen und Gedanken, verfolgten mich, quälten mich und zerstörten oft gute Momente. Wenn er mich küßt, muß ich manchmal an die andere denken, und mir ist, als schiebe sich unmerklich ihr Mund zwischen seinen und meinen. Oder ich sehe ihn an und muß unwillkürlich überlegen, „Was hat er wohl angehabt, als er mit ihr war? Vielleicht gerade den Pullover, den er jetzt trägt –", und ich wage ihn nicht zu fragen und versuche, solche Überlegungen zu unterdrücken. Eine Zeitlang tat mir seine Untreue so weh, daß ich den Gedanken daran einfach nicht mehr ertrug. Da schien es mir, als könne das doch gar nicht wirklich geschehen sein, es wäre zu fürchterlich, ich dachte, vielleicht hat er sich das alles nur ausgedacht, um mich zu quälen, und ich kam in Versuchung, zu ihm zu gehen und ihn zu bitten, sag doch, daß das alles nicht stimmt. Dabei wußte ich doch genau, daß ich nur versuchte, mich um die Wahrheit herumzudrücken. Manchmal wieder möchte ich ihn ausfragen und alles bis in Einzelheiten wissen, was damals mit der anderen geschehen ist, und weiß doch, daß dieses Wissen meine Qual nur verschlimmern würde. Es ist wie ein quälender Zwang, der nicht meinem Willen untersteht. Ich weiß gut, daß diese Vorstellungen und Gedanken unsinnig sind und oft das zerstören, was Gutes zwischen uns ist, ich möchte ihm echt und voll verzeihen können und nicht mehr von dem Bild „er und die andere" verfolgt werden, bis ich nichts anderes mehr sehen kann – aber es hilft nichts, daß ich weiß, wie sinnlos die Eifersucht ist.

Bisher hat nur eines geholfen, und das untersteht auch nicht meinem Willen, sondern ist wie ein Geschenk, wenn es geschieht. Und das ist, wenn ich ihn sehr, mit allen Fasern meines Wesens, gern habe. Dann ist die Eifersucht einfach weg. Ich habe ihn dann so lieb, daß ich mich zeitweise nicht rühren kann und neben ihm liege, zum Überfließen erfüllt von einer Freude, als ob der ganze Himmel in mir sei. Wenn ich ihn so liebhaben kann, dann ist das eine starke Kraft, ich bin dann auch stetiger und nicht so leicht zu verletzen. Und wenn er sich in solchen Augenblicken mit mir vereinigt, dann bin ich so offen und empfindlich, als wäre ich ganz und gar rohes Fleisch und durchbebt von Entzücken und ein einziger unbeschreiblicher Jubel. Mit meinem ganzen Wesen weiß ich dann: es ist gut, daß er ein Mann ist und ich eine Frau bin.

Dabei spüre ich deutlich, daß er das noch nicht so erlebt, daß er zwar Lust empfindet, wenn er sich mit mir vereinigt, aber nicht so in der Tiefe aufgetan und erschüttert ist. Ich hatte das ja auch nicht von Anfang an mit ihm, sondern erst nach vielen Monaten, und dann kam es plötzlich, mir ganz unerwartet, wie ein Geschenk des Himmels. Und das ist es auch. Und ich hoffe zwei Dinge: daß ich ihn öfter und immer so liebhaben kann und daß auch er das erleben möge. Ich weiß, wenn wir das einmal zusammen, gleichzeitig, erleben, dann werden wir uns wirklich im tiefsten und rückhaltlos begegnet sein, dann werden wir uns erkannt haben. Ich kann mir nicht vorstellen, wie das sein wird, aber es muß ungeheuer sein, etwa wie ein Weltuntergang.

Wir konnten miteinander reden

Männlich, kath., 51 Jahre, verh., 3 Kinder, Angestellter

Ich war sicher unterentwickelt, was meine Gefühle in Richtung auf das andere Geschlecht anlangt. In den Jahren der Pubertät und noch danach hätte ich ein erklärendes und helfendes Wort meiner Eltern oder auch von irgendeiner anderen Seite dringend nötig gehabt. Das ist stark in meiner Rückbesinnung vorhanden. Aber schon seit sehr vielen Jahren weiß ich auch, daß das sehr unbefangene, ich möchte sagen zärtliche Verhalten meiner Eltern im gegenseitigen Umgang miteinander meinen eigenen Weg zum anderen Geschlecht hin bestimmt erleichtert hat. Mein Vater hat täglich beim Weggehen zur Arbeit und beim Heimkommen der Mutter einen Kuß gegeben, manches Mal den Arm um sie gelegt, und dies alles ohne Befangenheit vor uns Kindern. Dies kam uns einfach selbstverständlich vor.

Vielleicht muß ich an dieser Stelle einfügen, daß ich ohne religiöse Erziehung aufwuchs, weil mein Vater ein Jahr nach meiner Geburt aus der Kirche austrat und auch uns Kinder aus der Bindung an die katholische Kirche herausnahm. Meine Mutter blieb zwar katholisch, hat aber weder praktiziert noch den Kindern religiöse Wertinhalte vermittelt. Ich wuchs freireligiös auf, erhielt einen sogenannten Moralunterricht durch einen Lehrer der „Freireligiösen Gemeinde“, der mein Vater nahestand.

Erst mit 19 Jahren hat mich ein wesentlich älteres Mädchen nach kurzer Bekanntschaft mit zu sich genommen, und wir haben Zärtlichkeiten ausgetauscht, ohne daß es gleich zur geschlechtlichen Begegnung gekommen wäre. Ich war von dem Zusammensein trotz aller Schüchternheit meinerseits sehr erfüllt und spürte, daß hier Glück wach werden und Schönes auf mich zukommen kann. Schon nach wenigen Tagen verließ dieses Mädchen unsere Stadt, wodurch die eben begonnene Beziehung wieder endete.

Das erste Fest unserer leiblichen Begegnung

Mit gerade 20 Jahren bin ich dann dem Mädchen begegnet, das meine Frau geworden ist, mit der ich nun seit 27 Ehejahren glücklich lebe. Und das stand am Anfang unseres Sichkennens: wir konnten miteinander reden, von der ersten Stunde weg, als ob wir nur darauf gewartet hätten, uns einander mitzuteilen. Beiden – und jedes spürte dies ähnlich intensiv – war solche Erfahrung vordem nicht zuteil geworden. Plötzlich war mir da ein Mensch geschenkt, wie nicht zuvor empfand ich nach wenigen Gelegenheiten des Zusammenseins das völlige Vertrauen auf und in ihn. Ich spürte etwas wie Geborgenheit in einer ganz tiefen Art und war von einem anderen, für mich neuen Lebensgefühl erfüllt. Im Schatten des damals auf uns zukommenden Krieges – ich wurde nach kurzer Zeit in Uniform gesteckt – haben wir viele Gespräche eigentlich über alles miteinander geführt, über Religion und Gott. Wir kannten uns schon ein Jahr, als ich bei einem Urlaub zu Hause erstmals die geschlechtliche Begegnung suchte, einfach aus dem Wunsch heraus, unsere Nähe tiefer zu erleben. Sie war erschüttert, konnte nicht ja sagen, obwohl sie ihre Liebe zu mir gar nicht verbergen wollte. Ich spürte deutlich, daß offenbar anerzogene Sperren und Ängste die Hingabe nicht möglich sein ließen und welche Not da vorhanden war. Gemeinsam haben wir versucht, in Gesprächen und durch das Hinhören auf den anderen, im Einfühlen diese für beide schmerzliche Erfahrung zu erhellen. Das war damals sicher mühevoll und schwierig, aber wir haben Schritt für Schritt zusammen erfahren, welche Kraft aus unserer gegenseitigen und mehr und mehr wachsenden Zuneigung erwachsen ist. Monate später haben wir mit tiefer Freude das erste Fest unserer leiblichen Begegnung und Erfüllung erleben können. Ich wurde glücklich und habe ein wunderbares Nahesein gespürt, aber auch – ich kann das nicht besser sagen– das geschlechtliche Verkehren als eine ganz und eigentlich unerhört anspruchsvolle Aufgabe empfunden und erfahren. Gewissermaßen als kein Tun in selbstverständlichem Verlangen aus der Liebe heraus, sondern als etwas, das viel Aufmerken und Hineinhorchen in den anderen erfordert. Eigentlich weit mehr, als ich erbringen konnte, vielleicht auch wollte. Das ist mir wie Lernen eines großen unbekannten Stoffes vorgekommen, wo ich ganz im Anfang stehe und fast gar nichts kann.

Noch im Kriege haben wir geheiratet, unser erstes Kind bekommen als Geschenk einer genau gewußten Vereinigung in der Freude auf einen monatelangen Urlaub zu meiner Berufsfortbildung. Unser geschlechtliches Leben konnte sich Stufe um Stufe vertiefen, es ist im Maße gewachsen, als unser Vertrautsein miteinander sich entwickelt hat. Das hat uns sehr beglückt, aber bei allem Erfülltsein voneinander unser beider Bedürfnis nach Bestätigung noch nicht gestillt. Irgendwie waren wir doch auch noch unsicher.

So suchten wir das Gespräch mit anderen jungen Menschen, fragten im Kreise einer Gruppe nach dem Sinn der Geschlechtlichkeit und erwarteten Antworten auf unsere eigenen Fragen. Und in diesen Jahren wurden uns Erfahrungen zuteil, von denen wir heute bekennen möchten, daß sie unser eheliches, unser geschlechtliches Leben ganz tief bereichert haben. Wir erhielten die Sinndeutung vom Menschen als Mann und Frau schlechthin, was doch die Geschlechtlichkeit erst in die Mitte des Lebens stellt. Dadurch konnten wir allmählich Stück für Stück alle uns noch hemmenden negativen Gefühle überwinden, die der Freude an der Vereinigung entgegenstanden. Im Besitz solcher geistigen Erfahrungen haben wir uns viel tiefer entdeckt und ganz neues Glück in der Hingabe aneinander gefunden. Mehr und mehr hat sich so unser beider Geschlechtsgemeinschaft als die Erfahrung des völligen Einsseins erwiesen, des tiefsten Du zueinander. Die leibliche Begegnung konnte sich immer stärker als unvergleichliche Freude und Erfüllung ereignen, in der die Lust und das Seligsein im anderen nicht als „Triebbefriedigung", sondern als gegenseitiges Empfangen im Sinne von Schenken erfahren war. Es war nun das Selbstverständlichste auf diesem Wege, daß vor und nach den Geburten unserer weiteren Kinder der zeitweise Verzicht auf Gemeinschaft in mir überhaupt kein Mangelbedürfnis entstehen lassen konnte. Die liebende Hinwendung und das, was ich die „Phantasie der Liebe" bezeichnen möchte, hat meine Frau befähigt, auch während dieser Zeiten mein geschlechtliches Verlangen zu erfüllen, und sie spürte immer darum.

In unserer leiblichen Begegnung als dem Zeichen und der immer neuen Erfüllung unserer Liebe haben wir in all den Jahren vielerlei Weisen gegenseitiger Beglückung „erfunden", die wir uns in wachsendem Vertrautwerden schenkten.

Ich hoffe in der wunderbaren Erfüllung des gemeinsamen Lebens mit der geliebten Frau noch lange aufgehoben zu sein.

Die Erfahrung der Lust mit fremden Frauen

Männlich, kath., 40 Jahre, 15 Jahre verh., 3 Kinder, Kaufmann

Mein Wunsch nach einer Freundin mit Leib und Seele wurde immer größer, und die Vorstellung der geschlechtlichen Gemeinschaft wurde fast selbstverständlich nicht mehr mit Sünde oder Verworfenheit in Verbindung gebracht. Trotzdem wagte ich mit 16–17 Jahren nicht, meine „große Liebe“ anzufassen, brauchte Monate bis zum ersten Kuß und war damit so selig, daß ich erst viel später Brust und Leib der lieben Freundin mit meinen Händen fühlen konnte. Sie sagte, das dürfen nur Verlobte, und ich fühlte mich durchaus wie verlobt.

Zwischen 18 und 24 hatte ich drei bis vier flüchtige intime Begegnungen mit fast fremden Frauen; wie ich meinte: durchaus vom Willen gesteuert. Ich wollte nicht dumm sein, wollte ein wenig Erfahrung haben, wollte wohl auch meine gefühlvolle Sehnsucht prüfen und an der Wirklichkeit messen. Aber richtig schön war das alles nicht. Wenn ich heute die Feststellung: „Ficken ist schön“ in Jargonblättern oder auf den Bahnhofstoilettentüren in vielfältig abgewandelter Form, aber immer mit gleicher Aussage auch in guten Veröffentlichungen lese, denke ich schmerzlich berührt daran, wie viele Jahre nötig waren, um die Schönheit des Geschlechtlichen wirklich erfahren zu können, und ich wünsche diesen jungen Leuten heute einen leichteren Weg dorthin.

Als ich mit 25 Jahren meine spätere Frau kennenlernte, wurde ich schnell vertraut mit ihr. Da wir in derselben Stadt lebten, hatten wir viel Gelegenheit zum Zusammensein. Die leibliche Nähe wuchs besonders durch den gemeinsamen Besuch von Tagungen am Wochenende, zu denen auch die Nächte gehörten. Wir waren beide erwachsen und hatten uns entschieden füreinander bestimmt, so daß Fragen nach Verlobung, Heirat oder etwa „vorehelichem“ Verkehr keine Rolle spielten. Unsere Leibesgemeinschaft wuchs unabhängig vom späteren Ehetermin und darüber hinaus. Die Vorstellung, einen bestimmten Termin für Eheschließung und Vollzug zu setzen und von dann ab verheiratet zu sein, erschien uns beiden vollkommen absurd. Diese negative Beziehung zur gesetzlichen Form der Ehe als Institution brachte zweifellos eine tiefere Form der Verbundenheit miteinander und vielleicht auch das Gefühl der größeren Sicherheit umeinander.

Die Verwechslung von „Sicherheit umeinander“ und „Besitz des anderen“ bzw. die Gleichsetzung dieser Begriffe im Gefühl brachte in den folgenden zehn Jahren Komplikationen, die nach deren Aufdeckung zum katastrophalen Zusammenbruch der Ehe hätten führen können.

Über einige Zeit hin beruflich bedingte längere Abwesenheit von zu Hause ließ mich viele neue Menschen kennenlernen. In der Anonymität der Fremde kam es zu einer Reihe von freundschaftlichen und intimen Kontakten mit Frauen verschiedener Altersstufen, die allerdings nicht zur Qualität von wirklichen Liebesbeziehungen reifen konnten, weil die Gebundenheit an meine Frau dominierend war.

Erschreckend und verwirrend war die Erfahrung der Lust mit den fremden Frauen: losgelöst von der vertrauten Gefährtin und damit auch losgelöst von zu Hause, von der Verantwortung und Führung fordernden Familie, erlebte ich im Vorfeld menschlicher Beziehung leibliche Lust mit großer Macht (siehe oben: „Ficken ist schön"). Meine Erfahrungen mit meiner Frau verblaßten dagegen. Ich mußte lernen, daß sich trotz aller Offenheit und Erkenntniswilligkeit auch unsere Ehe institutionalisiert hatte. Damit war Besonderheit zur Gewohnheit, angetraute Fremdheit zu angeblich sicher verfügbarem Besitz und Spannung zur Stumpfheit geworden. Als ich mit meiner Frau über meine Erlebnisse sprach, brach sie restlos zusammen. Ihr war auf andere Art das Gerüst gesicherten Besitzes zerbrochen worden.

Wir versprachen uns einen Neubeginn. In Wirklichkeit war meine Frau in ihrem Selbstgefühl so gekränkt, daß sie in einer anderen Verbindung neue Bestätigung suchte. Ein entfernt verwandter Student, dem unsere Wohnung offenstand, wurde ihr zum Mittler eines ähnlichen Glückes, wie ich es zuvor mit fremden Frauen erlebt hatte. Befreit in dieser Begegnung von sauber eingerichteten Begriffen wie Ehe, Familie, Verantwortung, war sie auf eine ganz andere Art als vorher glückliche Frau geworden und hatte ihren eigenen Wert wiedergefunden.

Als nach einem Jahr meine Augen darüber geöffnet wurden, nachdem ich die stolzen Worte von Neubeginn und Treue als weitere Maske über der Lebenslüge entdeckt hatte, standen wir wie ebenbürtig voreinander in Lust und Last. Auch an diesem tragischsten Punkt zerbrach unsere Verbindung nicht. Vielmehr hatten wir die Wendemarke erreicht.

Heute wissen wir, daß alle Sicherheit schon Zwang ist. Wir entscheiden uns täglich neu in Liebe und in Streit, ob wir sowohl Glanz und Herrlichkeit des Partners als auch seine Gewöhnlichkeit und Unerträglichkeit annehmen wollen und können. Jenseits aller

Sicherheit wächst, von mir aus gesehen, auch im Gegensatz ein Miteinander, dessen Trennung ich mir nicht mehr vorstellen könnte. Trotzdem ist alle Zukunft offen.

In meinem Bericht sehe ich eine Menge Ungereimtheiten. Ich halte sie aus, denn es läßt sich kein Reim finden.

Sie sind nun einmal so wie Tiere

Weiblich, evang., 39 Jahre, ohne weitere Angaben

Meine Mutter und meine Tante fühlten sich verpflichtet, mich noch am Vorabend meiner Hochzeit durch eine „Aufklärung" in das Geheimnis der Ehe einzuweihen. Es hieß: „Du darfst es nicht zu tragisch nehmen. Alle Frauen müssen so etwas durchmachen. Eine Ehe wäre ja ganz schön, wenn es bloß das ‚eine' nicht gäbe. Denk dir nichts dabei. Männer müssen halt ‚so etwas' haben. Sie sind nun einmal so wie Tiere. Als Frau muß man es eben über sich ergehen lassen. Im übrigen ist es für einen Mann lediglich so, als ob er die Toilette benütze. Am besten du löschst das Licht. Dann brauchst du es wenigstens nicht auch noch zu sehen. Es ist alles schon recht peinlich, unangenehm und für eine Frau ungeheuer erniedrigend." Meine Mutter meinte dann noch, daß es für sie immer unbegreiflich bleiben wird, wieso etwas, das vor der Ehe eine Sünde wäre, nach der Hochzeit zur Pflicht würde.

Die spöttische Bemerkung meiner Mutter an meinem Hochzeitstag habe ich niemals vergessen können: „Na, hoffentlich hängt er dir nicht gleich im ersten Jahr ein Kind an."

Die Ehe wurde, wie nicht anders zu erwarten, schon sehr bald zur Katastrophe. Gewiß, ich war sehr neugierig, zu erfahren, was in einer Ehe alles geschieht, besonders in den Nächten. Wie groß aber war meine Enttäuschung! In meiner völligen Unerfahrenheit hielt ich damals meinen Mann für einen fürchterlichen Wüstling. Weinend lief ich zu meiner Mutter, um ihr zu berichten, was für Abscheulichkeiten er immer wieder von mir verlange. Dabei waren es bloß die verschiedenen Stellungen während des Geschlechtsaktes. Händeringend rief meine Mutter: „Dieser elende Hund! Da war dein Vater doch ein ganz anderer Mann! Niemals hätte er so etwas von mir verlangt! Was habe ich doch für eine glückliche Ehe geführt!"

Nicht vergessen habe ich eine andere Bemerkung meiner Mutter ganz zu Anfang meiner Ehe. Wir hatten sie einmal zum Baden mitgenommen, und mein Mann war gerade in den See hinausgeschwommen, als meine Mutter mit von Mitleid getränkter Stimme so ganz nebenbei bemerkte: „Mein armes Kind! Warum hast du bloß diesen alten häßlichen Kerl geheiratet. Nein, war dein Vater dagegen ein schöner Mann! Alle Frauen liefen ihm nach. Deinen Mann möchte nicht einmal ich, obwohl ich heute alt bin. Seine körperliche Häßlichkeit könnte ich nicht ertragen. Und dann mit einem solchen Mann noch – na, du weißt schon, was ich meine."

In der Sprache meines Mannes waren die Bezeichnungen, die das Geschlechtliche betrafen, keineswegs Umschreibungen oder gar ausgeklammert. Er verwendete jedoch diese seltsamen Worte, die er wohl im Krieg gehört haben mag. Es war eine ausgesprochene Landsersprache, die mich einerseits schockierte, andererseits amüsierte, doch hätte ich derartige Worte nie über die Lippen gebracht.

Vom Ekel buchstäblich geschüttelt wurden wir beide bei jedem Geschlechtsverkehr. Da ich während des Coitus nichts empfand, geschweige denn wußte, was ein Orgasmus ist, war meine Vagina immer trocken und schmerzte dementsprechend. Mein Mann gab mir die Anleitung, mit Speichel nachzuhelfen. Zugleich warnte er mich, unter keinen Umständen dann womöglich mit meiner Hand meinen oder gar seinen Mund zu berühren. Das wäre eklig und ihm würde alles vergehen. Wie oft schickte er mich wieder ins Bad, damit ich mich nochmals und diesmal gründlich wasche, denn er könne meinen Geruch nicht ausstehen. Ich wiederum mußte mich jedesmal nach seiner Ejakulation übergeben und stürzte zur Toilette. Es wurde von Tag zu Tag schlimmer. Bald glaubte ich, daß alles danach rieche. Jeder Raum, alle Gegenstände und sogar das Essen. Ich empfand nur noch Ekel und immer wieder Ekel.

Wieder berichtete ich meiner Mutter verzweifelt darüber und bekam nun von ihr den Rat, so zu tun, als ob ich keinen Ekel, sondern ausschließlich Spaß daran hätte. Sie könne mich durchaus verstehen. Nachdem ich schon einmal „so einen Mann" geheiratet hätte, müßte ich eben in dieser Hinsicht ein wenig schauspielern. Fast alle Frauen müßten das. Nur „Flittchen" wären anders. Derartig anormale Männer suchten sich sonst eine andere und die Ehe ginge letztlich in Brüche. Eine geschiedene Frau aber hätte grundsätzlich einen zweifelhaften Ruf und kein Ansehen mehr. Ich sollte ihr so etwas nicht antun. Sie hätte mich schließlich zu einer „anständigen Frau" erzogen.

Den Rat meiner Mutter nahm ich mir sehr zu Herzen. In der Annahme, irgendeinen Defekt im „sexuellen" Bereich zu haben, denn inzwischen hatte ich im Bekanntenkreis von einer anderen Auffassung, als sie meine Mutter vertrat, gehört, trank ich zunächst literweise ein bestimmtes Tonikum, wie es in jeder Apotheke und Drogerie zu haben ist und gegen derartige Störungen Hilfe verspricht. Doch weiterhin war ich gepeinigt und geplagt von entsetzlichen Ekelgefühlen. Wie froh war ich, wenn mein Mann mich in Ruhe ließ. Immer nur Spaß vortäuschen, damit ich nicht eines Tages eine geschiedene Frau bin, war äußerst anstrengend. Ich litt bereits unter schweren Depressionen und wollte, als mein Mann tatsächlich mit Scheidung drohte, meinem Leben mit einer Überdosis Schlaftabletten ein Ende bereiten. Es gab zudem große Unstimmigkeiten mit seiner Familie, da ich es einfach nicht verstehen konnte, warum er sich verpflichtet fühlte, nach unserer Hochzeitsreise nochmals eine „Hochzeitsreise" mit Eltern und Schwester zu unternehmen, bei der ich nicht mitfahren durfte. Ich konnte es auch nicht verstehen, warum er bei dieser Reise mit seiner Schwester ein Doppelzimmer teilte und sie sich als seine Frau ausgab.

Nach meinem Klinikaufenthalt versuchten wir noch einmal einen neuen Anfang. Wir jagten von einer Party zur anderen, traten verschiedenen Clubs bei und gaben selbst viele Einladungen. Meine Ekelgefühle betäubte ich nun ausschließlich durch Alkohol. Erstaunt stellte ich fest, daß ich ungeheure Mengen vertrug. In jener Zeit hatten wir sehr oft Geschlechtsverkehr. Vorher jedoch mußte ich immer erst noch mindestens eine halbe Flasche Whisky pur geleert haben, denn nur so war es mir möglich, den Rat meiner Mutter zu befolgen und „Spaß daran" vorzutäuschen. Einen Orgasmus aber habe ich niemals erlebt. Am folgenden Morgen kamen der Katzenjammer, Schuldgefühle und Ekel in doppelter Stärke zurück, die sich wiederum nur durch Alkohol betäuben ließen. Es war wie ein Teufelskreis, in dem ich mich drehte. Das aufreibende Leben, die vielen Partys nahmen mich sehr mit. Gesundheitlich ging es mir immer schlechter, und mein Mann erzählte es überall und ließ sich bemitleiden, weil er eine „kranke" Frau geheiratet hätte.

Es war eine konventionelle Ehescheidung. Bei Gericht werden lediglich die Personalien vorgelesen, festgestellt, daß die Ehe völlig zerrüttet ist und beide Teile nicht mehr gewillt sind, die eheliche Gemeinschaft wiederaufzunehmen. Es werden keine Fragen gestellt. Die vermögensrechtliche Auseinandersetzung fand bereits vor dem Scheidungstermin statt und wird vor Gericht nicht erwähnt.

Ein völlig anderer Lebensabschnitt begann. Ich war nun das, wovor meine Mutter und durch sie auch ich so sehr gebangt haben: eine geschiedene Frau.

Unsere Liebe wuchs von Jahr zu Jahr

Weiblich, kath., 42 Jahre, 20 Jahre verh., 5 Kinder, Modezeichnerin

Im großen ganzen kann ich sagen, daß sich an die frühkindlichen sexuellen Erfahrungen wenig Lusterinnerung knüpft, vielmehr an Angst vor den Eltern.

Als ich in die Pubertät kam, war Krieg. Mein Vater war als Soldat nicht zu Hause, so daß meiner Mutter die Erziehung der Töchter alleine oblag. Meine Mutter war eine Verfechterin der Kneippschen Gesundheitslehre. Sie behandelte unsere pubertätsbedingten Kreislaufstörungen, Menstruationsschwierigkeiten usw. mit eiskaltem Wasser. Wir durften uns aber auch, wenn wir alleine waren, im Garten unbekleidet sonnen. Auch meine Mutter bewegte sich dabei nackt vor uns, während wir den Vater niemals so zu sehen bekommen haben.

Die Erziehungsregel meiner Mutter war, was das andere Geschlecht anbetraf, hart und einfach: Hütet euch vor den Männern! Alle Männer sind schlecht und wollen nur ihren Spaß mit den Frauen haben. Wenn sie diesen hatten, lassen sie euch Mädchen stehen! Küssen lassen dürft ihr euch von allen euren Verehrern, aber niemals unter den Rock fassen! Das ist schmutzig! Ein anständiges Mädchen läßt sich das niemals gefallen und gibt dem Mann, der es versucht, sofort eine Ohrfeige und geht nie mehr mit ihm aus. Das war unsere ganze geschlechtliche Aufklärung.

An diese Vorschriften hielt ich mich nun auch bei meinen zahlreichen Bekanntschaften bis zum meinem 19. Lebensjahr. An regem Zulauf litt ich keinen Mangel, denn ich war ein schönes junges Mädchen und verstand es wohl auch, den jungen Männern durch feurige Blicke sexuelle Hoffnungen zu machen. Diese erfüllte ich aber keinem, weil ich mich früh genug wieder abrupt von ihm abwandte. Ich hatte einfach Angst, irgendwelche sexuellen Gefühle in mir aufkommen zu lassen.

Weil von klein auf tabuisiert, fühlte ich mich der Sexualität, dem großen Unbekannten, einfach nicht gewachsen. Den Gedanken, einmal heiraten zu wollen und Mutter vieler Kinder zu werden, der all meinen Schulkameradinnen und Freundinnen von klein auf selbstverständlich war, konnte ich überhaupt nicht fassen.

Mit zwanzig Jahren lernte ich dann meinen zukünftigen Mann kennen. Die Liebe traf uns wie ein Blitz aus heiterem Himmel, bzw. ihn traf sie mehr wie ein Blitz. Ich gewöhnte mich erst langsam an den neuen Zustand. Ich kam mir vor wie im Märchen. Von einem Menschen, den ich gerade erst kennengelernt hatte und der mir zunächst wie ein Märchenprinz vorkam, so sehr heftig und innig und unaufhörlich geliebt zu werden, dieses Glück hatte ich bis dahin noch nicht erfahren. So fing ein ganz neues Leben für mich an. Die bis jetzt brachgelegene sexuelle Gefühlswelt mußte in mir von Grund an aufgebaut werden, was besonders viel Geduld von seiten meines Mannes erforderte. Am ersten Abend unserer Bekanntschaft bat er mich schon, seine Frau zu werden. Bald verbrachte ich die erste Nacht mit ihm in einem Hotel. Weitere Tage und Nächte folgten, obwohl es erst viel später zu einem Coitus kam. Mein Mann verstand es, langsam und mit viel Einfühlungsvermögen meine sexuellen Gefühle zu erwecken, so daß wir uns immer mehr in gegenseitiger Liebe fanden. Natürlich verlief der Weg zu unserem sexuellen Glück und damit zur Krönung unserer gegenseitigen Liebe nicht wie ein steiler Pfad zum Gipfel, sondern eher in Serpentinen. Wie bei allem menschlichen Tun gab es Erfolge und Mißerfolge. Leicht läßt sich bei Übereinstimmung und Erfolg das gehabte Glück genießen. Schwerer ist es, nach einem Mißerfolg, sei es durch körperliche Unpäßlichkeit, durch Überarbeitung im Beruf oder zu Hause, oder weil die Frau einfach mal wieder schwanger ist, oder durch äußere Einflüsse, weil ein Partner dem anderen vielleicht untreu war, sei es nur in Gedanken oder in Wirklichkeit, wieder auf den festen gemeinsamen Boden zurückzufinden. Man darf den Mut nicht verlieren und muß einfach die seelische Kraft aufbringen, sich wieder bescheiden an den Fuß des Berges, an den Ausgangspunkt zurückzubegeben, wieder von neuem zu beginnen. Jeder der beiden Ehepartner sollte dann versuchen, seine eigenen Fehler einzusehen und dem anderen die seinen nachzusehen. Zumeist verlangt man zuviel an Zärtlichkeit und Verständnis für sich selbst von seinem Partner, was dieser gar nicht in der Lage ist zu geben. Im Gegenteil sollte jeder Partner von sich aus versuchen, den anderen so glücklich wie möglich zu machen. So findet er mit der Zeit die erogenen Zonen des Geliebten heraus, er weiß, wo dieser am liebsten geküßt und gestreichelt ist. Vor allen Dingen hören wir nicht auf zu experimentieren in der körperlichen Liebe, und immer wieder ergeben sich neue und noch beglückendere Weisen, einander Glück zu spenden.

Dies schreibe ich nun als zwanzig Jahre verheiratete Ehefrau, und ich kann mit gutem Gewissen sagen, daß mir die sexuellen Beziehungen zu meinem Mann noch nie langweilig und schal geworden sind, wie man zuweilen bei verkrachten Ehen zu hören bekommt. Im Gegenteil, unsere Liebe wächst von Jahr zu Jahr mit zunehmendem Alter und zunehmender menschlicher Reife. Sicher war es für mich kein leichter Weg, zum sexuellen und ehelichen Glück zu gelangen, da ich erst mit meinem 20. Lebensjahr begann, meine Gefühle zu entfalten. Wie leicht müssen es dagegen unsere Kinder haben, die von klein an in natürlicher Aufgeschlossenheit zu ihrem Körper aufwachsen und bei denen nicht versucht wird, das menschliche Gefühl von Lust und Freude an ihrem Leib zu ersticken und auf Eis zu legen.

Ich fühle mich auch heute noch keineswegs fertig und auf dem Scheitelpunkt meiner sexuellen Gefühlsfähigkeit angekommen, sondern ich weiß, daß ich täglich neu an mir arbeiten muß und am Gebäude unseres ehelichen Glückes, worin man am Ende den Sinn des Lebens finden kann.

Für immer bei ihm zu bleiben

Weiblich, evang., 3 Jahre verh., ohne weitere Angaben

Am liebsten wäre ich kurz vor der Hochzeit noch fortgelaufen. Mein ganzes Denken kreiste nur um die Angst, nicht geliebt zu werden. Diese Angst beherrschte mein gesamtes Denken und Fühlen und wuchs sich zu der schrecklichen Gewißheit in mir aus, mein Mann werde mir untreu werden. Zugleich sah ich in der Heirat eine Bestätigung, daß er mich liebe, und am Grunde dieser gleichzeitigen Angst vor der Heirat und ihres Mißbrauchs aus unechten Motiven zur Behebung der Angst, nicht geliebt zu werden, hielt sich eine mir unerklärliche Entschlossenheit durch, dazubleiben. In den wildesten Wunschphantasien wegzulaufen wußte ich, ich würde aushalten, ohne daß ich hätte sagen können warum. Es war, als hätte ich keine Wahl. Dabei war ich durch keinen Menschen und durch keine Umstände zur Ehe gezwungen, wohl aber durch eine mir undurchschaubare Gewalt, die aus mir selbst stammte. Dagegen wehrte ich mich – ich wollte ihn heiraten, aber nicht aus dem Gefühl inneren Zwanges, sondern in freier Verantwortung.

Dann heirateten wir. Für mich bedeutete das den Entschluß, für immer bei ihm zu bleiben, was auch geschehen möge. Aber dieser Entschluß war weniger ein freudiges Ja als mehr eine Art heroischer Tapferkeit, ein mißlungener Versuch, seine fraglose Entschlossenheit zur Gemeinschaft jenseits aller Gefühlsabgründe und -gipfel zu kopieren. Ich akzeptierte mit bitterem Ernst eine Zukunft, der ich im Innersten mißtraute und von der ich das Schlimmste erwartete. Die fixe Idee, er werde mich unweigerlich betrügen, beherrschte mich und versetzte mich in tiefste Hoffnungslosigkeit.

Mein Mann ging auf meine Angst nicht ein und versuchte nicht, sie mir auszureden. Er tat das Beste, was er tun konnte, er wartete. Allmählich kehrte sich in mir etwas um. Die Angst, nicht geliebt zu werden, verringerte sich und machte einer ruhigen Selbstsicherheit Platz. Diese Wandlung hat aber gerade jetzt erst begonnen und wäre im übrigen nicht vorzustellen ohne die psychotherapeutische Hilfe, die mir zuteil wurde. Es ist, als wären mir plötzlich die Augen geöffnet. Wenn er zuvor mit Depressionen oder Schwierigkeiten im Geschlechtlichen zu kämpfen hatte, wenn er erschöpft war oder Sorgen hatte, dann sah ich darin nur eine Bestätigung meiner Angst, nicht geliebt zu werden. Ich vermehrte seine Schwierigkeiten, indem ich mich mit Anklagen und Szenen in den Mittelpunkt spielte und nicht einmal auf den Gedanken kam, seine Situation zu verstehen zu suchen.

Jetzt wächst irgendwo tief aus mir heraus eine Kraft von Zuversicht und Freude, und ich kann ihm Mut zusprechen, wenn ihm alles dunkel und freudlos wird. Von der Zukunft erwarte ich nicht mehr in erster Linie Katastrophen, sondern ich sehe im Gegenteil in ihr die großartige Möglichkeit, daß unsere Ehe sich immer reicher und tiefer entfalten kann. Aus der hoffnungslosen, lastenden Ernsthaftigkeit meines Entschlusses, auch dann zu ihm zu stehen, wenn er mir untreu würde, ist eine große einfache Dankbarkeit erwachsen dafür, daß wir zusammengehören, und dafür, daß ich anfange, ihn zu lieben, statt mir Gedanken zu machen, ob er mich liebt.

Dieser Wandel wirkt sich spürbar auf unsere geschlechtlichen Beziehungen aus. Wir hatten zwar von Anfang an viel Freude daran, miteinander zu schlafen, diese Freude wurde aber immer wieder von zwei Faktoren getrübt, die unheilvoll ineinanderarbeiteten und sich gegenseitig aufsteigerten. Er hat aus einer ihm eigenen Problematik manchmal keine Lebenslust, ist depressiv, hat dann auch keine Freude am Austausch von Zärtlichkeiten und begehrt mich nicht. Wenn wir uns zu solchen Stunden vereinigten und er dann sagte, er habe keine Lust dabei empfunden, dann verstand ich nichts anderes, als er liebe mich nicht. So spielte bei manchen Vereinigungen für mich das unechte Moment eine Rolle, daß ich sie als Bestätigung betrachtete, geliebt zu werden. So kam es, daß ich ihm den Vorwurf machen konnte, er habe Wasser statt Blut in den Adern, wenn er nicht mit mir schlafen wollte. Auch wenn derartige Vorwürfe unausgesprochen und mir selbst nur halb bewußt waren, wirkten sie doch wie Forderungen. Und wenn jemand keine Lust zur Liebe hat, kann die Forderung, er solle lieben, den Teufelskreis der Lustlosigkeit und Niedergedrücktheit nur noch verstärken.

Jetzt ist das seltsam anders geworden. Wenn ich ihn jetzt sehr liebhabe und ihn begehre, dann kann ich ihm das sagen, ohne daß eine Forderung dahintersteht und ohne daß ich mißmutig werde, wenn er keine Lust hat. Das ist allerdings noch nicht durchgehend so. Bei Unstimmigkeiten, Streit und Mißverständnissen gerate ich noch fast jedesmal zunächst in einen Verzweiflungszustand. Aber ich weiß dann bald, daß ich da wieder um mich selbst zu kreisen beginne und daß nur, wenn es mir gelingt, den Kopf über die Mauer dieses meines dicken Ichs zu erheben, ich ihn in seiner Lage sehen und zu verstehen suchen kann.

7. Abschnitt

Von der verschwiegenen Not unter Priestern

Zur Einführung

Ein Kampf voller Gewaltsamkeit gegen das Geschlecht

Viele Ehen sind eine einzige uferlose Not, in der beide Menschen schließlich an ihren ungelösten Konflikten sterben. Wir sollten jedoch auch sehen und zugestehen, daß nicht geringere Not unter ehelosen Priestern herrscht.

Der verschwiegenen Not der Ehen stand bis vor kurzem eine nicht weniger verschwiegene Not eheloser Priester entgegen. Allerdings – sie wurde von „Laien" kaum gesehen. Der Priester schien einer bestimmten, noch magisch durchsetzten Frömmigkeit, die keineswegs mit glaubender Existenz verwechselt werden sollte, in einer solchen Ausnahmeexistenz, daß kaum der Gedanke aufkam, der Pfarrer dieser Pfarrei, dieser Religionslehrer, leide seit Jahren an einer verschwiegenen Not, die ihm aus der Zölibatsverpflichtung entsteht.

Gewiß, auch zahlreiche eheliche Menschen erleben ihre Ehe nicht als Fülle und Reichtum, geschweige denn, daß die eheliche Begegnung ihnen zur Stätte der Gottesbegegnung würde. Tatsächlich sind nicht wenige Ehegatten überflutet von Depressionen und Ängsten.

Sollten wir nicht zugestehen, daß es Priestern ähnlich ergeht? Schauen wir die Situation genauer an, in der sie leben. Wir können lediglich einzelne Berichte vorlegen. Wir sollten sie nicht dadurch entwerten, daß wir sie als Ausnahmen bezeichnen. Derjenige, der priesterliche Schicksale kennt, weiß, daß solche Geschehnisse wie die folgenden typisch sind.

Welche Lösungen bieten sich an? Im Grunde Lösungen, die keine sind. Der eine wird sein Geschlecht und geschlechtliches Verlangen so lange verdrängen und ertöten, bis es sich nicht mehr rührt. Sagen wir es so scharf wie möglich: das Ziel dieser Gewaltsamkeit gegen sich selbst ist – der Eunuch oder der kastrierte Mann. Er wird in seiner Existenz beschnitten und kann nur ein verkümmertes Dasein austragen.

Andere werden einen Mittelweg versuchen: Sie versichern, die Ehelosigkeit zu „halten“, und gestatten sich diese oder jene Ersatzlösungen. Auch sie erfahren nicht die umgreifende Begegnung von Mann und Frau. Die Situation, in der sie leben, gestattet ihnen lediglich Ersatzformen.

Sie beginnen schon da, wo einer ein beliebter Seelsorger in der Mädchenjugend ist. Er bleibt korrekt, und es „kommt nie etwas vor“. Er beachtet kaum, was jeder andere sieht, wie er immer wieder unbewußt durch seine werbende Stimme und selbstverliebte Gestik Mädchen in sich verliebt macht, wie er Hilfe und Dienstleistungen von Mädchen annimmt, die aus dem Herzen des Mädchens entstehen. Wir haben vor uns den Typus des verhinderten, im Unbewußten verbleibenden Don Juan, der sich – wie einmal von seiner Mutter, so jetzt von den Mädchen und Frauen verwöhnen läßt.

Bei anderen ist das geschlechtliche Verlangen deutlich spürbar, doch die Sehnsucht nach der Frau als Gefährtin und das Verlangen nach geschlechtlicher Lust sind voneinander getrennt. Es geht diesen Priestern wie vielen verheirateten oder unverheirateten Männern. Sie kennen das Geschlechtliche vor allem als anonymes Getriebensein. Busen, Arme, Beine faszinieren sie, das Gesicht bleibt gleichgültig oder entschwindet hinter dem Verlangen nach namenloser Nacktheit.

Lernt man Schicksale näher kennen, so sieht man, wie ein Kampf voller Gewaltsamkeit gegen das Geschlecht geführt wird. Dieser Kampf richtet sich unerkannt gegen eigene Möglichkeiten, ein Don Juan zu werden. Er ist durchstimmt von der kaum zu bannenden Angst, im geschlechtlichen Verlangen sich zu verlieren und unterzugehen. Bei manchen hat dieser Kampf Erfolg, allerdings einen zweifelhaften. Ohne je erfahren zu haben, was wahrhafte Begegnung von Mann und Frau ist, ertöten sie ihr geschlechtliches Verlangen und drängen es noch tiefer ins Dunkel.

Ideologische Rechtfertigungen bieten sich an. Was diese ehelosen Männer in ihrer Not nicht wissen und in den Schmerzen ihrer Situation nicht erkennen können, ist dieses: Es sind zumeist bestimmte Mädchen, die für diese Beziehungen bereit sind. Sie suchen in dem Mann „den Geist“. Sie sind vorbestimmt vom Vaterbild und fürchten zugleich die endgültige Bindung in der Ehe. Das heißt aber: Sehnsuchtsbilder überfallen beide, den ehelosen Priester wie die jüngere Frau.

Es gibt nicht selten Beziehungen, aus denen durch Nachreifung Begegnung werden könnte, wenn sie nicht verboten wäre. Die meisten Beziehungen versanden und ersticken, weil ihnen kein Raum eingeräumt wird, in dem sie sich entfalten können. Unter den ungelösten und meistens unlösbaren Beziehungen, die wir kennengelernt haben, haben wiederum nur einige den Überschritt zur vollen Geschlechtsgemeinschaft vollzogen.

Wenn es geschah, so litten sie ungemein an der „Sünde", die sie begangen hatten. Die Frauen, die sich hingegeben hatten, litten ihrerseits wieder unter den Schuldgefühlen des Mannes. Schon öffnete sich der Zwiespalt, der sie trennte. Die Frauen empfanden ihre Hingabe als Zeichen der Liebe, die der ehelose Priester als Versuchung und Schuld ansah. In diesen Konflikten gab es und gibt es allein die schmerzliche Wandlung, für die Psychotherapie zum Geleiter werden kann.

Wie auch immer diese notvollen Schicksale geartet sind, das Tiefste ist, und selbst in den verkümmerten Beziehungen – Verlangen nach Liebe und Geborgenheit. Gewiß, es ist zugleich Hunger und Dürsten nach erschütternder Lust, Verlangen, einzugehen in den Schoß. Zahllose, wenn nicht die meisten, mögen an diesem Verlangen leiden. Für diejenigen, die nach Hilfe Ausschau halten, wird die Frage immer bedrängender: Wie sollen diese leidenden Männer in ihrer Einsamkeit mit diesem Verlangen fertig werden? Wie werden sie lernen, es sinnvoll zu bestehen?

Der eine oder andere Bericht bekennt eine Not, die nicht selten sein mag: Ein Pfarrer nimmt eine junge Frau zu sich in die Hausgemeinschaft. Sie gewinnen Liebe zueinander. Was sollen sie tun? Sollen sie sich den Vollzug ihrer Liebe versagen? Sie betrachten sich als Mann und Frau füreinander, als gebunden in einer Ehe, die sie nicht öffentlich bekunden können. Wer sollte sie auch in jenen Kreisen, die immer noch den Zölibat beibehalten wollen, verurteilen, wenn sie aus der Begegnung der Liebe heraus ihren Bund in der Geschlechtsgemeinschaft vollziehen? Wer die Berichte genau studiert, sieht, daß sie einen hohen Preis zahlen müssen.

Ein Presbyter, der die geheime Ehe wagt, steht wie zwischen zwei Welten: er möchte Presbyter bleiben, weil er sich gerufen weiß; er weiß sich ebenso gerufen in die Begegnung mit einer Frau. Auch die Frau bezahlt einen hohen Preis: sie muß notgedrungen auf Kinder verzichten. (Vgl. Zölibat – Gesetz oder Freiheit, München 1968.)

Wer als Berufener des Herrn eine Frau berührt

Priester ohne Amt, kath., 41 Jahre, verh., 2 Kinder

Die Einstellung meiner Eltern zum Geschlechtlichen war sicher in verschiedener Hinsicht gestört.

Über Entbindung und Stillen wurde überhaupt nicht gesprochen. Erst als ich 17–18 Jahre alt war, wurden diese Themen da und dort schamhaft angesprochen. Ich sah zwar, wie meine Eltern die kleineren Geschwister küßten, aber ich sah nur einmal, daß meine Eltern sich gegenseitig küßten, als mein Vater nämlich nahe am Sterben war.

Mein Vater konnte wegen körperlicher Gebrechen nicht tanzen, aber die Einstellung meiner Eltern zum Tanz war auch sonst negativ. Gebet und Kirchgang, Kreuzzeichen und Weihwasser schienen bei uns über das Geschlecht gebreitet; vielleicht sollten sie es heilen.

Spielte ich als kleines Kind mit den Genitalien, was ohnehin ganz selten vorkam, so hieß es – wenn auch keineswegs böse, aber doch entschieden: „Das tut man nicht." Auf das Klo gehen zu müssen betrachtete ich als etwas dem Menschen nicht Würdiges, verdrängte es oft genug, aus welchen Gründen auch immer, mußte allerdings dann auch entsprechende Strafen bzw. Verachtung dafür hinnehmen, wenn es dann zu negativen Folgen kam. Jedoch weiß ich von meinen jüngeren Geschwistern, daß meine Eltern bzw. meine Mutter sich sehr wohl freute, wenn das kleine Kind bei seinen diesbezüglichen Bemühungen Erfolg hatte.

Gemeinsames nacktes Baden und Anschauen der Geschlechtsteile war nicht erlaubt. Nur verstohlen warf ich gelegentlich einen Blick auf kleinere Geschwister. Wenn ich dann später meiner kleineren Schwester das Höschen herunterzog, geschah dies unter einem dunklen Drang und dem Gefühl, etwas Verbotenes zu tun.

Ob ich nicht von Gott verworfen sei

Tief in mein Gedächtnis eingeprägt hat sich, wie in der Schule Buben, die Mädchen die Hosen heruntergezogen hatten, mit äußerster Strenge bestraft wurden.

Ich selbst fragte mich oft genug in der beginnenden Pubertät, aber auch schon zur Zeit der ersten Beichte, ob ich nicht von Gott verworfen sei und in die Hölle komme, weil ich meine Schwester ein paarmal genauer angeschaut hatte. Als Gymnasiast bekam ich den „Studierenden Jüngling" zur Hand. Darin las ich immer wieder die

Ausführungen über das 6. Gebot, um zu erkennen, ob ich nun schon eine Todsünde begangen hätte oder ob es doch nur eine läßliche Sünde war. Ein Jesuitenpater tröstete mich, indem er mir erklärte, daß es ein gutes Zeichen für einen Buben wäre, wenn er im 6. Gebot alles für eine Todsünde hielte. Aber es gäbe auch durchaus hier läßliche Sünden.

Ein anderer Jesuitenpater jedoch stürzte mich in tiefste Qualen, als er bei Exerzitien für 13- bis 16jährige die Hölle so anschaulich demonstrierte, daß ich mich schon darin sah. Ich beschloß, ein Leben lang Buße zu tun, schrieb meine „schweren sittlichen Vergehen", die ich ohnehin schon öfters gebeichtet hatte, auf einen Zettel, den ich dem Beichtvater gab. Dieser zerriß ihn und sprach mit barmherziger Stimme: „So macht es der liebe Gott."

Aber der liebe Gott liebte es scheint's nicht, daß es auch Mädchen gab. So war es in dem Heim, das von Priestern geleitet wurde und der Heranbildung priesterlichen Nachwuchses diente, verboten, Liebeslieder zu singen. Zeitschriften, die in einzelnen Nummern über Aufklärung schrieben, wurden konfisziert (Fährmann, Pflug, Werkbrief der KLJB); Kameraden, die eine „Freundschaft" zu einem Mädchen hatten, wurden entlassen. Sie galten als minderwertig. Selbstverständlich wurde auch hier nicht getanzt. Nur zu Weihnachtsspielen durften Mädchen ins Haus, um „Maria" zu spielen.

Zwar wurde von einem Priester ein Aufklärungsgespräch mit uns geführt, und Tillmanns „Vor der Reife" machte die Runde, aber eine Begegnung mit dem anderen Geschlecht durfte nicht erfolgen, denn so, schien es, wären Männlichkeit und Beruf gleichermaßen gefährdet.

Unter großen Schuldgefühlen

Daß man unter solchen Umständen seine Libido auf Geschlechtsgenossen richtete (ohne deswegen homosexuell zu werden), ist verständlich. Aber es führte zu neuen Komplikationen, weil dieser Partner dazu ja ungeeignet war. – Meinen ersten Samenerguß erlebte ich unter großen Schuldgefühlen beim Spielen mit meiner jüngeren Schwester. Dann geschah dies – ich glaube fast 3 Jahre – nicht mehr. Erst mit 17–18 Jahren erlebte ich wieder einen Samenerguß. Mit Schrecken stellte ich am Morgen fest, daß das Bett „verschmutzt" war. Ich versuchte, den „Fleck" zu beseitigen, was mir aber nicht gelang. Darauf hatte ich furchtbare Angst, deswegen angesprochen zu werden. Regelmäßig beichtete ich dieses „Versagen".

Meine erste Begegnung mit einem Mädchen fand statt, als ich ungefähr 19 Jahre alt war. Vieles empfand ich als schön und bezaubernd. Aber es störte mich, daß sich beim ersten Kuß mein Glied versteifte. Ich suchte nach einer Möglichkeit der Liebe, die frei war von diesen körperlichen Begleiterscheinungen. Weil dies nicht möglich war, fühlte ich mich oft unglücklich.

Aber selbst diese so sehr auf geistige Liebe ausgerichtete Begegnung mußte radikal abgebrochen werden, weil dies unvereinbar war mit einer priesterlichen Berufung und Lebensform. Man muß sich, so sagte man uns, eben entscheiden, zwischen der Liebe und Ganzhingabe an Gott und der Liebe zu einem sterblichen Geschöpf, einer Frau. Und so opferte ich denn meine irdische Liebe Gott auf.

Man machte mir Hoffnung, den Zölibat durchzutragen durchs ganze Leben, weil ja die „copula perfecta" noch nicht vollzogen worden war. Allerdings wurden wir gewarnt, Damenunterwäsche zu betrachten.

Auch die „regula tactus", welche besagt, sich Damen körperlich nicht zu stark zu nähern, selbst beim Händedruck vorsichtig zu sein, wurde uns in Exerzitien und Exhorten fest eingeschärft. Auf gar keinen Fall dürfe man Mädchen an den Oberschenkeln berühren. Auch der Tanz, der ja stets eine Werbung darstelle, sei gefährlich. Hüten müsse man sich aber auch vor Pfarrjugendführerinnen, denn gerade eine solche Begegnung sei sehr gefährlich. Und dann wurde uns das Schicksal solcher Priester und solcher Frauen drastisch vor Augen gestellt, die solche Ratschläge nicht befolgt hatten. Ihr Leben war in jedem Fall vermurkst. Sie endeten in Verzweiflung und verfluchten sich meist gegenseitig.

In diesem Zusammenhang wurde dann Ernst Thrasolt zitiert, der auch einmal auf Abwege gekommen sein soll, gerade in dieser Hinsicht, und der aus dieser Erfahrung heraus folgende Verse formuliert hat. „Willst du ein Leben, das lastet auf dir wie ein Alp, dann werde ein Priester, und werde es halb. Willst du ein Leben voll Größe und Glanz, so werde ein Priester, und werde es ganz."

Es konnte kein Zweifel mehr bestehen: Wer als Berufener des Herrn eine Frau berührte, dessen Glaube verfiel, und sein Leben war gebrochen. Gewiß, die Möglichkeit der Bekehrung ließ man offen. Wer aber in der Sünde verblieb, der war vom Glauben abgefallen.

Später, als ich den Schritt vollzogen hatte und tatsächlich ein Mädchen zur Frau genommen hatte, war es nur konsequent, wenn man mir diesen Schritt als Abfall vom Glauben auslegte.

Aber zunächst wollte ich ja allein „dem Herrn" gehören. Und ich wollte das, allen Schwierigkeiten zum Trotz, ganz. Alle Mittel dazu waren mir recht. Ich fastete, so daß ich abmagerte, ich machte über Jahre hinweg Wasserkuren, widmete mich dem geistlichen Leben, betete den Rosenkranz.

Es gelang mir, mich in eine Lebensform hineinzuzwängen, die mich innerlich zerstörte. Aber ich wußte das nicht. Jeden Gedanken daran wies ich weit von mir. Das Ziel stand mir klar vor Augen, und ich wollte so laufen, daß ich den Siegespreis erlangte.

Zur Zeit meiner Priesterweihe und Primiz war ich dann auf 65 kg abgemagert, und das will bei 182 cm Größe durchaus etwas heißen. Ich konnte mich nur noch dadurch aufrecht halten, daß ich eine Menge Tabletten schluckte – Luminal, Mazur, Belladonal und wie diese Beruhigungsmittel alle hießen. Dazu aß ich nur noch Diät, Schleimsuppen, trank Karottensaft und Milch, und ich wußte nicht, ob und wie ich die nächsten Monate durchstehen sollte.

Nachdem die ersten Schwierigkeiten des Sich-Einarbeitens in der Seelsorge überstanden waren, besserte sich auch mein Befinden etwas. Freilich, wenn Mißerfolge in der seelsorglichen Arbeit eintraten, kamen die Depressionen. Außer der seelsorglichen Arbeit gab es ja nichts, was einen Ausgleich hätte bieten können, im Gegenteil: man hatte uns gelehrt, unsere Freuden nicht irgendwo anders zu suchen, sondern überwiegend in der Arbeit für die Seelen. So war also kein Gegengewicht da, wenn die seelsorglichen Mißerfolge eintraten. Und sie mußten kommen, bei der Zielsetzung, die einem bis ins Mark eingeprägt worden war und die, wie ich heute weiß, lebensfeindlich ist.

Wie lebensfremd und lebensfeindlich ich war

Je länger ich in der seelsorglichen Arbeit stand, um so problematischer wurde mir all das, was man uns anerzogen hatte. Ich spürte an anderen, wie lebensfremd und lebensfeindlich ich war. Tieferes und selbständigeres Studium der Heiligen Schrift verstärkte meine Zweifel an dem, was man uns ins Leben mitgegeben hatte. Privates Studium der Psychologie und Selbstbeobachtung ließen mich erkennen, wie selbstzerstörerisch und oft auch wie sadistisch und zynisch meine Haltung geworden war. Eine Entscheidung war unausweichlich geworden. Vor allem, als ich erlebte, wie ältere Jugendliche, mit denen ich sehr guten Kontakt gefunden hatte, ja mit denen ich mich identifizierte, alle ihre Familien gründeten.

Doch der Weg war schwer genug. Überall lauerte Gefahr, wenn man einen Schritt von dem „rechten Wege“ weg tun wollte. Die berufliche Existenz schien gefährdet, Ansehen und Prestige waren bedroht, und man mußte sich noch dazu den Vorwurf gefallen lassen, das zu tun, was man zuerst selbst als schlecht angesehen hatte. Der innere Kampf war um keinen Teil geringer als der äußere, und ich frage mich noch heute, woher ich den Mut nahm, solches zu beginnen.

Kein Wort der Anerkennung und des Dankes

Als ich nach langem Suchen das Mädchen gefunden hatte, das zu mir paßte und bereit war, mit mir den Weg zu gehen, den Gott uns aufgetragen hatte, da mußten die Eltern beider Seiten verständigt werden, da galt es, den Bischof zu informieren.

Die Eltern waren bestürzt – auf beiden Seiten –, der Bischof reagierte mit sofortiger Amtsenthebung, als er merkte, daß der Entschluß fest und endgültig war. Es gab kein Wort des Dankes und der Anerkennung für 12jährigen treuen Dienst, der alles andere als überbezahlt war. Vielmehr wurde ich sofort aus der Wohnung gewiesen, die Gehaltszahlung wurde eingestellt, und ich durfte die heilige Messe nicht mehr feiern.

Es schien, als ob all die Arbeit, die man getan hatte, völlig wertlos geworden sei. Dazu war mit einem Schlage das, was man zur Gründung einer Familie braucht, die materielle Existenzsicherung, weg. Ansehen und Geltung in der menschlichen Gesellschaft und in der Kirche, die ich tief liebte und noch liebe, waren zerstört. Ich erlebte den Haß und die Verachtung der offiziellen Kirche gegen den Menschen als Mann und Frau. Diese Erfahrung wird mich fortan immer begleiten.

Wie sollte man aus solcher Verfassung, aus solcher Situation heraus eine Ehe aufbauen? Der Versuch schien zum Scheitern verurteilt.

Mehr noch als mich, so scheint es mir fast, traf meine Frau all das, was mir zugedacht war, ja es schien, als ob manche Leute die Frau allein für diese „Sünde", für diesen „Abfall", verantwortlich machten.

Wir lebten zusammen, ehe wir im offiziellen Sinne verheiratet waren. Wir hatten die Ehe jedoch bereits geschlossen, geheim.

Aber Verwandte und Angehörige durften es – von einigen Eingeweihten abgesehen – nicht wissen. Kam Besuch, der über Nacht blieb, so mußte ich mein Bett neben meiner Frau frei machen für den Besuch. Die Furcht vor der Konvention machte uns unehrlich. Die Unehrlichkeit wieder führte zu Spannungen, Depressionen und Potenzstörungen. Wir konnten uns einander nicht so schenken, wie wir wollten. Die eheliche Begegnung war belastet durch moralische Vorurteile in unserem Innern.

Heute noch bin ich fest davon überzeugt, daß eine Fehlgeburt, die uns in der ersten Zeit der Ehe belastete, durch die Spannungen und Depressionen verursacht war, denen wir ausgesetzt waren. Die Frauenärztin tat noch ein übriges, indem sie versuchte, uns gegeneinander aufzuhetzen, und mich vor meiner Frau schlechtmachte. Sie scheute nicht davor zurück, mich verächtlich als Hochwürden und Geistlichen Rat zu titulieren, als meine Frau auf dem Operationstisch im Blute der Fehlgeburt lag. Sie war eine gut katholische Ärztin, die prominente Katholiken zu ihren Kunden zählte.

Wenn wir trotzdem all die Probleme durchgestanden haben und uns heute unserer Ehe freuen dürfen, dann verdanken wir dies Menschen, die in dieser Zeit, da die Kirche uns in die Hölle stieß und wir selbst den Glauben an uns verloren hatten, zu unserem eigentlichen Wesen standen und uns halfen, das Gute in uns wachsen zu lassen.

Immer wieder beschattet von der Onanie

Männlich, 34 Jahre, kath., unverh., Kaplan, seit 1962 im Zölibat

An mir selber bemerkte ich zum erstenmal die Geschlechtlichkeit, als ich bei einer wichtigen Sache zu spät kam und alles versäumte. In der Erregung hatte ich ein Gefühl, als ob ich schweben würde, und dann spürte ich etwas Feuchtes in der Unterhose, das war der erste Orgasmus, den ich erlebte: ausgelöst von der Angst, beschimpft zu werden. Ich war ein braves Kind und ein ruhiger Bub, weil ich Brillenträger bin und auf die Brille aufpassen mußte. Die Onanie wurde dann und wann im Bad erlebt durch heiße Güsse und kalte Dusche, bis die Erlösung kam durch den Orgasmus. Ich hatte immer heftige Schuldgefühle und kam mir ganz geschlagen vor, weil es hieß, das sei eine schwere Sünde, eine Todsünde. Oft traute ich mich nicht mehr, zur Kommunion zu gehen am Sonntag.

Über die Menstruation wußte ich nichts, und wenn ich im Klo die blutigen Wattepfropfen sah, dann glaubte ich, es sei vom Nasenbluten gekommen. Meine Mutter und meine Schwestern ließen uns Buben in dieser Hinsicht ganz im dunkeln.

Im Internat war ich seit 1949, und dort waren wir 40 Buben in einem Schlafsaal. Ich kann mich erinnern, daß ich einmal eine Nacht nicht geschlafen habe, weil ich schrecklich gelitten hatte unter meinem „schönen“ Freund, der mich nicht mitnahm zum Segelfliegerstart. Ich war auch ziemlich vernarrt in einen anderen Buben, der mir unterlegen und ziemlich zärtlich war.

Der erste Kuß

Die ersten Kontakte zum anderen Geschlecht vollzogen sich auf Bergtouren in meiner Heimat. Bei einer Bergsteigergruppe war ich Jungmannschaftsmitglied, und wir unternahmen mit Erlaubnis der Eltern unter Anleitung eines Erwachsenen geschlechtlich gemischte Fahrten und blieben über Nacht aus. Diese ersten Kontakte gaben mir das Gefühl der Überlegenheit vor anderen Jugendlichen, die nur mit gleichgeschlechtlichen fortfahren durften.

Zum ersten Kuß wurde ich bei einem Spiel gezwungen (12mal) auf einer Hütte, und das gab mir das Gefühl der Ebenbürtigkeit bei Erwachsenen. Ich hielt mich zurück, weil ich Priester werden wollte. Beim Tanzkurs und bei anderen Gelegenheiten (Parties zu Hause) lernte ich viele Mädchen kennen und verliebte mich in einige. Bei einem Chor war ich ebenfalls einmal in der Woche in Mädchengesellschaft und genoß diese unverbindliche Art mit großem Interesse und als Ansporn zu guten Leistungen im Chor. Mit 13 Jahren wurde ich im Gymnasium oft ausgelacht, weil ich bei einem Mädchen in der Bank saß und weil ich sitzen mußte vom Lehrer aus. Das Mädchen kam weiter; ich fiel durch. Die Mädchen wurden mir immer als fleißiger hingestellt, auch von den Eltern.

Die Zeit im Studium war immer wieder beschattet von der Onanie. Ich wurde allmählich daran gewöhnt. Geschlechtliche Beziehungen zum anderen Geschlecht oder zu gleichgeschlechtlichen Personen waren für mich wegen meines Priesterberufs von vornherein ausgeschlossen, und ich hielt mich auch daran.

Die Onanie war die einzige Art meiner geschlechtlichen Betätigung. Ich versuchte auch davon loszukommen, und es gelang mir für einige Jahre. Mit Hilfe eines Beichtvaters wurde mir klar, daß dieser Zustand wiederkehren würde, und so kam es auch.

Der Zustand meiner Ehelosigkeit ist insofern ein totaler, weil ich immer wieder versuche, die Zeit des Alleinseins in eine Zeit des Lesens, des Malens, des Schreibens, des Betens umzuwandeln. Beim „Nazareth-Monat“ mit einer Gruppe von Priestern ist mir die einsame Zeit nie „schwierig“ geworden. Die gegenseitige Freundschaft und Liebe der Brüder trägt stärker als die Pfarrhausgemeinschaft oder die Dekanatsgemeinschaft.

Auch persönliche Freundschaft pflege ich mit einer Frau (unverheiratet), die etwas älter ist als ich und die Distanz hält in körperlicher Hinsicht.

Eine Konvertitin jedoch glaubte, meine Nähe zu brauchen, und besuchte mich immer wieder, jede Woche einmal. Ein Jahr lang. Dabei kam es dann zu Zärtlichkeiten und zum Petting (3mal). Ich habe mit dem Mann der betreffenden Frau gesprochen, als diese voriges Jahr einen Nervenzusammenbruch erlebte, und ihm nahegelegt, seine Frau mehr zu lieben. Ich wollte mich damals heraushalten und diese Ehe nicht zerstören. Aber es war für mich ein umwerfendes Erlebnis, mit einer Frau Zärtlichkeiten auszutauschen.

Es war gerade um die Zeit, als mein Vater gestorben war. Nun bemühe ich mich um eine vertiefte Jungfräulichkeit im Sinn einer Ganzhingabe, die ja auch bei Eheleuten gefordert wird. Aber es will nicht gelingen. Immer wieder kommt die Erinnerung an die erlebten Zärtlichkeiten mit dieser Frau und dazu die Onanie.

Wahrlich ein ständiges Auf und Ab, das für mich die ganze Sicherheit meines Zölibatsversprechens in Mühe und Kampf auflöst. Ich finde abschließend, daß es jedem Priester freigestellt werden müßte, wann und wie lange er ehelos leben kann und will. Wenn man sich dafür entschieden hat, nach reiflicher Aussprache und Überlegung, so sollte man auch unter Kampf und Versuchungen diese Versprechen leben.

Die Liebe meines Lebens

Kath., unverh., 36 Jahre, seit 11 Jahren Priester

Meine Kindheit war geprägt von einer naiven Neugierde am eigenen wie am anderen Geschlecht, wie sie wohl bei allen Kindern vorhanden ist. Frühe Doktorspiele mit Buben und Mädchen brachten die Erkenntnis, daß es verschiedene Arten von Menschen gibt: die Mädchen hatten „da unten" etwas anderes als wir Jungen. Schuldgefühle empfand ich bei solchen Spielen nicht, jedoch geschahen diese Dinge im geheimen, ohne Wissen der Eltern, die es vermutlich streng gerügt hätten. Über geschlechtliche Fragen und Vorgänge sprachen die Eltern kaum mit mir. Ich sah auch die Eltern zu Hause nie nackt. Wenn in Unterhaltungen der Erwachsenen die Rede war von Schwangerschaft und Geburt, so führten sie diese Gespräche im

Flüsterton und in einer Art, daß ich nichts verstehen sollte. So waren mir all diese Zusammenhänge unklar, weil ich mir aus den Gesprächsfetzen, die man als hellhöriges Kind mitunter doch aufnahm, nichts zusammenreimen konnte.

In der Schulzeit erfuhr ich dann von Kameraden manche Einzelheiten, die wir uns jedoch auch wieder nicht zu einem Gesamtbild zusammenfügen konnten, so daß wir oft daran herumrätselten. Ich erinnere mich noch, daß ein Geschäft, in dem Cameliabinden ausgestellt waren, in uns den Entschluß heranreifen ließ, daß ich meine Mutter befragen sollte, weil es ja – der Reklame nach zu schließen – um Sachen ging, die die Frauen betrafen. Die Frage beantwortete meine Mutter sehr ausweichend: das verstehst du noch nicht, du bist dazu noch zu klein. Nun tat die Phantasie ein übriges, und wir bauten die kühnsten Kombinationen. Inzwischen wurde auch der Wunsch nach engerem Kontakt mit Mädchen sehr lebendig, und wir umschwärmten die Klassenkameradinnen, die freilich von uns nichts wissen wollten. Das Schamgefühl, von den Eltern frühzeitig gefördert, war sehr stark, so daß wir Buben es z. B. ängstlich vermieden, auf dem Schulweg beim Urinieren gesehen zu werden. Daheim gab es nie Gespräche über all diese Fragen (soweit ich mich erinnern kann).

Oft „Unkeusches“ – allein getan

Als ich die Ferien im Heimatdorf meines Vaters verbrachte, kam ich mit älteren Jungen zusammen, die schon mehr „Erfahrungen“ hatten und mir zeigten, wie man durch Manipulationen zur Versteifung des Gliedes und zur Pollution gelangen konnte, die ein großes Lustgefühl erzeugten; ich probierte es auch immer wieder aus, ohne daß es zu einer Pollution kam. Auch beim Turnen an den Kletterstangen erlebte ich durch die Reibung und Berührung des Gliedes oft ein solches Lustgefühl, daß ich nicht mehr weiterklettern konnte. Oft hatte ich die Vorstellung, daß es mit Mädchen zusammen auch besonders schön sein müßte. Als dann später bei der Onanie auch der Samenerguß eintrat, onanierte ich häufig. Nachts stellten sich Träume ein, die immer um dieses Geschehen kreisten, vor allem, wenn die nächtlichen Pollutionen eintraten. Ängstlich verbarg ich die Flecken im Bettbezug oder im Schlafanzug vor den Augen der Mutter. Wenn der Vater nicht im Feld gewesen wäre, hätte ich vielleicht mit ihm einmal darüber gesprochen, aber vor einem Gespräch mit der Mutter schämte ich mich.

Unterdessen ging die ‚Aufklärung‘ in der Schule durch die Kameraden weiter. Immer wieder konnte man etwas Neues erfahren. Einmal kursierte in der Klasse ein ziemlich deutlicher Bericht über einen Geschlechtsverkehr mit sehr obszönen Begriffen. Begierig verschlangen wir diese Lektüre. Als meine Mutter diese Blätter in meiner Jackentasche erwischte, gab es eine gehörige Strafpredigt mit der Drohung, es dem Kaplan zu sagen. Das geschah dann auch. Nun schämte ich mich sehr, denn ich hatte das – wie sich herausstellte – berechtigte Gefühl, daß er mich von da an recht mißtrauisch anschaute. In den Beichten war es mir furchtbar, bekennen zu müssen, daß ich oft „Unkeusches" allein getan hatte. Als einmal ein alter Pfarrer sagte, daß das Todsünden seien, bei denen ich die genaue Zahl angeben müsse und ja nicht zur Kommunion gehen dürfe, wenn „so etwas" passiert sei, lebte ich in ständiger Furcht und Angst, denn ich onanierte in dieser Zeit sehr oft. Ich kam einfach nicht davon los. Ich beschäftigte mich in meinen Gedanken auch tagsüber damit in Wachträumen und phantasievollen Vorstellungen, es auch mit Mädchen zu tun. Meine schulischen Leistungen wurden dadurch sehr beeinträchtigt. Da ich Ministrant war und mein Leben wirklich religiös gestalten wollte, machte mir das alles großen Kummer. Das permanente Schuldgefühl machte mich ängstlich und scheu; ich wurde oft verlegen und errötete, wenn Fragen von Zeugung, Mutterschaft und Geburt oder ähnliche das Geschlechtliche betreffende Themen behandelt wurden. Ich glaubte, man würde mir mein „ausschweifendes" Leben am Gesicht ablesen können. Da ich auch eine Jugendgruppe führte, lebte ich stets in der Bedrängnis: Wie willst du deinen Buben Vorbild sein, wenn du so vor dir und Gott dastehst?

Sexuelle Wünsche

Eine Freundschaft mit der „Tanzstundendame" führte zu keinerlei sexueller Begegnung, aber sexuelle Wünsche allgemeiner Art beschäftigten mich stark. Vor dem Abitur trat ich in näheren Kontakt mit einem Mädchen aus unserer Pfarrjugend. Wir verstanden uns sehr gut, gingen manchmal miteinander spazieren und tanzten gern miteinander, wenn wir von der Jugend einen Tanzabend hatten. Die Frage der Berufswahl, die mich längst beschäftigte, wurde nach dem Abitur akut. Ich hatte den Wunsch, Priester zu werden, es war jedoch auch die Liebe zu dem Mädchen lebendig. Wir unterhielten uns lange und kamen zu dem im damaligen Augenblick schmerzlichen Entschluß, uns zu trennen. Ich trat ins Seminar ein, aber wir blieben in brieflicher Verbindung. In den Ferien trafen wir uns auch noch immer. Doch eines Tages sollte endgültig Schluß sein. Wie sich diese Entscheidung im seelischen Bereich des Mädchens auswirkte, habe ich nicht erfahren. Sie ist längst verheiratet.

Das so einseitig männlich geprägte Milieu des Seminars fand ich bisweilen unerträglich, und ich benutzte jede Gelegenheit (etwa durch Konzertbesuche und dergleichen), mit der „normalen Außenwelt" in Kontakt zu kommen. Sexuelle Wünsche versuchte ich immer wieder mit den uns angebotenen Motiven zu sublimieren. Etwaige Rückfälle in die Onanie bedrückten mich schwer und führten oft zu der quälenden Frage, ob ich nicht doch das Theologiestudium aufgeben solle. Aber der Wunsch, trotz meiner Schwäche einmal in der Seelsorge tätig werden zu können, war stärker.

Als ich bei Werkwochen auf einer Jugendburg einigen netten Mädchen begegnete, erfaßte mich zu einer von ihnen eine tiefere Zuneigung. Wir schrieben uns, und ich meinte, wir könnten diese Freundschaft weiterführen. Sie aber erklärte mir, das wäre von mir Treulosigkeit Gott gegenüber, ähnlich wie bei einem Ehebruch, weil ich doch (ich hatte inzwischen die Diakonatsweihe empfangen) mein Wort gegeben habe. Sie hatte mich jedoch auch sehr gern, und es gab vor der Priesterweihe einen schmerzlichen Abschied. Freilich begegneten wir uns später noch öfters und führten lange Gespräche bis tief in die Nacht. Als es dabei einmal zum Petting kam, waren wir beide bestürzt. Später heiratete sie einen Witwer mit 5 oder 6 Kindern und führt nun eine glückliche Ehe.

An meiner ersten Kaplanstelle faßte ich Zuneigung zu der noch recht jungen Haushälterin des Pfarrers, und es entstand bald eine gewisse Eifersucht beim „Chef", weil sie mich in vielen Dingen bevorzugte und liebevoller behandelte, als es einem „Hilfsgeistlichen" zustand. Prompt wurde ich deshalb nach einem Jahr versetzt. In meiner nächsten Pfarrei hatte ich die Mädchenjugendarbeit zu übernehmen. Dabei traf ich öfters mit der Pfarrführerin zusammen, mit der mich bald eine wirklich tiefe Freundschaft verband. Gelegentlich versuchten auch andere Frauen, Kontakt zu mir zu bekommen, wie das meist bei Kaplänen der Fall sein dürfte. Man ist ja „so allein" und muß bemuttert und fraulich umsorgt werden. Freilich suchen solche Frauen auch selbst Liebe, sie sind meist verheiratet und verstehen sich mit ihrem Mann nicht mehr so gut. Sie suchen Verständnis und Geborgenheit. Es ist schwer, ihnen klarzumachen, daß man ja „gebunden" ist (bei mir eigentlich in doppeltem Sinn). Da ich infolge der gemeinsamen Jugendarbeit mit dem Mädchen oft zusammen war, entwickelte sich eine tiefe Liebe, die wirklich „große Liebe". Sie verbindet mich deshalb heute noch mit ihr. Ich suchte häufig mit ihr zusammenzusein, und zwar so häufig und so auffällig (Liebe macht blind, auch für das Ärgernis, das man gibt!), daß es geraten war, sich um eine neue Stelle nach vierjähriger Tätigkeit zu bewerben. (Um unsere Verbindung zu prüfen bzw. aufzulösen, ging das Mädchen sogar im Rahmen eines sozialen Jahres aus der Pfarrei weg, aber die Verbindung wurde nur noch fester.) Wir trafen uns jede Woche irgendwo auch weiterhin.

In der neuen Pfarrei waren es vor allem 2 Frauen, die in nähere Beziehung zu mir traten; sie fühlten sich beide von ihren Männern nicht verstanden und geliebt. Die eine Frau suchte sogar die geschlechtliche Gemeinschaft mit mir. Die andere, deren Mann einige Jahre älter ist, suchte in mir einen „großen Bruder", dem sie sich anvertrauen konnte. Wir täuschten uns beide in diesem unserem „geschwisterlichen" Verhältnis. Als mich die ehemalige Pfarrführerin einmal besuchte, um mir bei der Arbeit zu helfen, fand sie einen Brief meiner sogenannten Schwester und zeigte mir klar, daß da mehr dahintersteckte, zumindest von seiten der Frau. Nach Überwindung ihrer Enttäuschung folgte ein heftiger Wortwechsel. Um diese „geschwisterliche" Verbindung zu lösen, nahm ich eine neue Stelle an.

Wie Mann und Frau in der Ehe verbunden

Die Freundschaft, die 1959 begann, verbindet uns noch heute, und zwar sehr tief. Es ist die Liebe meines Lebens geworden. Immer wieder trafen wir uns in den vergangenen Jahren und hielten uns die Treue. Fast bei jedem Treffen kam es zum Petting, ja wir fühlen uns wie Mann und Frau in der Ehe verbunden. Oft stellten wir uns die Frage, ob wir das um der Wahrhaftigkeit und der Moral willen auch wirklich so halten dürften. In Gesprächen mit einem priesterlichen Freund kamen wir zu dem Ergebnis, daß wir uns der disziplinären Anordnung der kirchlichen Institution zu unterwerfen hätten. Der Zölibat ist eben noch verpflichtend, vielleicht ergibt sich einmal eine Veränderung. Wenn wir bereit seien, uns gegenseitig die Treue zu halten, wenn die Arbeit in der Seelsorge nicht drunter leide und niemand daran Ärgernis nehme, könnten wir unsere Gemeinschaft vor Gott und unserem Gewissen verantworten. Aber leicht ist uns unsere Verbindung nicht geworden: immer wieder prüften wir, ob es nicht besser sei, die Verbindung zu lösen. Aber wir spüren, daß wir einfach nicht mehr auseinanderkommen, ja daß wir einander so viel geben können, wie man es sich eben in einer guten ehelichen Gemeinschaft erträumt und wünscht. Ja, ich kann sagen, daß mir gerade diese Freundschaft – mit all ihren Höhen und Tiefen, mit all den Schwierigkeiten und Freuden – doch so viel Schwung und Kraft schenkt, daß ich die Anforderungen des Berufes leichter annehmen kann. Ich kann auch ehrlichen Gewissens behaupten, daß die Seelsorgsarbeit unter unserem Verhältnis keinerlei Schaden gelitten hat. Freilich besteht die ständige Spannung: man muß sich heimlich treffen, und man ist zu selten beisammen. In der Frau entsteht oft die Sorge: kommt keine andere Frau dazwischen, die ja von der Bindung nichts weiß.

Auf Anweisung des Arztes mußte ich aus der Arbeit und der gewohnten Umgebung heraus und verbrachte 4 Wochen bei einer jungen, befreundeten Familie. Hier erlebte ich beglückend den Wert und die Kraft einer solchen ehelichen Gemeinschaft, so daß ich mir wieder die Frage stellte, nicht doch den Beruf aufzugeben und eine Familie zu gründen. Was mich davon abhält, ist nicht nur die Angst vor dem beruflichen Neubeginn oder der Bruch mit der „Tradition", die Enttäuschung der Mutter, die ich bei mir habe, sondern auch die Sorge, daß wieder einer im Priesterdienst fehlt. Und ich bete oft, daß doch die Institution Kirche rascher auf diese Nöte vieler Mitbrüder reagiert und eine Lösung anbietet, die uns persönlich und anderen in der gleichen Situation Hilfe gewährt, auch im Hinblick auf manchen jungen Menschen, der sich für das Priesteramt entscheiden würde, wenn er zugleich auch eine Familie haben dürfte.

Ich meine damit nicht, daß der Zölibat, die Ehelosigkeit als Evangelischer Rat, ganz aus der Kirche schwinden müßte: er sollte als Zeichen in der Kirche neben der Priesterehe bestehenbleiben.

Der Hunger nach der Frau

Männlich, kath., 40 Jahre, unverh., Pfarrseelsorger

Einstellung der Eltern zum Geschlechtlichen:

Meine Mutter sagte einmal zu mir, als ich schon erwachsen war: „Die ersten 7 Ehejahre sind ja grad ‚gegangen', aber die zweiten 7 Ehejahre – was ich da mitgemacht habe! Das war furchtbar!"

Einmal erinnere ich mich an eine Spielerei am Glied mit einem Buben anläßlich eines Doktorspiels im Garten meiner Eltern unmittelbar neben dem Wohnhaus in hoher Angst, dabei vielleicht doch gesehen zu werden, von Mutter oder älterer Schwester, was zu meiner Erleichterung nicht geschah. – Einmal entsinne ich mich an ein zweifelhaftes Spiel mit meinem 4 Jahre jüngeren Bruder und meiner 8 Jahre jüngeren Schwester, die damals vielleicht 3–4 Jahre alt war: Wir steckten dem anderen einen Finger in den Anus. Ein anderes Mal wollte ich wissen, wie meine Schwester „gebaut" ist, und tastete kurz ihre Schamspalte ab, was bei geschlossener Bettdecke geschah. Selbstverständlich löste das gewisse Schuldgefühle aus und die Angst, die Schwester könnte verpetzen. Ich glaube, meine Schwester unterließ es aus Angst, sie könnte mitschuldig gesprochen werden. Die Schuldgefühle beim Anusspiel und Doktorspiel waren mehr ausgeprägt.

Die Phantasie beschäftigte sich mehr und mehr mit solchen Themen, angeregt durch für mich unverständliche schmutzige Redensarten größerer Schulkameraden: „Mädchen muß man zwischen die Beine greifen", und entrüsteten Erzählungen im Flüsterton, in der Kiesgrube sei ein Kinderpaar „erwischt" worden.

„*Unkeusches gerne gesehen, berührt, getan allein*..."

Meine Pubertät fiel natürlich in die Gymnasialzeit mit Wohnung im Knabenseminar. Stolz erzählten manche, daß sie bereits wüßten, wie ein Kind entsteht und wo es herkomme. Pädagogen sprachen kein Wort darüber. Heimliche Freude mit gleichzeitigem Rotwerden befiel mich, als in den Ferien ein Altersgenosse geschlechtliche Witze zum besten gab über „Vater und Mutter im Bett und heimliche Beobachtungen des ‚Kari', als der ‚Zeppelin in die Halle einfuhr'". Hier war es mir, als ginge mir eine neue Welt auf, über die man mich bisher absichtlich völlig im dunkeln gelassen hatte.

Pollutionen, die von selbst eintraten, hatte ich wenige. Bald nach dem ersten Erlebnis kam eine unübersehbare jahrelange Selbstbefriedigungswelle über mich, die mich völlig umkrempelte und mich völlig beherrschte. Ich wollte diese Lust immer wieder spüren und ahnte wohl das Verbot „Unkeusches gerne gesehen, berührt, getan allein..." So ging es Hand in Hand mit einem immer größer werdenden Schuldgefühl; was mich dabei besonders beunruhigte, war, daß ich mich durch meine heimlichen Erlebnisse in gewisser Weise unwahrhaftig fühlte. Ich fürchtete auch, man könnte es mir am Gesicht, speziell an den Augen, ansehen, was ich für ein „dreckiger Kerl" bin. An allen möglichen Orten befriedigte ich mich, im Bett, im Klo, beim Grasanzetteln auf der Wiese. Im Zusammenhang mit dem Geschlechtsgefühl steckte ich meinen Finger oder einen Stift in den Anus ein, einmal eine lange Rute, letzteres hatte eine Blutung zur Folge, dies wiederum löste eine große Furcht vor gesundheitlichen Schäden hervor, die sich schließlich bestätigten in etwa damals einsetzenden und bis zu einer Operation dauernd blutenden Hämorrhoiden. Diese beiden Komponenten – Selbstbefriedigung einerseits und fast bei jedem Stuhlgang erfolgende Blutung andererseits – verursachten bei mir einen spürbaren körperlichen Leistungsrückgang und noch mehr einen starken geistigen Leistungsabfall. Dies bedrückte mich um so mehr, als ich in der damaligen Volksschule und in den unteren Klassen Gymnasium immer einer der besten war und nun mehr und mehr zum Mittelmaß, teilweise sogar zu schlechten Leistungen abstieg, die schließlich zur Wiederholung der 7. Klasse Gymnasium und zu einem gerade noch bestandenen Abitur führten. Ich machte mir oft Vorwürfe, weil ich die Quelle alles Unheils mit Recht in meinen sexuellen Bedrängnissen sah und gerne wieder herausfinden wollte, jedoch in zahlreichen Versuchen des „Aufstiegs" – meist nach der Beichte – bald wieder neues, noch drückenderes Versagen erlebte. So konnte doch der Weg zum Priesterstand nicht aussehen, das war mir klar. Wenn ich nicht einen unwiderstehlichen Zug zum Priestertum verspürt hätte, der von keiner Seite her künstlich hochgepeitscht worden war, hätte ich sicher einen anderen Berufsweg eingeschlagen. Andererseits sah ich auch Klassenkameraden, die bei Gesprächen in der Runde stehend die Hand in die Tasche steckten und sich sexuell reizten, während des Studiums im Seminar beobachtete ich das gleiche bei einem Platznachbarn.

Ich ärgerte mich dann oft, wenn andere heuchlerisch so taten, als stelle alles Geschlechtliche kein Problem für sie dar, oder ich wagte, ihre normale geschlechtliche Entwicklung anzuzweifeln.

Sehr unsicher fühlte ich mich durch die Unklarheit, ob ich vielleicht anormal stark sexuell veranlagt sei, aber ich konnte keine Vergleiche ziehen, über Selbstbefriedigung konnte und wollte ich nicht sprechen.

Das Baden war für mich regelmäßig eine Überforderung, und es kam oft dabei zur Selbstbefriedigung in der Badewanne, trotz des Bedürfnisses, durch das Bad sauber zu werden.

Kommunion und Selbstbefriedigung

Ich will nicht leugnen, daß mich gerade das Problem Kommunion und Selbstbefriedigung fast pausenlos beschäftigte; ich hatte den guten Willen, aber der Trieb war immer wieder stärker, ich hatte einen Glauben an die Kraft des Bußsakramentes eingetrichtert bekommen, der das „Unmögliche möglich mache", und erlebte immer resignierter meine Ohnmacht dem Trieb gegenüber. So blieb ich dann konsequenterweise viel öfter von der Kommunion fern, als ich daran teilnahm, entsprechend dem damaligen Empfinden.

Ich wechselte nach Möglichkeit den Beichtvater und erfuhr, daß der eine mit mehr, der andere mir weniger Feingefühl die geschlechtlichen Sünden beurteilte.

Ein erstes Befreiungsgefühl, normal zu sein, brachte mir endlich im Priesterseminarsalter ein Beichtvater außerhalb des Hauses, der mir überzeugend an Hand von Beispielen darlegte, daß ich in meiner sexuellen Veranlagung normal bin, daß es sogar Priester gebe, gute Priester mit großem Arbeitseifer und echter Liebe zu ihrem Beruf, die geschlechtlich nicht enthaltsam leben könnten.

Grundsätzlich war von da an das Angstgefühl, unnatürlich veranlagt zu sein, gewichen. Wunder konnte das in der Praxis noch keines bewirken. Jedesmal, wenn ich mich ein paar Wochen der Selbstbefriedigung enthalten hatte und meinte, nun hätte ich es „geschafft", überfiel mich der Trieb bald wieder mit unverminderter, ja gesteigerter Heftigkeit, ich konnte auch jetzt Deprimierung schlecht bekämpfen. Ich zweifelte nur deswegen meine Berufung an, ließ mich von den niederen Weihen 1 Jahr zurückstellen.

Ekel vor mir selbst

Ekel? Vor meiner Geschlechtlichkeit eigentlich nicht, wohl aber vor mir selbst, weil ich mein Denken, meine Phantasie, mein heimliches Handeln so einseitig, so unter die Gürtellinie ausgerichtet sah und weil ich mich meinem sexuellen Drängen so hilflos ausgeliefert wußte.

Aufklärung? Von der Gasse kam viel, alles schmutzig, eine geistige Umorientierung war erst sehr spät möglich, im Elternhaus fand überhaupt keine statt, im Seminar versuchte der Spiritual in einer „feierlichen Stunde" und in entsprechend verschlüsselter Sprache, uns 14jährigen „etwas ganz Wichtiges" zu sagen. Wir sagten hernach, wenn wir es vorher nicht schon gewußt hätten, wären wir nicht daraus klug geworden. Trotz unseres Pubertätsalters war uns klar: so spät und in diesem Stil kann man nicht aufklären! Mit Um-den-Brei-Herumreden ist es nicht getan.

Mein geistlicher Vetter lud mich in diesem Alter manchmal in die Sommerferien ein. Einmal drückte er mir ein Aufklärungsbuch in die Hand und sagte: „Da habe ich etwas ganz Wichtiges für dich zum Lesen." Dann ließ er mich allein, den ganzen Vormittag. Ich wußte zwar schon einigermaßen Bescheid, hatte aber nichts Wichtigeres zu tun, als sofort das ganze Buch von A bis Z zu „fressen“, wieder in Begleitung von Selbstbefriedigung in beklemmender Furcht, er oder einer der Hausangestellten könnte plötzlich die Türe öffnen und es merken. Nachmittags nahm er mich auch diesen Tag wie gewohnt zu einem längeren Spaziergang durch Wiese und Wald mit, und ich wartete darauf, daß er über „das Wichtige“ nun auch mit mir sprechen werde – leider fiel kein einziges Wort. Selten habe ich mich so allein gefühlt wie damals; ich von mir aus wagte nicht, aber er als Erwachsener, dachte ich damals schon, hätte den Mut aufbringen müssen, darüber zu sprechen, so kam ich mir sehr unerlöst vor und blieb meinen Schwierigkeiten überlassen.

Gleichgeschlechtliche Beziehungen? Nein, hatte ich im Pubertätsalter keine, auch keine Versuchung dazu, gerade das bestärkte mich in meinem Selbstgefühl, normal zu sein, weil mich fast pausenlos Phantasien in Richtung Mädchen beschäftigten, oft auch und gerade während der Selbstbefriedigungen, auch beim Lesen erotischer und sexueller Stoffe.

Kontakte mit dem anderen Geschlecht gab es nur von ferne, im übrigen nur in der Phantasie: Zwar versprach ich schon einem Schulmädchen auf dem Schulweg in der 2. Klasse das Heiraten, weil es auf mich rücksichtsvoll wartete, als ich mir die Schuhe neu binden mußte und die anderen weitergegangen waren; zwar war ich lange Zeit in ein Mädchen verknallt seit etwa der 3. Klasse Volksschule anläßlich der Schulbeichte, wo wir Buben herüben in einer Reihe anstanden und die Mädchen drüben und mir ihr Gesicht und ihre Gestalt so lieblich erschien, als sei sie ein Engel. Ein Nachbarmädchen erfuhr von meinem Schwarm und erbot sich, Grüße hin und her zu übermitteln und sogar ihr Ja auf meinen per diese Botin gemachten Heiratsantrag. Es kam zu sehr schüchternen „Guten Morgen“ bei zufälligen Begegnungen mit den Augen – dabei blieb es. Eine kurze Aussprache mit ihr anläßlich des Primizsegens in ihrem Hause erlöste mich von der Angst, sie seelisch vielleicht in ihrer Entscheidung zu einer anderen Heirat belastet zu haben. Ich kam auch innerlich bei dieser Gelegenheit von ihr los. Sie war inzwischen verheiratet.

Eine nur meinerseits stattgefundene Schwärmerei erlebte ich noch öfters im Pubertäts- und Nachpubertätsalter. Nur bei meiner 8 Jahre jüngeren Schwester befühlte ich einmal ihre Brüste, ich schwärmte sehr für sie, aber es kam auch ihr gegenüber nie zu intimeren Handlungen, ich wollte auf keinen Fall zu einem Verführer werden.

Zölibat im immer noch verlangten Zwangszölibatssinn bringt mich immer wieder in resignierte Wut, daß die Kirche immer noch in dieses eigenartige Geleise neben der Ansicht Christi eingezwängt ist, als gäbe es Priestertum nur in Kombination mit abgeforderter Erklärung zum Zölibat. Ich versuchte von Anfang an, vor und nach der Priesterweihe, den Zölibat zu halten, konnte es leider bisher nicht dauerhaft durchstehen, auf Geschlechtsgenuß in irgendeiner Form zu verzichten. Gegenüber Frauen blieb ich die ersten 7 Priesterjahre standhaft, schwärmte aber immer wieder, sprach manchmal meine Sympathie aus gegenüber der betreffenden Person, aber nicht als Liebeserklärung, auch ließ ich mir nie etwas zuschulden kommen, auch keinen Kuß, keine Umarmung, geschweige denn mehr. Aber der Hunger nach Geschlechtsgenuß blieb, angestachelt durch sexuell anheizende Bücher ernster und unernster Natur, so blieb auch die Selbstbefriedigung, die mich mehr denn je innerlich aufzuspalten drohte in 2 Menschen: in einen sein Priestertum und seine priesterliche Arbeit liebenden Menschen und in einen ins Geschlechtliche verstrickten Menschen, der sich seines Priestertums nicht würdig fühlte und dessen einzelne priesterliche Funktionen wegen der nicht mehr so häufig möglichen Beichte zum Teil ausgehöhlt zu werden drohten im Bewußtsein der Unwürdigkeit, der Unwahrhaftigkeit im geschlechtlichen Bereich gegenüber der Öffentlichkeit und im Bewußtsein der immer mehr schwindenden Aussicht auf Überwindung des geschlechtlichen Genußhungers, der in der Selbstbefriedigung als unnatürlich gestillt erkannt wurde. Meine einzige Hoffnung suchte ich, und meine innerlich eigentliche Freude fand ich stets in der von Zeit zu Zeit abgelegten Beichte. Die Abstände vergrößerten sich indes mit zunehmendem Gefühl: „Ich schaffe es nicht mehr." Ich wußte oft nicht mehr, wo das hinführen soll und kann. Es fällt mir gerade nicht leicht, weiterzuschreiben. Ich tue es nur, weil Ihnen für Ihre Arbeit vielleicht gedient ist.

Ich kam als Kaplan in die Großstadt. Über die Einladung in eine private Familie kam ich an eine Dame, die sich als von Priestern verführt und geschlechtlich ausgenützt ausgab, da sie jeder stehengelassen habe, nachdem sie ihnen als Studiums- und Lustobjekt gedient hatte. Ich empfand Mitleid mit ihr und wollte ihr seelisch helfen, wurde aber durch ihre Raffiniertheit und offenbar von vornherein bestandene Verführungsabsicht in ein geschlechtliches Verhältnis mit ihr verstrickt, das jedoch schon nach etwa 2 Monaten seinen endgültigen Abschluß fand, ohne daß ein eigentlicher

Geschlechtsverkehr stattgefunden hatte – sie wollte mich mit Verführung, mit gemeinen Lügen, durch Erpressungsversuche, durch Versuche, mich in prekäre Gewissenskonflikte hineinzumanövrieren, durch geheuchelte Liebeserklärungen dazu bringen, meinen Priesterberuf an den Nagel zu hängen. In einer erschütternden Auseinandersetzung und einem Rettungsversuch meiner priesterlichen Person von seiten jener Familie wurde der Schlußpunkt gesetzt.

Aber gleichzeitig war der Hunger nach der Frau erotisch und sexuell erst recht entfacht worden – und ich verliebte mich in 2 verheiratete Frauen gleichzeitig. Bei der einen kam es ein paarmal zu manuellen Intimitäten auf dem Sofa der Wohnung, bei der anderen nur zu 2 oder 3 kürzeren Besuchen; alles, was ihr gegenüber geschah, war, daß ich diese junge Ehefrau auf die Hände nahm und ein einziges Mal im Kreis herumschwenkte. Und auch hier hatte es damit angefangen, ihnen in ihrer Unerfülltheit bzw. Treulosigkeit des Ehepartners beizustehen, wenn auch meine eigene Erotik und Sexualität mitschwang. Gegenüber einer weiteren jungen Ehefrau kam es bei großer Schwärmerei nur zu einem leisen Streicheln ihrer unteren Schenkel in Gegenwart einer feiernden Gesellschaft.

Ich litt damals sehr – und leide eigentlich heute noch darunter – unter dem Bewußtsein, daß ich helfen wollte, trösten wollte und, wenn auch geringfügig, so doch zu einem Verführer geworden war. Besonders belastete mich, daß es verheiratete Frauen waren, mit denen ich irgendwie in Verbindung gekommen war. Ich wollte weiter Priester sein, und zwar ein guter. Welch ein Glück kam mir zu Hilfe, ich wurde versetzt, weit aufs Land. So gelang es mir, alle Verbindungen abzureißen, auch das Schuldgefühl, aber auch aus dem echten Bestreben, nicht durch weitere Pflege zweideutiger persönlicher Verbindungen aus einem Priester ein Ehestörer zu werden und selber deswegen beruflich kaputtzugehen.

Wir nahmen uns oft wieder zusammen

Es kam ein neuer Anfang in selbständigem Haushalt und selbständiger Stellung – mit einer sehr jungen Haushälterin, nachdem ich mich in letzter Stunde entschlossen hatte, nicht meine um 12 Jahre ältere Schwester als Haushälterin zu nehmen – meine Schwester hätte mich unerträglich bevormundet.

Anfangs ging alles gut. Ich wollte ein menschlicher Chef sein und fuhr sonntags mit ihr spazieren, widmete ihr auch sonst immer wieder eine Stunde, weil ich sah, daß sie an der ungewohnten Einsamkeit innerlich zugrunde gehen würde. Aber dadurch wuchs auch das

Vertrauen, der innere und äußere Kontakt wurde immer enger, und schließlich entdeckten wir, daß zur gegenseitigen Sympathie und Hochschätzung auch ein Stück Erotik und sexueller Sehnsucht hinzugekommen war. Und das ist der Zustand auch heute noch.

Wir nahmen uns oft wieder zusammen, gingen beichten, versprachen unter Tränen, uns ehrlich in der enthaltsamen Haltung zu stützen, und müssen doch feststellen, daß unseren menschlichen, ja von der christlichen Moral untermauerten und der priesterlichen Existenz gestützten wie geforderten Vorsätzen immer wieder von Zeit zu Zeit menschliche Grenzen gesetzt sind.

Wir wollen uns ehrlich durchringen, so gut wir können. Wir setzen uns Schranken – ich gehe selten in ihr Schlafzimmer, und wenn, nie ohne anzuklopfen und ohne ihre ausdrückliche Erlaubnis, wir erinnern uns an unsere Stellung, unsere Glaubwürdigkeit. Trotz Versagens glaube ich einen inneren Fortschritt bei mir wenigstens feststellen zu können: Ich versuche aus einem verkrampften Kämpfen gegen mein geschlechtliches Aufbegehren zu einer gelösteren natürlicheren Grundhaltung zu kommen und auch meine Haushälterin dazu zu führen, und ich bin sicher, daß uns das am ehesten zu einer möglichst guten Lösung führen könnte: Nur nicht aus allem einen hoffnungslosen Katzenjammer machen, so als wäre man jedesmal ein bestätigter Verbrecher.

Bei allem Eingeständnis meiner eigenen Schwachheit werde ich das Gefühl nicht los, ja das Wissen: Zölibat hat nur in der Form einen Sinn, wie im Evangelium angeführt: ...„um des Himmelreiches willen" in völliger Freiheit, nicht gedrängt von einem positiven kirchlichen Gesetz, das in Wirklichkeit – entschuldigen Sie – dem Evangelium zuwiderläuft. Die Praxis hieß doch in so vielen Fällen: „Ich will das Priestertum, ich bekomme es aber nur mit dem Gepäck des Zölibats belastet; in Gottes Namen nehmen wir es also auch so! – Sind an dieser Praxis wir „unteren" Priester schuld? – Nein.

Wie das Alleinsein erlebt? Als Priester in meiner Arbeit bin ich froh, wenn ich allein bin, ungestört arbeiten kann – als Mensch würde ich es auf die Dauer schwer ertragen, die Sehnsucht nach einem Du bleibt.

Verlangen nach Kindern fühle ich nicht ausgeprägt, vielleicht weil mich meine Arbeit erfüllt, ja drängt, vielleicht, weil praktisch-konventionelle Denkweise des Priesterstandes mich formt, zweifellos aber auch aus dem Ahnen, daß ich nicht mehr mit so viel Zeit und Interesse für meine Gemeinde dasein könnte als unter den jetzigen Umständen.

Jedenfalls hoffe ich, daß das Wort eines ehemaligen „Chefs" nicht wahr wird – bis jetzt trifft es trotz allem nicht zu –, das er mir auf meine Bemerkung: „Ich würde mich im Falle eines Falles durchaus imstande fühlen, eine Frau glücklich zu machen", entgegenschleuderte: „Wenn Sie jetzt in Ihren jungen Priesterjahren schon so denken, dann wird Ihr Priestertum daran einmal Schiffbruch leiden."

Wichtig ist für mich die heutige Meinung: Nur wegen zölibatärer Schwierigkeiten ist einer noch kein schlechter Priester!

Wie Mann und Frau

Kath., unverh., 38 Jahre alt, Pfarrer

Ich bin hauptamtlich als Religionslehrer an einem Gymnasium tätig, das von Jungen und Mädchen besucht wird. Seit 13 Jahren bin ich katholischer Priester, mein Alter 38 Jahre.

Ich bin in einer konservativen Familie groß geworden, sehr behütet von strenggläubigen, aber keineswegs bigotten Eltern. Ein Wort der Kritik an kirchlichen Einrichtungen war undenkbar. Vater und Mutter haben niemals mit uns Kindern über sexuelle Probleme gesprochen. Ich erinnere mich auch nicht, daß unter uns Geschwistern oder unseren Kameraden und Kameradinnen jemals ein „schlechter" Witz erzählt wurde.

Ich kam mir wie ein schrecklicher Todsünder vor

Mit knapp 13 Jahren hatte ich den ersten nächtlichen Samenerguß. Ich habe es nie gewagt, mit irgend jemandem darüber zu sprechen. Aus Doktorbüchern, die in Vaters Bücherschrank standen, habe ich dann einiges erfahren, von einem Kaplan erhielten wir einige weitere Aufklärungen. Die geschlechtlichen Regungen haben mich sehr beunruhigt. Ich kam mir wie ein schrecklicher Todsünder vor, wenn ich an meinem Glied spielte, mir aus den Doktorbüchern Wissen besorgte oder auch nur eine Erektion verspürte. Diese „Sünden" habe ich aus Scham nie gebeichtet, so daß ich jahrelang in Angst lebte, zu den Sünden des 6. Gebotes noch unwürdig gebeichtet und kommuniziert zu haben. Eine große Schuld an diesen Ängsten trägt obenerwähnter Kaplan, der uns ständig den Kopf „vollquasselte" von der „Perle Keuschheit", ihre Gottwohlgefälligkeit usw. Verliebt war ich in zwei Mädchen, aber zu geschlechtlichem Kontakt kam es nie. Das hätte mein Gewissen nie geduldet.

Keine Chance zum Kontakt mit einer Frau

Kurz vor dem Abitur habe ich mich entschlossen, Priester zu werden. Warum? Ich weiß es selbst nicht genau. Vielleicht gab meine Tätigkeit in der Jugendarbeit den Hauptausschlag – neben dem Elternhaus. Manche jungen Leute sprachen offen mit mir über ihre Probleme. Irgendwie war ich stolz darauf, „gebraucht" zu werden.

Die 6 Jahre im Priesterseminar haben mir beträchtliche Schwierigkeiten bereitet. Den ganzen Betrieb empfand ich als belastend, die dauernde Einengung der Freiheit, die totale Unterdrückung jeglicher Meinungsäußerung, die Heuchelei des Redens, die wir durchschauten, das Herausgezogensein aus einem normalen Alltagsleben (pro Woche zweimal nachmittags Ausgang), keine Chance zum Kontakt mit einer Frau, das dauernde Eingelulltwerden mit frommen Parolen über die „Herrlichkeit unserer Auserwählung" und die „Sonderliebe", die Gott für den Zölibatären empfindet. Aber schließlich hat man doch geglaubt, das müsse so sein, Gott wolle den „erniedrigten und demütigen Priester". Das Seminar zu verlassen wäre mir sehr schwer gewesen, weil ich wußte, wie viele Gebete die Heimatpfarrei zum Himmel schickte, wieviel auch an Geld für mich gegeben wurde (wir waren zu Hause recht arm). (Heute im Rückblick erkenne ich, wie raffiniert das ganze System war, wie im Grunde eine „Demagogie" praktiziert wurde, die allen Diktaturen eigen ist. Zur Entschuldigung der „Erzieher" will ich aber hinzufügen, daß sie wohl guten Willens waren. Auch sie waren Verdorbene des Systems und heuchelten uns etwas vor.)

Unmittelbare sexuelle Probleme haben mich im Seminar relativ wenige bedrängt. In diesem Betrieb – nur unter Männern – waren keine Anreize da. Bisweilen dachte ich zurück an meine letzte Freundin, von der mir der Abschied nicht leicht war, ich dachte an Familie und eigene Kinder, aber zuletzt verdrängte immer wieder ein gewisser Stolz, auserwählt zu sein und einmal für menschliche Probleme dasein zu dürfen, die Bedenken.

Zunächst empfand ich heftige Schuldgefühle

Knapp 5 Jahre war ich an zwei Kaplanstellen tätig. An beiden habe ich das Vertrauen vieler Menschen gewonnen. Ich wurde „gebraucht" und kam mit allen möglichen Problemen in Berührung. Je mehr ich mich jedoch auf die Menschen einließ, um so mehr wuchs der Wunsch, einen Menschen ganz lieben zu dürfen, um so mehr wurde ich mir des Drängens meiner Sexualität bewußt. Das Ansehen, das ich in beiden Pfarreien genoß, hielt mich vor sexuellen Kontakten zurück. Dafür mußte ich die Entspannung in der Selbstbefriedigung suchen. Zuerst wehrte ich mich dagegen, so gut es ging. Aber mit den Monaten häuften sich diese Entspannungen, daß es mir schließlich ein Bedürfnis wurde, mich täglich zu befriedigen. Zunächst empfand ich heftige Schuldgefühle, mit der Zeit gelangte ich dann zur Einsicht, daß dieser Weg unumgänglich ist, daß er weder der Gesundheit schadet, noch moralisch anrüchig ist.

Vor 8 Jahren wurde ich dann Religionslehrer. Ich mußte einen eigenen Haushalt gründen. Zwei Jahre lebte ich völlig allein in 2 kleinen Zimmern. Es waren die härtesten Jahre meines Lebens. Aus dem „munteren“ Alltag eines Kaplans und aus einem guten, lebendigen Pfarrhaus wurde ich in die Einsamkeit einer Großstadt versetzt. Zwar bekam ich viel Besuch von Schülern und Schülerinnen, es fiel mir jedoch schon schwerer als auf den Kaplanstellen, mich auf sie einzustellen. Ich wünschte mir oft deren Besuch herbei, waren sie aber auf meinem Zimmer, wurde mir ihre Anwesenheit zur Last. Sogar die Ferien bei Eltern und Geschwistern waren manchmal unerträglich, ich sehnte mich in meine Einsamkeit zurück. Aber auch das Alleinsein war wieder unerträglich. Oft war ich verzweifelt, lief in der Stadt hin und her, um nur einen Bekannten zu sehen. In mir wuchs mehr und mehr Empörung gegen die kirchlichen Hierarchen, die uns in ein solches Leben verbannten, die uns ein perverses Dasein zumuteten, durch das wir frei für andere werden sollten, während ich in Wirklichkeit immer unfreier und für andere unfähiger wurde. Ich flüchtete mich in alle möglichen Beschäftigungen, um dem Alltag einen Sinn zu geben. Die Selbstbefriedigung empfand ich als ein pubertäres Kreisen um mich selbst, als wäre man wie ein 15/16jähriger dabei, zu sich selbst zu finden.

Es war die Zeit des Konzils; vieles, das bisher tabu war, wurde aufgegriffen. Die moderne Bibelexegese vor allem hat in mir beinahe alles, was geglaubt werden mußte, in Frage gestellt. Manche kleinen soziologischen und psychologischen Schriften ließen mich zur Überzeugung gelangen, wie würdelos die diktatorische Hierarchie mit den Menschen umging, wie unchristlich ihr Gebaren ist.

Die Sehnsucht nach der Liebe einer Frau

Die Sehnsucht nach der Liebe einer Frau wurde übermächtig. Zunächst blieb die tägliche Selbstbefriedigung der einzige Ausweg. Schließlich nahm ich mir eine Haushälterin, die einige Jahre jünger ist als ich. Einige Monate lang vermieden wir geschlechtliche Begegnungen. Wir empfanden Zuneigung zueinander und spürten, wie sehr wir uns Gewalt antun mußten. Voll Scham empfand ich, welche Entwürdigung Haushälterinnen in katholischen Pfarrhäusern angetan wird, die nur da sind, um das Essen zu bereiten, Dreck zu fegen, zu waschen und zu bügeln, die aber nie so lieben und geliebt werden dürfen, wie es jeder gesunde Mensch wünscht. Ich verstand jetzt erst manche Äußerung der jungen Haushälterin an meiner ersten Kaplanstelle, die sich oft wie eine Magd und Sklavin vorkam (übrigens wurde sie später seelisch sehr krank und mußte die Stellung aufgeben).

Eines Abends führte ich gezielt eine Aussprache über unser Verhältnis herbei. Sie hatte darauf gewartet. Und seit diesem Tag leben wir wie Mann und Frau zusammen, natürlich unter der Kontrolle, ein Kind zu „vermeiden“. Am Anfang hatten wir einige Schwierigkeiten beim Verkehr zu überwinden, wir waren beide unerfahren. Moralische Anfechtungen wegen des Geschlechtsverkehrs verspürte ich nicht, meine „Frau“ setzte sich bald über die Anfangsbedenken hinweg. Wir empfanden mehr und mehr, wie gut wir zusammenpaßten, wir hätten es schließlich als unmoralisch empfunden, nicht in Geschlechtsgemeinschaft zu leben, kalt und unpersönlich – auf Distanz zu leben, obwohl man sich im selben Zimmer befindet. Was mich aber bis heute bedrückt, ist, daß die Frau nie das Recht hat, Ehefrau zu sein und – was ihr und mein größter Wunsch ist – Kinder zu haben. Gegenüber der kirchlichen Hierarchie – besonders gegenüber dem Vatikan mit Papst Paul – empfinden wir fast nur noch helle Empörung und Abscheu. Meine „Frau“, die diesen Brief mitschreibt, meint: „Verwende die schärfsten Ausdrücke gegen diese Diktatoren und Sklavenhalter, die voller Machtgier instinktiv das richtige Gebiet – die Sexualität – gewählt haben, um die Menschen zu unterjochen. So haben sie über Jahrhunderte die Menschen „klein“gehalten und versuchen es noch heute durch Zwangszölibat, Pillenenzyklika, Diffamierung der Selbstbefriedigung und Homosexualität und jeglicher Regung der Sexualität. Aber die Vergewaltigungen der Menschen durch diese kirchlichen Tyrannen gehen zu Ende; die Menschen werden mündiger und lassen sich von diesen mythischen Hirngespinsten nicht mehr verdummen.“

Wenn ich einen Beruf hätte, der mir läge, würde ich von meinem Amt zurücktreten, wahrscheinlich auch aus dieser Kirche austreten. Aber beruflich bin ich gebunden. (War auch dies ein übler Trick, uns im Priesterseminar zu keinem anderen Fach einen Zugang zu ermöglichen?)

An Jesus von Nazareth glauben wir beide. Sein Wort, sein Leben ist für uns Gottes Wort, die Offenbarung Gottes inmitten der Welt. Nur finden wir, daß die Kirchen, vor allem die meisten Hierarchen der katholischen Kirche, eine genaue Perversion des Jesus sind, übler als die Pharisäer. (Es gibt innerhalb der katholischen Kirche gute Ansätze, sie werden sich aber erst durchsetzen, wenn die Menschen, mit denen man den Dienst für die bessere Welt leisten könnte, uns verlassen haben.) Wo ist die Unabhängigkeit vom Gesetz, das Gesetz, das nur zugunsten des Menschen spricht, wo Freiheit, wo echte Menschlichkeit (sie hört auf, wo das Dogma, die Tradition, die Institution bedroht sind!), wo ist Jesu Wort?

Wir können nichts anderes tun als so weiterleben und nur hoffen, daß unsere menschliche Entfaltung nicht zu sehr gehemmt wird. Manche Priester, die ich kenne, machen es ähnlich; sie leben mit ihren Haushälterinnen zusammen oder mit einer anderen Frau. Einige bekannte Priester sind homosexuell veranlagt; soweit ich weiß, haben diese aber keinen Verkehr aufgenommen. (Der Zölibat erleichtert Homosexuellen den Zugang zum Priesteramt.) Gerne will ich annehmen, daß dieser oder jener mit dem Problem fertig wird, aber die *meisten,* die ich kenne, helfen sich durch Partnerverkehr oder Selbstbefriedigung.

Ich wäre froh, wenn das Buch, für das ich diesen Beitrag verfaßt habe, zu einer lauten Anklage gegen die Heuchelei und Lieblosigkeit des Zwangszölibates und aller sexuellen Diffamierung würde, wenn es *auch* Kreisen kirchlicher Hierarchie zu Bewußtsein brächte, wie gottlos, antichristlich und menschenverachtend ihre Gesetze sind.

Vor Gott betrachten wir uns als verheiratet

Kath., etwa 35 Jahre alt, Religionslehrer

Schon seit einigen Jahren wollte ich Ihnen diesen Brief schreiben, doch ich schob ihn immer wieder hinaus, manchmal vergaß ich das Schreiben. Aber in den Jahren wurde immer bedrängender, weshalb ich Ihnen schreiben muß.

Sie werden sich kaum noch an mich erinnern. Es sind nahezu 10 Jahre her, da war ich zweimal bei Ihnen in der Sprechstunde in der Universität. Damals stand ich vor der Entscheidung, ob ich mich weihen lassen sollte oder nicht. Nach meinem Freisemester wäre die

Subdiakonatsweihe fällig gewesen. Ich erinnere mich noch wie heute, was Sie sagten: „Überlegen Sie es sich wohl, ob Sie ein Leben lang ohne die Begegnung und die Liebe einer Frau werden leben können. Es ist ja gar nicht ein ‚sexuelles' oder sogenanntes Triebproblem, was so viele hindert. Es ist einfach die Frage, ob es nicht unmenschlich ist, ein Leben ohne die Liebe einer Frau führen zu wollen." Ich antwortete Ihnen darauf, ich hätte es mir lange überlegt, ich könne auf die Begegnung der Frau verzichten. Im übrigen sei es eben notwendig, sich zu beherrschen. Ach – wie jung und ahnungslos war ich damals, obwohl ich schon 25 Jahre alt war. Ich kannte keine Frau, hatte mich in unserer großen Familie wohl gefühlt. Ich kam noch ein zweites Mal zu Ihnen. Sie erschienen mir zurückhaltender als beim erstenmal. Erst später verstand ich: Was zu sagen war, hatten Sie gesagt. Sie wollten mich meiner eigenen Entscheidung überlassen.

Ich ließ mich also weihen. Die drei höheren Weihen folgten rasch hintereinander, und ich kam gar nicht so richtig zur Besinnung. Nach der Weihe erhielt ich meine erste Stelle in einer Großstadt. Damals las ich zum erstenmal Ihr Buch „Liebe und Geschlecht". Ich hatte es wohl dem Namen nach gekannt. In den Kreisen meiner Kollegen wurde viel über Sie und das Buch geschimpft. Darf ich Ihnen jetzt schreiben, was ich schon längst hätte schreiben müssen: „Ich habe noch nie so ein keusches Buch gelesen wie dieses." Allerdings – hätte ich das Buch vor der Weihe gelesen, dann hätte ich mich nicht weihen lassen. Durch dieses Buch kam ich erst zur Erkenntnis, wie geschlechtsfeindlich ich erzogen war und lebte. Ich war unter falschen Voraussetzungen ins Priesterseminar eingetreten. Ich meinte, die geschlechtliche Liebe zwischen Mann und Frau sei etwas Minderwertiges. Darin wurde ich durch unseren Spiritual bestärkt. Ich las Ihr Buch mehrere Male. Wie Schuppen fiel es mir von den Augen. Erst durch Ihr Buch lernte ich den Unterschied kennen, der in den geistlichen Ermahnungen stets verschleiert wurde, ich verstand den Unterschied zwischen Zölibat und Jungfräulichkeit. Ich rettete mich in die Ausrede, ich habe mich nur verpflichtet, keine Ehe einzugehen, ich habe mich nicht verpflichtet, ganz auf eine Begegnung mit einer Frau zu verzichten. Allerdings, heute verstehe ich kaum noch, was Jungfräulichkeit ist, wenn ich diese oder jene Ordensleute sehe. Was sind denn so manche Männer? Griesgrämige Junggesellen, aber doch nicht durch das Evangelium Freigewordene. Nun, ich habe eine Bitte: Könnte ich einmal mit Ihnen sprechen? Um das Gespräch vorzubereiten, muß ich noch einiges berichten. Ich war also Kaplan und lernte in einer meiner Gruppen eine 20jährige kennen. Wenn ich sie sah, tat es mir weh. Es war – andere würden sagen – die erste Verliebtheit. Was mir weh tat, war, wie unmenschlich es ist, daß mir die Begegnung mit einer solchen jungen Frau verboten sein sollte.

Ich mußte bald danach Brautleute-Exerzitien halten. Da sah ich sie, die jungen Männer und Frauen, viele von ihnen strahlend. Sie ahnten nicht, wie weh mir zumute war.

Nun – Christa war und blieb meine erste Liebe. Ich glaube nachträglich, die anderen wußten eher als wir, wie wir zueinanderstanden.

Es dauerte fast zwei Jahre – da ging es einfach nicht mehr. Meine Tage und Nächte waren zur Qual geworden. Ich gestand ihr alles. Wir wagten etwas, was ich mir vorher nicht vorstellen konnte. Wir versprachen, einander zu lieben wie Mann und Frau in der Ehe. Wir konnten uns nicht vorstellen, daß unsere Liebe „Sünde“ sei.

Es dauerte noch einmal einige Monate, bis wir miteinander in Urlaub fahren konnten. Wir wanderten durch die Klippen und die Karstlandschaft, die sich an dieser Seite des Meeres hinzog. Oft fanden wir eine Bucht, in der kein Mensch war. Zum erstenmal sah ich eine Frau, nein, meine Frau, nackt. Ich werde die Schönheit ihres Leibes nie vergessen. Nach unserem Urlaub gab ich Christa Ihr Buch „Liebe und Geschlecht“ und zeigte ihr, was Sie über Nacktheit geschrieben haben.

In dieser Bucht geschah es dann, in der wir füreinander Mann und Frau wurden. Ich weinte vor Glück. In dem Urlaub war alles ganz klar. Auf die letzten Tage fiel der Schatten unserer Rückkehr. Es wurde nach der Rückfahrt ein schmerzlicher Abschied. Obwohl wir in derselben Stadt wohnen.

Eines ist mir heute klar, ich werde nie mehr von Christa lassen können. Das wäre die wirkliche Schuld, wenn ich sie verließe, nicht daß wir Mann und Frau füreinander sind. Vor Gott betrachten wir uns als verheiratet. Ich weiß allerdings auch, daß ich weiter Priester bleiben möchte. Warum haben die Bischöfe so wenig Einsehen und setzen in Rom nicht einfach durch, daß der Zölibat freigestellt wird?

Erwähnen muß ich noch, was den letzten Anlaß zu meinem Brief gab. Christa brachte eine Schallplatte von Ihnen. Ich kannte sie nicht. Sie heißt, glaube ich, „Liebe vor der Ehe“.

Als wir sie gehört hatten, konnten wir zuerst wenig sagen. Doch wir wußten, wir sind auf dem rechten Weg, Gott ist mit uns.

Nun noch einmal unsere gemeinsame Bitte: Dürfen Christa und ich einmal zu Ihnen kommen?